解法と学習のストラテジーで極める!

TOEIC®テスト 最強攻略 PART 3&4

関戸冬彦・著／PAGODA Education Group・問題作成

TOEIC is a registered trademark of Educational Testing Service (ETS).
This publication is not endorsed of approved by ETS.

はじめに

「リスニング、得意ですか？」

こう尋ねられて、「はい、得意です」と自信を持って言える方はそもそもあまり本書を手には取らないかもしれませんね。むしろ、「いや、ちょっと苦手なんです。でもTOEIC受けないといけないし……」、あるいは「何回受けても途中で力尽きちゃうんです……」という方々が、何とか努力しようと思った末に、書店であれこれ見比べながら、本書を今パラパラとめくってらっしゃることでしょう。

そんな、リスニングに、特にTOEICのPart 3と4に、不安感を抱えてしまう方々に本書は適しています。なぜなら本書はPart 3と4に焦点を絞り、リスニング力を高める音読トレーニングを提供し、そして良質な問題を数多くこなしていくことで、正答率を上げられるよう工夫されているからです。

本書は大きく分けて4つのセクションから成り立っています。はじめに「解法のストラテジー」、つぎに「学習のストラテジー」、そして「トレーニング」、さらに「模試」です。

「解法のストラテジー」ではPart 3、4を攻略するためのポイントと解法の手順を解説し、実際の解法の順に沿ってていねいにそのプロセスを見ていきます。

「学習のストラテジー」では、独自にまとめた頻出単語と表現を身につけ、さらにそれらの単語や表現と「解法のストラテジー」で学んだ知識をフルに生かして、実践できる練習問題を用意しています。

「トレーニング」では、本番のテストにより近いかたちで問題を解き、「聞く」ことから「解く」ことへと意識を高めていきます。

　なお、本書のもっとも特徴的な点は音読トレーニングです。「ストラテジー」のパートで提供している問題にはすべて音読トレーニングができる音声トラックが用意されています。「音読」は、リスニング力の向上を目指す際に欠かせないトレーニングです。手順について詳しくは本書で追って説明しますが、ぜひ英文を何度も声に出して、英語音声の特徴を知識としてではなく、感覚として身につけてください。

　「模試」では、Part 3と4、それぞれ4回分、合計240問もの問題が解説とともに収録されています。「学習のストラテジー」までで学び、培った力、をこれらの模試を通じてより強固なものにすることが出来るようになっています。

　いかがですか？　リスニング対策に力を入れてみよう、と思われましたでしょうか？　そうお思いなら、本書がそのご期待にお応えする一助になるはずです。迷わず、Part 3と4の攻略への扉を今、その手で開けてみてください。

　最後になりましたが、本書を執筆するにあたり、終始ご助言をくださったコスモピアのスタッフの方々、のしかかるプレッシャーに負けないよう励ましてくれた心優しき同志たち、に深い感謝の意を表し、巻頭の言葉とさせていただきます。

2015年5月　新緑をのぞみつつ
関戸冬彦

CONTENTS

はじめに ……………………………………………………………… 2
本書の構成と使い方………………………………………………… 6
TOEIC® テストとは？ ……………………………………………… 10
付属 CD-ROM について …………………………………………… 12

PART 3 ストラテジー編

Chapter 1 概説とサンプル問題 ………………………………… 14
Chapter 2 全体を問う問題　解法のストラテジー …………… 20
Chapter 3 全体を問う問題　学習のストラテジー …………… 24
　　　　　　音読トレーニングとは ……………………………… 24
　　　　　　場面別キーワード …………………………………… 28
Chapter 4 全体を問う問題　トレーニング …………………… 42
Chapter 5 個別の情報を問う問題　解法のストラテジー …… 50
Chapter 6 個別の情報を問う問題　学習のストラテジー …… 56
Chapter 7 個別の情報を問う問題　トレーニング …………… 64

PART 4 ストラテジー編

Chapter 1 概説とサンプル問題 ………………………………… 78
Chapter 2 全体を問う問題　解法のストラテジー …………… 84
Chapter 3 全体を問う問題　学習のストラテジー …………… 88
　　　　　　状況別キーワード …………………………………… 88
Chapter 4 全体を問う問題　トレーニング …………………… 102
Chapter 5 個別の情報を問う問題　解法のストラテジー …… 110
Chapter 6 個別の情報を問う問題　学習のストラテジー …… 116
Chapter 7 個別の情報を問う問題　トレーニング …………… 124

PART 3 問題演習編
- TEST 1 ……………………………………… 138
- TEST 2 ……………………………………… 144
- TEST 3 ……………………………………… 150
- TEST 4 ……………………………………… 156

PART 3 問題演習編　解答・解説
- 正解一覧 ……………………………………… 162
- TEST 1 語注・訳・解説 …………………… 164
- TEST 2 語注・訳・解説 …………………… 184
- TEST 3 語注・訳・解説 …………………… 204
- TEST 4 語注・訳・解説 …………………… 224

PART 4 問題演習編
- TEST 1 ……………………………………… 246
- TEST 2 ……………………………………… 252
- TEST 3 ……………………………………… 258
- TEST 4 ……………………………………… 264

PART 4 問題演習編　解答・解説
- 正解一覧 ……………………………………… 270
- TEST 1 語注・訳・解説 …………………… 272
- TEST 2 語注・訳・解説 …………………… 292
- TEST 3 語注・訳・解説 …………………… 312
- TEST 4 語注・訳・解説 …………………… 332

Answer Sheet ……………………………………… 353

【コラム】
頻出言い換え表現リスト① ……………………………… 77
頻出言い換え表現リスト② ……………………………… 136
会話とトークを読み込む ………………………………… 244

本書の構成と使い方

　Part 3、Part 4 ともに、大きく「ストラテジー編」と「問題演習編」のふたつのセクションから構成されています。

●ストラテジー編
・Chapter 1 概説とサンプル問題（PART 3&4）
　まず最初にサンプル問題を通して、Part 3&Part 4 の問題構成と内容について確認していきます。

●サンプル問題
Part 3、Part 4 ともに1問につき3つの設問がある問題が合計20問出題されます。音声を聞いて問題に答えます。

・Chapter 2、5　解法のストラテジー（PART 3&4）
　設問のタイプ別に、解法の手順を実際の問題を使ってていねいに解説していきます。

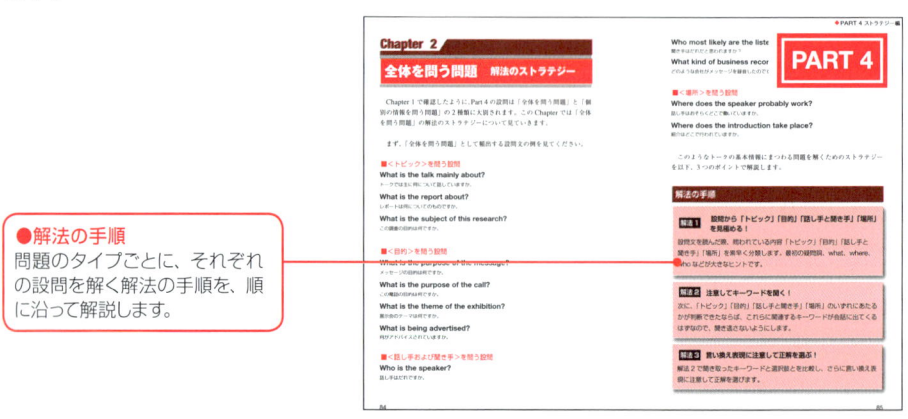

●解法の手順
問題のタイプごとに、それぞれの設問を解く解法の手順を、順に沿って解説します。

・Chapter 3、6 学習のストラテジー（PART 3&4）

　Chapter 2、Chapter 5で学習した「解法のストラテジー」を実際に応用するための学習法とそれをトレーニングするための問題が用意してあります。

●学習のストラテジー、トレーニング問題
頻出の単語や設問のタイプを学習した上で、実際に問題を解いていきます。イラストを使って、選択肢を視覚的にイメージする問題もあります。

・Chapter 4、7 トレーニング（PART 3&4）

　「解法のストラテジー」と「学習のストラテジー」の後に、実際の問題を使って学習した問題のタイプを克服するための問題を解いていきます。

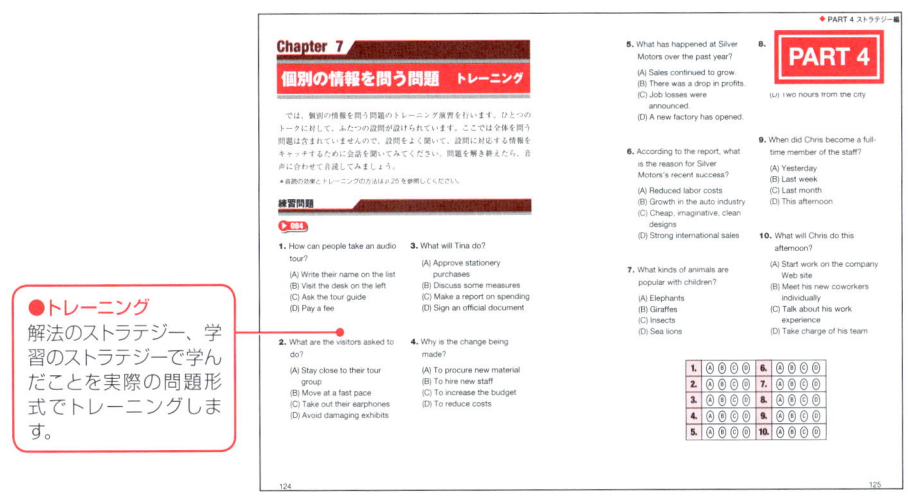

●トレーニング
解法のストラテジー、学習のストラテジーで学んだことを実際の問題形式でトレーニングします。

・音読トレーニングについて

　Part 3、Part 4 ともに「ストラテジー編」で用意してある会話はすべて音読トレーニングができる専用の音声トラックがついています。TOEIC の問題の音声をリスニングだけでなく、音読のトレーニングにもぜひ活用しましょう。音読についての方法については *p.25* で詳しく解説しています。

　問題を解いて正解を確認した後に、ぜひ音読トレーニングのトラックを使って自分で声に出すトレーニングをしてください。

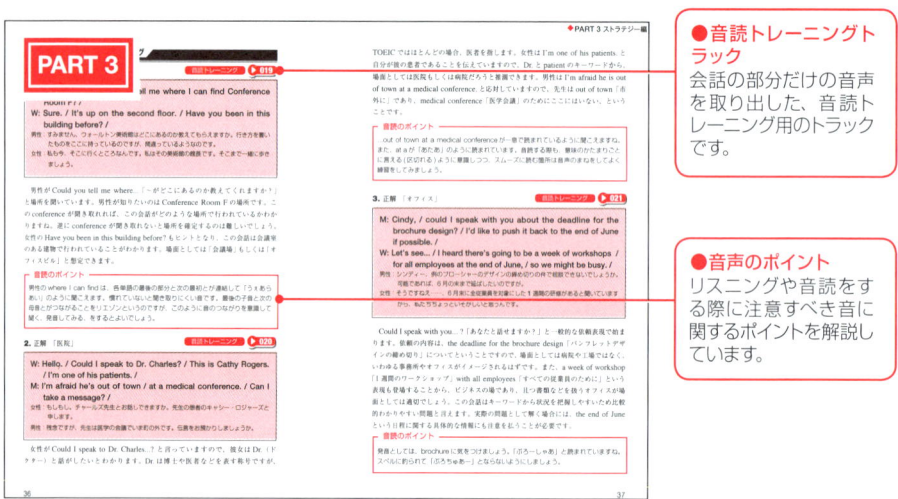

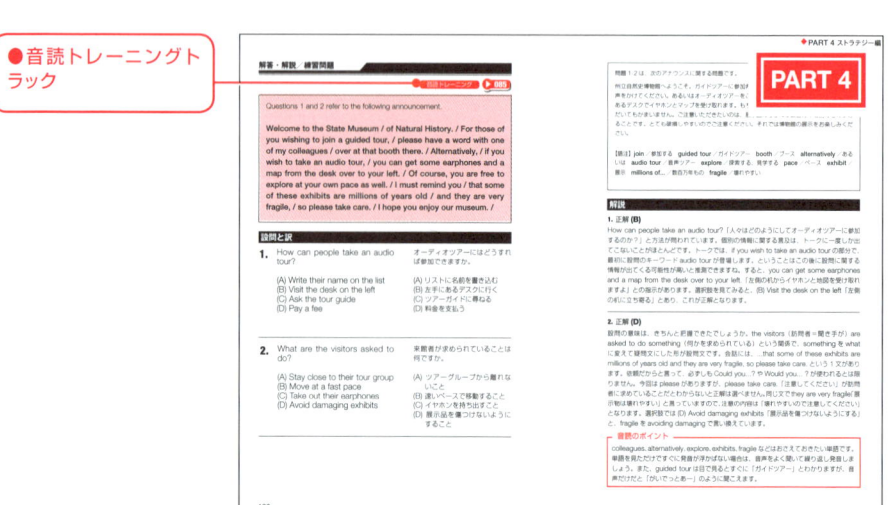

●問題演習編

　韓国を代表する外国語教育機関 Pagoda Education Group が作成した模擬問題を4セット収録しています。

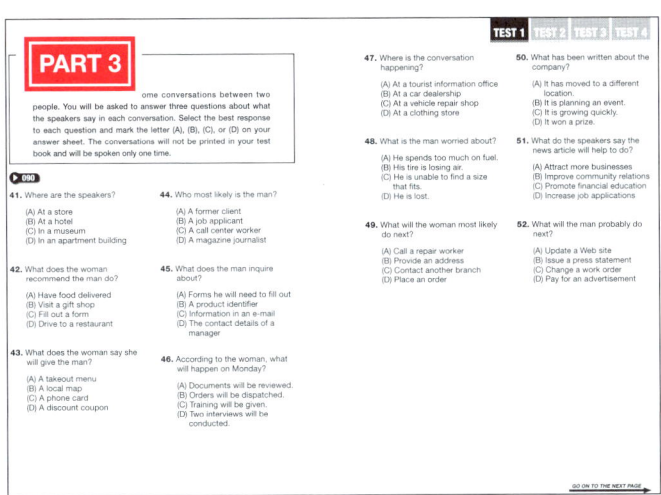

●問題演習編 解答と解説

　問題本文と設問を再録して語注を付し、訳・正解・設問のタイプ・著者による難度判定・解説を収録しています。

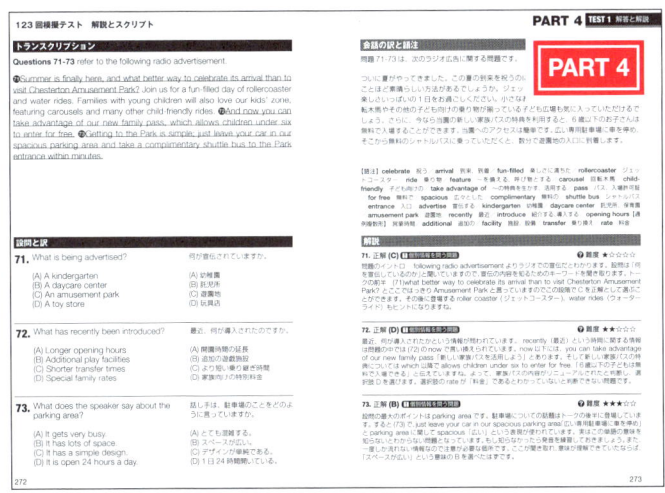

TOEIC® テストとは？

● TOEIC® テストとは？

TOEIC® テストの正式名称は、Test of English for International Communication で、英語によるコミュニケーション能力を測定する国際的なテストです。米国ニュージャージー州にある世界最大のテスト開発機関 Educational Testing Service（ETS）が開発・制作し、日本における実施・運営は、一般財団法人国際ビジネスコミュニケーション協会が行っています。

● 問題形式

問題は、リスニングセクション（約45分間、100問）と、リーディングセクション（75分間、100問）で構成され、2時間で200問を解答します。休憩時間はありません。

マークシート方式の選択式テストで、記述式の問題はありません。思考力を必要とするような難しい問題は出題されませんが、問題数が多いので制限時間内に終えるためには手際よく解き進める必要があります。

テスト開始前の説明は日本語ですが、テスト開始後は、問題の指示も含めすべて英語です。

TOEIC® テストの問題形式

パート	Name of Each Part	パート名	設問数
リスニングセクション（約45分間）			
1	Photos	写真描写問題	10
2	Question-Response	応答問題	30
3	Conversations	会話問題	30
4	Short Talks	説明文問題	30
リーディングセクション（75分間）			
5	Incomplete Sentences	短文穴埋め問題	40
6	Text Completion	長文穴埋め問題	12
7	Reading Comprehension 　Single Passage 　Double Passage	読解問題 ひとつの文書 ふたつの文書	 28 20

● TOEIC® テストの採点

　TOEICテストは、結果は合否ではなく、スコアで示されます。スコアは5点刻みで、リスニング5～495点、リーディング5～495点、計10～990点です。公開テスト終了後30日以内に、受験者にOfficial Score Certificate（公式認定証）が発送されます。スコアは、正答数をそのまま点数にしたものではなく、equating（等化）という統計的な処理がなされており、問題の難易度の違いによる有利・不利がないように調整されます。

　こうした特徴から、TOEICのスコアは企業・団体・学校で英語研修の効果測定や昇進・昇格の条件、単位認定や推薦入試の基準などさまざまな用途・目的に幅広く利用されています。

● 申し込み方法

　TOEICテスト受験の申し込みは、インターネット、コンビニ店頭で行うことができます。

　くわしくは、下記のTOEICテスト公式ホームページにてご確認ください。

http://www.toeic.or.jp/

付属 CD-ROM について

　本書の付属 CD-ROM は、Windows、Mac いずれでも利用できる一般的なフォーマットのデータディスクです。プログラムは収録されていません。収録されている音声データは一般的な mp3 形式ですから、「パソコンで再生する」、「iPod などの携帯音楽プレーヤーに取り込んで聞く」、「音声 CD 形式のディスクを作成して音楽 CD プレーヤーで聞く」など、いろいろな方法で利用できます。

注意：音声ディスクではありませんので、付属 CD-ROM を CD プレーヤーでは再生しないでください。

▶ Windows パソコンの場合

ディスクを挿入すると「ディスクに対してどのような動作をさせるか」を尋ねるウィンドウが現れます。「フォルダを開いてファイルを表示」を選択するとフォルダが開きますので、テキストファイル「はじめにお読みください」を開いてお読みください。

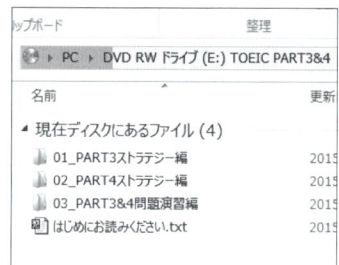

フォルダ構成

▶ Mac の場合

ディスクを挿入すると、デスクトップ上に CD-ROM のアイコンが現れます。アイコンをダブルクリックしてディスクのウィンドウを開き、テキストファイル「はじめにお読みください」を開いてお読みください。

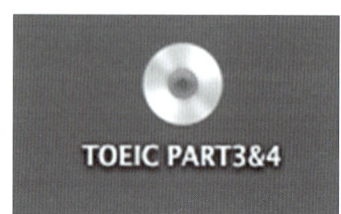

★お使いのコンピューターの設定によっては上記のとおりに動作しない場合があります。その場合は設定に応じた操作をしてください。

音声は mp3 形式

各フォルダの中には mp3 ファイルが収録されています。本書の音声アイコンの番号と合わせてお使いいただけます。

 ◀音声アイコン

Windows は米国 Microsoft Corporation の米国およびその他の国における登録名称です。
Mac は Apple Computer, Inc. の商標で、米国およびその他の国で登録されています。

PART 3
ストラテジー編

Chapter 1 では問題形式についての概説とサンプル問題を掲載しています。設問の形式に応じて、Chapter 2〜4 では「全体を問う問題」、Chapter 5〜7 では「個別の情報を問う問題」について取り上げます。それぞれの設問形式について、「解法のストラテジー」、「学習のストラテジー」、「トレーニング」のステップで学習をすすめてください。

Chapter 1 14
Chapter 2 20
Chapter 3 24
Chapter 4 42
Chapter 5 50
Chapter 6 56
Chapter 7 64

Chapter 1

概説とサンプル問題

■ PART 3 とは

　Part 3 は、約 30 秒のふたりの会話（たいていは男女）を聞いて、3 問の 4 択式設問に答えます。これが 10 セット、計 30 問のセクションです。

　Part 3 の冒頭に問題の説明をするディレクションが約 30 秒流れます。この後、実際の会話と問題がスタートします。男女の会話文は印刷されておらず、設問と選択肢のみが問題冊子に印刷されています。設問は会話の後に読み上げられ、その後回答のための時間が約 8 秒ポーズ（無音状態）用意されています。

　では、試しに 1 題解いてみましょう。（ディレクションは流れません）

[サンプル問題]

音声を聞いて、下記の質問に答えましょう。　▶ 002

62. Where do the speakers work?

　(A) At a health club
　(B) At a doctor's office
　(C) At a restaurant
　(D) At a recruitment company

63. Why will the man miss work today?

　(A) He is not feeling well.
　(B) He is attending a training course.
　(C) He does not have his car.
　(D) He is taking a vacation.

64. What is suggested about Ben?

　(A) He is often late.
　(B) He is good at organizing other staff.
　(C) He needs some additional training.
　(D) He can't work late.

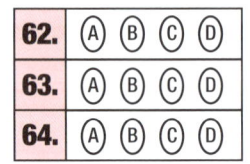

62.	Ⓐ	Ⓑ	Ⓒ	Ⓓ
63.	Ⓐ	Ⓑ	Ⓒ	Ⓓ
64.	Ⓐ	Ⓑ	Ⓒ	Ⓓ

◆ PART 3 ストラテジー編

　会話の流れは、聞き取れたでしょうか。もし、ほぼ聞き取れていたならば、本書を読む必要はないかもしれません。Part 3 と Part 4 はテクニックだけで正解が選べる、ということはなく、（少なくとも）会話の流れがわかるくらいのリスニング力、英語力が不可欠です。ですが、現時点であまり聞き取れていなかったとしても心配は無用です。以下の説明にあるように、本書ではそうした心配を払拭し、自信につながるトレーニングもあわせて行っていきます。

　本書は、

●解答を選ぶ上で必要なテクニックを学ぶ「解法のストラテジー」
●英語力を伸ばす「学習のストラテジー」

　というふたつのストラテジーをメインに構成されています。このストラテジーに沿って学習することで、あまりリスニングが得意ではないという人でも、少しずつ聞けるようになります。

　さて、Part 3 の設問には大きくふたつの種類、「全体を問う問題」と「個別の情報を問う問題」があります。いま解いていただいたサンプル問題にも「全体を問う問題」、「個別の情報を問う問題」が登場していますので、この2点について頭に入れておいてください。

■ 設問には「全体を問う問題」と「個別を問う問題」がある！

　設問 62 は Where do the speakers work? です。「話し手はどこで働いていますか？」と質問しています。**「誰が」「どこで」「何について」** 話しているか、という3点は、会話全体の流れを理解するための基本事項として押さえておくべきポイントです。
　「話し手はどこで働いていますか？」ということは、「話し手の職場はどこ？」となり、話し手の働く「場所」を尋ねているので、この問題は「全体を問う問題」となります。

15

設問 63 は Why will the man miss the work today? です。「なぜ今日男性は仕事に行けないのか？」「なぜ？」と男性に関する特定の理由を聞いています。この問いに対するヒント、手がかりは、I have a fever and a very sore throat. の部分で、最後まで聞いてようやくわかる、のではなく、むしろここを聞き逃したら答えることは難しい問題となっています。こうした、ヒントや手がかりが限定されている問題は、「全体を問う問題」ではなく、「個別の情報を問う問題」と呼びます。

　設問 64 は What is suggested about Ben? で、「Ben についてわかることは何か？」と、Ben という人物に関して特定の情報が問われている問題です。話し手ではなく、会話に出てくる Ben 個人の情報が必要になっています。こうしたある特定の情報に関して答える問題も、「個別の情報を問う問題」と分類されます。

　では、会話のスクリプトを見てみましょう。

> **M:** Hi, Mary. It's Faisal here. ❷Apologies for the short notice, but I'm not going to be able to come to work at the restaurant today. ❸I have a fever and a very sore throat. I don't want to come in and make anyone else ill.
> **W:** I'm very sorry to hear that, Faisal. It's best that you stay home and get some rest. Have you contacted one of your coworkers to ask if they can cover your kitchen shift?
> **M:** ❹Well I spoke with Ben. He said he would be happy to do it, but, of course, he doesn't have much experience in preparing desserts.
> **W:** I see. Well, I'll give him a call and ask him if he could come in an hour or so earlier than usual. That way I can give him a few pointers before he starts. Actually, it would be a good training opportunity for him.

訳は p.18 に掲載しています。

◆ PART 3 ストラテジー編

[サンプル問題の解答と解説]
正解 62 (C)　63 (A)　64 (C)

　冒頭の男性のセリフ ❻ の but 以下で「今日はレストランに働きに行くことができない」と言っているので、この情報が聞き取れれば男性はレストランで働いていることがわかります。設問 62 の答えは (C) At a restaurant. です。この問題では、会話で早々に work at the restaurant と、直接的に職業を示す表現が出てきましたが、kitchen shift や preparing desserts といった、レストランのキーワードは会話全体でたびたび登場しています。

　レストランに働きに行けないと言った男性は、続けてその理由を述べます。❻ で I have a fever and a very sore throat. が聞き取れれば、設問 63 の答えは (A) He is not feeling well.「具合がよくない」となります。

　これに対して、女性の Mary は、「それはとても気の毒だわ」「家にいて休むのが一番よ」と男性を気遣いながらも、「代わりにシフト入ってくれる人に連絡したんですか」と確認することを忘れません。このあたりの会話の流れはアルバイトや仕事の経験があれば、断片的にしか英語が理解できなくても想像がつくのではないでしょうか。

　男性は、❻ で「Ben と話した」と答えますが、同時に「preparing desserts に関する経験がそれほどない」と Ben に関する懸念についても言及します。

　女性は、Ben にいつもより 1 時間くらい早く来られるかどうか聞いてみると言います。そうすることで、作業前に要点を教えることができ、よいトレーニングの機会になるというのです。後半部分の会話から、設問 64 の答えは (C) He needs some additional training. になります。男性の発言にあった、he doesn't have much experience.「彼にはそれほど経験がない」だけでも聞き取れていれば、正解を選べなくもないのですが、女性の it would be a good training opportunity for him.「彼にとっていいトレーニングの機会になるでしょう」があることで、(C) が正解だとはっきりします。「個別の情報を問う問題」でも、注意を払って貪欲に複数箇所からヒントを探し出す姿勢を忘れないことが重要です。

17

> **サンプル問題訳**
>
> 男性：やあ、メアリー、ファイサルだ。今頃になってからで申し訳ないけれど、今日はレストランでの仕事に行けないんだ。熱があって、喉がとても痛むんだ。出勤して、ほかのだれかに病気を移したくないからね。
> 女性：それはお気の毒ね、ファイサル。家にいて休養をとるのがいちばんだわ。だれかあなたの同僚に連絡をとって、キッチンの担当を代わってもらえるか尋ねてみたの？
> 男性：ああ、ベンと話したよ。彼は喜んで引き受けると言ったんだけど、もちろん、デザート作りの経験はそれほど多くないんだ。
> 女性：そうなの……じゃあ、私から彼に電話して、いつもより1時間くらい早く出て来られるか聞いてみるわ。そうすれば、彼が仕事を始める前に、私からいくつかのアドバイスをしてあげられるから。実際、彼にとっては、練習をするよい機会となるでしょうね。

　このように、Part 3の設問は大きく分けて2種類、「全体を問う問題」と「個別の情報を問う問題」に分かれます。ここから先は、この2種類の設問のタイプをどう攻略するか、それぞれ学んでいきますが、その前にPart 3とPart 4に共通のテクニックについて触れておきます。

■ PART 3 & PART 4 共通テクニック

設問は「先読み」しよう！

　いま、みなさんはサンプル問題を解く際に設問を先に読みましたか？ それとも、会話を聞いてから設問を見て考えましたか？　個人の資質や実力にもよるのですが、基本的には会話を聞く前に設問を読む、いわゆる「先読み」をおすすめします。例えば全国の天気予報をなんとなく聞いた後で「明後日の○○県の天気は？」と聞かれても、「あれ、なんだったっけ？」というようになりませんか？　逆に最初から「明後日の○○県の天気は何だろう？」と知りたいことについて的が絞れていたならば、その情報を得ようと注意して聞きますよね。つまり「先読み」とは聞かれている質問に対する情報を予測する、準備するための有効な手段なのです。

◆ PART 3 ストラテジー編

■先読みの流れ

順序	音声の流れ	あなたの作業
1	ディレクション 30 秒	41-43 の設問に目を通す
2	41-43 の問題の読み上げ	マークシートに正解をちょこっとマークする
3	設問の読み上げ（約 30 秒）	・41-43 の正解を丁寧にマークする ・44-46 の設問に目を通す
4	44-46 の問題の読み上げ	マークシートに正解をちょこっとマークする
5	（以降、この繰り返し）	（以降、この繰り返し）

　Part 3 の一番はじめの問題、41 - 43 であればディレクションが流れている間に設問を読みます。選択肢も読めればそれに越したことはありませんが、情報が混乱するならまずは設問だけ、慣れてきたら選択肢も、という感覚でよいでしょう。

　その設問を頭におきながら会話を聞きます。会話の途中で正解がわかったのなら、指でその選択肢をおさえたり、マークシートにちょこっとマークしておきます。丁寧にマークしようとするとそのことに気をとられてしまい、会話を聞き逃す可能性があるのでそれはやめましょう。会話が終了したときに、3 問とも正解がわかっていたら、続けて読み上げられる設問とポーズ（約 8 秒ずつ）の時間を、次の問題の設問の先読みに充当します。これを最後まで繰り返します。また、問題の中で必要な情報を聞き逃してしまったり、わからない設問がある場合は考え込まず、とりあえずどれかにマークして次の準備をしましょう。もう聞き返せない会話について考えても正解は得られない、と割り切って気持ちを切り換えることも重要です。

Chapter 2

全体を問う問題　解法のストラテジー

　このChapterでは「全体を問う問題」の解法のストラテジーについて解説します。まず、「全体を問う問題」に頻出する設問文の例を見てください。

■＜場所＞を問う設問
Where are the speakers going?
話し手はどこに向かっていますか。

Where are the speakers?
話し手はどこにいますか。

Where do the speakers work?
話し手はどこで働いていますか。

Where do the speakers probably work?
話し手はおそらくどこで働いていますか。

Where is the conversation most likely taking place?
会話はおそらくどこで行われていますか。

■＜人物、職業＞を問う問題
What business do the speakers work in?
話し手の職業はなんですか。

Who is the woman?
女性は誰ですか。

Who most likely is the man?
男性はおそらく誰ですか。

■＜話の主題＞を問う問題
What are the speakers discussing?
話し手は何について話し合っていますか。

What is the purpose of the call?
電話の目的はなんですか。

◆ PART 3 ストラテジー編

　このような会話全体にまつわる問題を解くためのストラテジーを以下、3つの手順で解説します。

解法の手順

解法 1　疑問詞を見極める！　「場所」「人物、職業」「話の主題」

設問文を読んだ際、問われている内容は上記のどの分類にあたるか、「場所」、「人物、職業」、「話の主題」を素早く見極めます。最初の疑問詞 where、who、what などが大きなヒントです。

解法 2　設問に関するキーワードを聞き逃さない！

次に問われている設問の内容（「場所」、「人物、職業」、「話の主題」）に関連するキーワードを逃さないように問題を聞きます。

解法 3　言い換え表現に注意して正解を選ぶ！

聞き取ったキーワードから正解を選びます。ひとつのキーワードで正解が特定できるとは限りません。複数のキーワードを整理する必要がある場合もあります。

実践

　では、実際の問題を解きながら、解法 1 ～解法 3 のストラテジーを説明していきます。まず、解法 1 からいきましょう。

　下記の設問を見てください。設問では何が問われているでしょうか。

41. Where are the speakers going?

　　(A) To a restaurant
　　(B) To a gallery
　　(C) To a bus stop
　　(D) To a shopping mall

解法1　疑問詞は何？　「場所」「人物、職業」「話の主題」

　実際の試験では会話の音声が流れる前に設問文をさっと読みます。文頭の Where から「場所」を問う設問だと判断できるでしょう。そして設問の主語 speakers と動詞 are going から設問の内容が「話し手たちはどこへ行く？」だとわかりますね。設問が把握できたら、頭の中に「場所」のヒントをつかまえようとする準備ができるはずです。なお、選択肢を見るとすべて To で始まり、場所に関する名詞、restaurant, gallery, bus stop, shopping mall が並んでいるので、これもヒント、つまりこれらのうちどれかひとつの「場所」へ行くことがわかります。

解法2　設問に関するキーワードを聞き逃さない！

　設問の先読みにより「話し手が向かう場所」が問われていることがわかりました。実際の問題で「場所」のヒントを逃さないように音声を聞きます。では、音声を聞いてみましょう。

▶ 003　音声を再生してください。

　最初に男性のセリフで、Excuse me. と聞こえてきます。これは聞き取れますね。「すみません」と、話しかけています。続いて、Could you tell me where the Walton Art Gallery is? と聞こえてきますが、ここがまったく聞けないと、正解を選ぶのは困難です。しかし、この英文は決して難しいものではなく、むしろ基本的な表現です。

　Could you...? は、相手に依頼をするときに使われる表現です。ですから、Could you... と聞こえた時点で、男性は相手に何か依頼をしたいんだな、と展開を予測したいところです。さらに Could you tell me where... is? で「……はどこにあるか教えていただけますか？」という意味の表現だとわかっていると、ほかに聞くべき部分（この場合は the Walton Art Gallery）に集中できるので、リスニングに対する負荷が減ることになります。

◆ PART 3 ストラテジー編

とはいえ、今回のケースでは、where と Art Gallery が聞けていれば、男性が Art Gallery の場所を聞いていると推測できるので、正解を選ぶのはそれほど難しくはないかもしれません。

このように、Could you...? のような基本的な表現をしっかりと聞けるようにしておくと、ヒントとなる部分に集中できるようになります。

解法3　言い換え表現に注意して正解を選ぶ！

女性のセリフ、I'm on my way there right now. から、女性も同じ場所に行くことがわかりますね。こちらも基本的な表現である I'm on my way + 場所「～へ行く途中である」が登場しています。解法2で聞き取ったキーワード Art Gallery に加えてこの部分がしっかりと理解できれば、ふたりが同じ gallery へ行くことが決定的となり、自信をもって正解の (B) To a gallery を選ぶことができるでしょう。

いかがですか？　設問文に着目することで問われていることが明確になり、目的をもってリスニングに臨むことができるようになります。

最後に、音声を聞きながら会話の英文を読んで目で情報を確認してみましょう。

スクリプトと訳

Question 41 refers to the following conversation.

**M: Excuse me, / could you tell me where the Walton Art Gallery is? / I have some directions here, / but they don't seem to be correct. /
W: I'm on my way there right now. / I'm the curator / at the gallery. / I will walk you there. /**

男性：すみません、ウォールトン美術館はどこにあるのか教えてもらえますか。行き方を書いたものをここに持っているのですが、間違っているようなのです。
女性：私も今、そこに行くところなんです。私はその美術館のキュレーターです。そこまで一緒に歩きましょう。

Chapter 3

全体を問う問題　学習のストラテジー

　このChapterでは「全体を問う問題」の学習法を紹介します。

　TOEICの会話にはよく出る場面や定番表現があります。ここではそれらの知識を「知っている」状態から、「聞いて瞬時に意味が理解できる」レベルに引き上げるのに効果的な音読トレーニングを行います。

音読トレーニングとは

　さて、なぜリスニングの問題を解くために音読が必要なのでしょう。音読は文字を見ながら、それを声に出すトレーニングです。次の音声を聞いてみてください。

▶ **004**　音声を再生してください。

　ひらがなで音声を再現すれば、「くじゅーぽいんみーいんざでぃれくしょんぉふざふぉりんらんげっじぶっくす」のようになるかと思います。では、最初の「くじゅーぽいんみー」を英語で表記するとどうなるでしょうか。

　正解は、Could you point meです。「くじゅーぽいんみー」を聞いて、Could you point meのことだとわからなければ、どんなことを言っているのかわからないのは当然です。

Could you point me in the direction of the foreign language books?

訳：外国語の書籍がある場所を教えていただけませんか。

24

◆ PART 3 ストラテジー編

英語の場合、❶ Could you が「くじゅー」とくっついて発音されたり、❷ point の t がほとんど発音されないなど、文字と音が一致しにくい傾向にあります。

そこで、音読を行います。音読には、**「音と文字を結びつける」**という効果があります。ただし、日本人の英語学習者が自分勝手な発音と英語の文字を結びつけても、ネイティヴの発音を聞き取れるようにはなりません。ですから、本書ではネイティヴの音声を使いながら音読を行います。

具体的には、音声に沿って会話のスクリプトを見ながら、同時に声に出して読んでいきます。なるべく同じ速度、同じ発音、同じリズムで読めるようにしましょう。そうすることで、ネイティヴの音声を聞いて、文字が再現でき、意味が理解できるようになります。

音読トレーニングの方法

STEP 1 リスニング

最初に会話文（スクリプト）を見ながら音声を聞きます。その際、言えなさそうな単語をチェックし、その部分を言えるように何回か発音を確認します。

STEP 2 音声に合わせて声に出す

次に、音声に合わせて音読をします。なるべく音声のスピードに遅れないように、また発音、リズム、イントネーションが同じになるように心がけます。1回で思うように言えるようにはおそらくならないと思います。何度か音読を繰り返し、スピードと発音が音声に近づくまで練習しましょう。

STEP 3 シャドーイング

音声のスピードに合わせてある程度音読できるようになったら、最後は会話文のスクリプトを見ないで、音声だけを頼りに一緒に言ってみます。音声の後に少しだけ遅れて声に出す練習をシャドーイングと言います。音読に比べると難易度の高いトレーニングですが、何回も練習することで英語の音声的特徴がさらに耳と口に蓄積されます。

■音読トレーニングにチャレンジ

> M: Hi, Mary. / It's Faisal here. / Apologies for the short notice, / but I'm not going to be able to come to work at the restaurant today. / I have a fever and a very sore throat. / ❶I don't want to come in and make anyone else ill. /
> W: I'm very sorry to hear that, Faisal. / ❷It's best that you stay home and get some rest. / Have you contacted one of your coworkers to ask if they can cover your kitchen shift? /
> M: Well I spoke with Ben. / He said ❸he would be happy to do it, / but, / of course, he doesn't have much experience in preparing desserts. /
> W: I see. / Well, I'll give him a call and ask him if he could come in ❹an hour or so earlier than usual. / That way we can give him a few pointers before he starts. / Actually, it would be a good training opportunity for him. /

では下記のステップに沿って練習してみましょう。

トレーニングステップ

STEP 1 **リスニング**

スクリプトを見ながら音声を聞く。読めない単語を読めるようにしておく。

STEP 2 **音声に合わせて声に出す**

音声と同じ速度、同じ発音、同じリズムで読めるように。

STEP 3 **シャドーイング**

スクリプトを見ずに音声だけを頼りに声にだしてみる。

◆ PART 3 ストラテジー編

スラッシュを活用しよう！

　本書の英文スクリプトにはスラッシュ（/）が入っています。これは音読をする際の息継ぎの目安、また意味のかたまりとしていっきに口に出すための目安として使ってください。いきなり音声を使って音読をすることが難しい場合は、まずスラッシュの位置を頼りに音声を使わずに意味を確認しながら一度声に出してみるとよいでしょう。

✓ チェック！

☐ 言えない単語はありませんか？
☐ 音声と同じスピードで言えるようになりましたか？
☐ 定番表現をスムーズにかたまりで言えますか？

❶ **I don't want to...** : want_to。「ウォント　トゥ」ではなく結合して「ウォントゥ」。
❷ **It's best that...** :「ベスト　ザット」ではなく「ベスザ」。最後のtが欠落する。
❸ **...he would be...** :「ヒー　ウッド　ビー」→「ヒーウッビー」。dが欠落する。
❹ **an hour or so** :「アンアワーオアソウ」→「アンナワオソー」。

訳

男性：やあ、メアリー、ファイサルだ。今頃になってからで申し訳ないけれど、今日はレストランでの仕事に行けないんだ。熱があって、喉がとても痛むんだ。出勤して、ほかのだれかに病気を移したくないからね。
女性：それはお気の毒ね、ファイサル。家にいて休養をとるのがいちばんだわ。だれかあなたの同僚に連絡をとって、キッチンの担当を代わってもらえるか尋ねてみたの？
男性：ああ、ベンと話したよ。彼は喜んで引き受けると言ったんだけど、もちろん、デザート作りの経験はそれほど多くないんだ。
女性：そうなの……じゃあ、私から彼に電話して、いつもより1時間くらい早く出て来られるか聞いてみるわ。そうすれば、彼が仕事を始める前に、私からいくつかのアドバイスをしてあげられるから。実際、彼にとっては、練習をするよい機会となるでしょうね。

では、いよいよ具体的なトレーニングに進みます。トレーニングは2段階になっています。
① 「場面別キーワード」→場面別のキーワードを音読します。
② 「場面推測トレーニング」→場面を推測する問題を解いた後、スクリプトを音読します。

場面別キーワード

以下の単語は Part 3 のよくある場面とその場面に登場する単語です。知らない単語、読めない単語はありませんか？ 紙面で単語の意味を確認した後、ネイティヴの音声と一緒に声に出してみましょう。

> ★日本語→英語の音声を活用しよう！
> このコーナーで紹介している単語は日本語→英語の順に収録した音声を用意しています。音声だけで学習する手ぶら学習などにご活用ください。

■オフィスでの会話 006

単語	意味	単語	意味
advertising campaign	広告キャンペーン	equipment	道具、機器
ad	広告	manager	管理者
article	記事	recruitment campaign	人事採用
branch	支社	take vacation time	休暇を取る
client	依頼人、顧客	the main office	本社
company	会社	understaffed	人員不足の
employee	従業員		

――― 音読のポイント ―――
- advertising campaign と recruitment campaign はかたまりで言えるように。
- cam<u>paign</u> のアクセントは後半 paign（下線部）にある。
- manager は「マネージャー」のように音を伸ばさず「マネジャ」のつもりで。

28

◆ PART 3 ストラテジー編

■電話での会話

単語	意味
Could I speak with…?	～さんと話せますか？
I'll contact you…	あなたにご連絡します
I'll give you the number of…	～の番号をあなたにお伝えします
I'm calling because…	～という理由でお電話しています
recording message	録音メッセージ、留守電
respond	返事をする
This is [Jamie Rodriguez] calling from [Grand Design].	こちらは[グランドデザイン]の[ジェイミー・ロドリゲス]です。

―― 音読のポイント ――
- フレーズは単語ごとに音を区切らず、すべての単語の音がくっつくイメージで。
- I'll は、I を強く 'll をちょっぴりのつもりで発音するとスムーズに言いやすい。
- I'm も同じように、I を強く 'm をちょっぴりのつもりで。

■図書館や美術館での会話

単語	意味	単語	意味
admission	入場、入場許可	library card	図書館カード
audience	聴衆	museum	美術館
basement	地下	ticket booth	切符売り場
exhibit	展示	We're closed…	閉館(閉店)
gallery	ギャラリー		しました
history section	歴史コーナー		

―― 音読のポイント ――
- booth の語尾の th ははっきり音を出さずに弱めに。
- exhibit の h は発音しない。アクセントは中央の i の音。
- museum のアクセントも中央の se の音。

29

■ホテル・レストランでの会話

単語	意味	単語	意味
anniversary	～周年記念（日）	discount	割引
business	店、商売	dish	料理
chef	料理人	I'm in room 306.	私は306号室にいます
cuisine	料理	patio	テラス
customer	お客、顧客	reasonable	手ごろな

─ 音読のポイント ─
・business はカタカナの「ビジネス」の音にまどわされないように。
・reasonable の最後の -ble は、「ブル」ではなく「ボ」に近い音。「リズナボ」のように。

■交通機関に関する会話

単語	意味	単語	意味
baggage claim	手荷物受取所	local train	各駅列車
board	（乗り物）に乗り込む	public transportation	公共交通機関
charge	（料金を）請求する	route	道、経路
express train	急行列車	timetable	時刻表
get lost	道に迷う	traffic	交通（量）

─ 音読のポイント ─
・claim は「クライム」ではなく「クレイム」に近い音。
・local train の local は「ローカル」ではなく「ローコ」に近い音。
・route の -te ははっきり発音しない。話者によっては「ルゥ」のように聞こえる。

■採用に関する会話

単語	意味	単語	意味
application	応募、申請	job interview	就職面接
candidate	志望者、候補者	pay	給与
firm	会社	position	仕事（口）、職
hire	人を雇う	qualified	適任である
human resources	人事部	resume	履歴書

─ 音読のポイント ─
・resume は「レジュメ」ではなく「レズメ」のような音。
・candidate は「キャンディデット」のように発音する。「デイト」ではない。

◆ PART 3 ストラテジー編

■会議・プレゼンテーションに関する会話

単語	意味	単語	意味
agenda	議題、議事日程	present	提示する
equipment	機材、機器	presentation	プレゼンテーション、発表
laptop	ノートパソコン		
material	資料、材料	projector	プロジェクター
prepare	準備する	set up	準備する

音読のポイント

・present は表現する内容によってアクセントが変わるので注意。「贈り物」(名詞) は pre- を強く、「提示する」(動詞) は -sent を強く。
・set up は早く発音されると「セタプ」のように聞こえることがあります。

■商品の注文、ショッピングに関する会話

単語	意味	単語	意味
delivery	配送	payment	支払い
exchange	交換する	postage	郵送料
full refund	全額の返金	purchase	購入する
invoice	請求書	replacement	交換の品、代替品
item	商品、品物	return	返送(する)
merchandise	商品	shipping	発送
overcharge	過剰請求する	stock	(商品の)在庫を置いている
package	箱、小包		

音読のポイント

・delivery は「デリバリー」のように最後の音は伸ばさず「デリバリ」のイメージで。
・package も「パッケージ」ではなく「パケジ」のようにコンパクトに。

■不動産に関する会話

単語	意味	単語	意味
area	地域	neighborhood	近所、近隣
available	（部屋が）空いている、利用可能な	owner	所有者
		property	不動産
commitment	契約、約束	real estate	不動産
contract	契約（書）	rent	家賃、賃貸する
furnished apartment	家具付きアパート	resident	住人
lease	賃貸借契約	site	場所

音読のポイント

- commitment の t はどちらもほとんど発音しない。
- real は「リアル」ではなく「リオ」に近い音で。

■医院・病院での会話

単語	意味	単語	意味
appointment	（面談の）約束、予約	medicine	薬
		patient	患者
book	予約する	pharmacist	薬剤師
handle	対応する、担当する	prescribe	処方する
		prescription	処方（せん）
hospital	病院	side effect	副作用
maternity ward	産科病棟	treatment	治療
medical	医学の		

音読のポイント

- patient の ti は「ティ」ではなく「シ」に近い音で。「ペイシェント」
- prescribe, prescription の pre は弱く、後半の音をはっきりと言う。
- side effect はひとつのかたまりとして言えるように。

◆ PART 3 ストラテジー編

■出版物・記事に関する会話

単語	意味	単語	意味
advertisement	広告	newsletter	ニュースレター
article	記事	print	印刷する
deadline	締め切り、期限	produce	制作する
editing	編集（の）	review	批評
feature	大きく取り上げる	subscribe	（雑誌などを）
magazine cover	雑誌の表紙		購読する

音読のポイント

- article の cle は「クル」とはっきり発音せずに、「アーティコ」のようなイメージで。
- deadline は d がほとんど発音されず、「デッライ」に近い音。
- newsletter は「ニューズレター」のように「ス」が「ズ」と濁る。

■工場、故障・修理に関する会話

単語	意味	単語	意味
assembly	組み立て	plant	工場
corrupted	破損した	plumber	配管工
faulty	欠陥のある	remove	取り除く
install	～を設置する	repair	修復する
instructions	取扱説明書	repairperson	修理工
on duty	当番の	shift	交代勤務（時間）
part	部品	supervisor	監督者

音読のポイント

- plant、shift の後ろの t はちょっとだけ弱く発音する。
- repairperson は repair person のようにふたつの単語ではなく 1 単語なので、かたまりとして言えるように。

33

場面推測トレーニング

次に、会話の前半部分、ふたりの人物の間の会話（A → B）を聞いて、場面や会話がなされている場所を推測するトレーニングをしましょう。

どのような場面、場所かわかったら、例えばオフィス、図書館、美術館、などのように、下線の上に書き込んでみましょう。
また正解をチェックした後、これらの会話の意味、単語をしっかり確認し、音声にあわせて音読してみましょう。

トレーニングの手順

このトレーニングでは、まず最初に問題を解き、その後で音読トレーニングを行ってください。

1 音声を聞いて、後の語群から一番近い場面を書き込みましょう。

▶ 018

1. 場面 _____

2. 場面 _____

3. 場面 _____

4. 場面 _____

5. 場面 _____

6. 場面 _____

7. 場面 _____

◆ PART 3 ストラテジー編

8. ＿＿＿＿場面＿＿＿＿＿＿＿＿＿＿＿＿＿＿＿＿＿＿＿＿＿

9. ＿＿＿＿場面＿＿＿＿＿＿＿＿＿＿＿＿＿＿＿＿＿＿＿＿＿

10. ＿＿＿＿場面＿＿＿＿＿＿＿＿＿＿＿＿＿＿＿＿＿＿＿＿＿

【語群】

ホテル	車修理工場	図書館	受付
オフィス	電話（病院）	カフェ	工場
不動産屋			

※注意
同じ語が複数回使われることがあります。

2 次に、問題文を音声と一緒に音読しましょう。

音読のトレーニングステップ

STEP 1 **リスニング**

p.36-41のスクリプトを見ながら音声を聞く。この段階で読めない単語を読めるようにしておく。

STEP 2 **音声に合わせて声に出す**

音声と同じ速度、同じ発音、同じリズムで読めるように。

STEP 3 **シャドーイング**

スクリプトを見ずに音声だけを頼りに声にだしてみる。

解答・解説／場面推測トレーニング

1. 正解 「受付」　　　　　　　　　　　　　　　音読トレーニング ▶ 019

> M: Excuse me, / could you tell me where I can find Conference Room F? /
> W: Sure. / It's up on the second floor. / Have you been in this building before? /
>
> 男性：失礼ですが、F会議場の場所を教えていただけますか。
> 女性：はい。F会議場は2階にあります。前にこのビルにいらしたことはおありですか。

男性が Could you tell me where... 「……がどこにあるのか教えてくれますか？」と場所を聞いています。男性が知りたいのは Conference Room F の場所です。この conference が聞き取れれば、この会話がどのような場所で行われているかわかりますね。逆に conference が聞き取れないと場所を確定するのは難しいでしょう。女性の Have you been in this building before? もヒントとなり、この会話は会議室のある建物などの受付で行われていることがわかります。場面としては「受付」を選びましょう。

― **音読のポイント** ―
男性の where I (can find) は、各単語の最後の部分と次の最初とが連結して「うぇあらあい」のように聞こえます。慣れていないと聞き取りにくい音です。最後の子音と次の母音とがつながることをリエゾンといいますが、このように音のつながりを意識して聞く、発音してみる、とよいでしょう。

2. 正解 「電話（病院）」　　　　　　　　　　　音読トレーニング ▶ 020

> W: Hello. / Could I speak to Dr. Charles? / This is Cathy Rogers. / I'm one of his patients. /
> M: I'm afraid he's out of town / at a medical conference. / Can I take a message? /
>
> 女性：もしもし。チャールズ先生とお話しできますか。先生の患者のキャシー・ロジャーズと申します。
> 男性：残念ですが、先生は医学の会議でいま出かけております。伝言をお預かりしましょうか。

女性が Could I speak to Dr. Charles...? と言っていますので、彼女は Dr.（ドクター）と話がしたいとわかります。Dr. は博士や医者などを表す称号ですが、TOEIC ではほとんどの場合、医者を指します。女性は I'm one of his patients. と

◆ PART 3 ストラテジー編

自分が彼の患者であることを伝えていますので、Dr. と patient のキーワードから、場面としては医院もしくは病院だろうと推測できます。受付と思われる男性は I'm afraid he is out of town at a medical conference. と応対しています。先生は out of town「市外に」にいて、medical conference「医学会議」のためにここにはいない、ということです。

> **音読のポイント**
>
> ...out of town at a medical conference が一息で読まれているように聞こえますね。また、at a が「あたあ」のように読まれています。音読する際も、意味のかたまりごとに言える（区切れる）ように意識しつつ、スムーズに読む箇所は音声のまねをしてよく練習をしてみましょう。

3. 正解 「オフィス」　　　　音読トレーニング ▶ 021

> M: Cindy, / could I speak with you about the deadline for the brochure design? / I'd like to push it back to the end of June if possible. /
> W: Let's see... / I heard there's going to be a week of workshops / for all employees at the end of June, / so we might be busy. /
>
> 男性：シンディー、例のパンフレットのデザインの締め切りの件で相談できないでしょうか。可能であれば、6月の末まで延ばしたいのですが。
> 女性：そうですねえ……、6月末に全従業員を対象にした1週間の研修があると聞いていますから、ちょっといそがしいと思うんです。

Could I speak with you... ?「あなたと話せますか？」と一般的な依頼表現で始まります。依頼の内容は、the deadline for the brochure design「パンフレットのデザインの締め切り」についてということですので、場面としては病院や工場ではなく、いわゆる事務所やオフィスがイメージされるはずです。また、a week of workshop「1週間のワークショップ」、for all employees「すべての従業員のための」という表現も登場することから、ビジネスの場であり、かつ書類などを扱うオフィスが場面としては適切でしょう。この会話はキーワードから状況をある程度把握できるので比較的わかりやすい問題と言えます。

> **音読のポイント**
>
> 発音としては、brochure に気をつけましょう。「ぶろーしゃあ」と読まれていますね。スペルにつられて「ぶろちゅあー」にならないようにしましょう。

4. 正解 「ホテル」　　　　　　　　　　　　　音読トレーニング ▶ 022

> W: Hello. / I'm in room 402 / and I wondered if you could let me know how late the hotel restaurant stays open. /
> M: Unfortunately, / the restaurant has already stopped taking orders. / However, there's a Japanese restaurant across the street that's open late. /
> 女性：もしもし。402号室ですけど、ホテルのレストラン、どのくらい遅くまで開いているか教えていただけるかしら。
> 男性：残念ですが、レストランはもう注文の受け付けを終えてしまいました。でも、通りの向こうの日本料理の店は遅くまで開いていますよ。

　I'm in room 402「402号室にいます」という表現から、女性が部屋にいることがすぐにわかります。続けて女性は、how late the hotel restaurant stays open とホテルのレストランの営業時間を聞いていますので、彼女はホテルにいると確定できます。場面を確定するにはこの情報だけで十分ですが、続けて男性の回答を聞くとさらに確信が高まります。男性は「ホテルのレストランのラストオーダーは終わってしまいました」と答えますが、その代わりに近所の和食レストランを紹介しています。これは、ホテルの女性客と男性従業員の会話ですね。

― 音読のポイント ―
女性のセリフ、…I wondered if 以下が聞き取りにくいですが、重要な情報はそのあとに出てきます。また、男性のセリフで、however「……がしかし」があるとそれより前と逆のことを言うはずですので、この however「でも」やその前に出てきた unfortunately「残念ですが」の意味を意識しながら発音してみましょう。

5. 正解 「不動産屋」　　　　　　　　　　　　音読トレーニング ▶ 023

> M: Hi there. / I'm looking to rent office space / in the Hillston area. / Do you have anything available in that area? / I saw the ads in the newspaper this morning. /
> W: Yes, / we have space to rent in a few buildings around there. / Which location would you prefer: / the Queens Park end of town / or the Riverside end? /
> 男性：どうもこんにちは。ヒルストンでオフィススペースを探しているんだけど、いい物件ありますか。今日の朝刊で広告を見たんだ。
> 女性：あの地域にはいくつか所有しているビルがあって、賃貸用のスペースがあります。どちらの場所をお望みですか。クイーンズパーク周辺？　それともリバーサイド周辺？

38

◆ PART 3 ストラテジー編

　冒頭だけで場面が確定できる問題です。I'm looking to rent office space「レンタルオフィスを探しています」、Do you have anything available in that area?「その地域で借りられるものはありますか？」ということで、物件に関する話題です。キーワード rent office だけで場面をかなり絞ることができますが、物件関連の話題に頻出な available「空いている」も重要なキーワードです。女性は、we have space to rent「借りられる物件があります」と答えており、場面は不動産屋と確定できます。

音読のポイント

強く発音されているところと弱く発音されているところを意識してみましょう。例えば女性の Which location は強調するために強く発音されています。

---

6. 正解　「車修理工場」　　　　　　　　　　　音読トレーニング　▶ 024

> W: Hello. / I need to get my car repaired for a trip this weekend. / Is it possible to have it ready by Friday? /
> M: I'm afraid not. We'll need to order in spare parts / and that will take two weeks. /
>
> 女性：もしもし。週末に旅行に出かけるので車を修理しないといけないんです。金曜までに直してもらえるかしら。
> 男性：残念ですが、できません。交換のパーツを注文しないといけなくて、2週間かかるんです。

　I need to get my car repaired「この車を直してもらわないといけない」という女性のセリフの、car repaired がキーワードです。つまり、車の修理をお願いする場所、車修理工場と推測できます。それを受けて男性が We'll need to order in spare parts and that will take two weeks.「代わりの部品を注文し、届くのに2週間かかります」と状況を説明しているので、客と従業員の会話と判断します。

音読のポイント

女性の I need to get my car repaired をスムーズに読めるでしょうか？　音の強弱を確認しておきましょう。

7. 正解 「工場」 　　　　　　　　　　　　　音読トレーニング ▶ 025

> W: Hi. / This is Anita in the Manufacturing Department. / I noticed that one of the assembly machines is not working. /
> M: The same issue came up last week, / so it shouldn't be a problem to fix. / I'll get you a repair team as soon as possible. /
>
> 女性：もしもし。製造部のアニタです。組み立て機械の1台が故障してるんです。
> 男性：先週もおなじトラブルがあったから、問題なく直せるはずだ。至急修繕チームを手配するよ。

　女性は、自分が Manufacturing Department「製造部」だと言い、one of the assembly machines is not working「組み立て機器のひとつが動かない」と状況を説明しています。さらに it shouldn't be a problem to fix.「修理は難しくなさそうだ（修理可能）」という男性の返答から、工場でのトラブルに関する会話とわかります。

― 音読のポイント ―

shouldn't be や I'll といった縮約形が発音しにくいかもしれません。「しゅでゅんびー」「あいる」ほどにははっきりしませんが、音声をお手本にしてまねしてみましょう。

8. 正解 「図書館」 　　　　　　　　　　　　　音読トレーニング ▶ 026

> M: Good afternoon. / I haven't been to this library before. / Could you tell me where I can find books on architecture? /
> W: Certainly, sir. / Architecture is over there, / next to the art and design section. /
>
> 男性：こんにちは。この図書館を利用するのははじめてなんです。建築の本はどこにあるか教えてもらえますか。
> 女性：承知いたしました。建築はあちら、美術・デザインセクションの隣です。

　男性が I haven't been to this library before.「この図書館に以前来たことがないんです」とはっきり library「図書館」と言っています。ここからだけでも図書館でのやりとりだとわかりますね。また、books もちゃんと聞こえればさらに確信が持てるはずです。

― 音読のポイント ―

疑問文 Could you tell me where I can find books on architecture? は音声からわかるように、わりと一息で読まれています。ですので、音読するときもなるべく切らずに読めるようチャレンジしてみましょう。

◆ PART 3 ストラテジー編

9. 正解 「受付」

音読トレーニング ▶ 027

> M: Hi. / I have some documents to deliver to Mr. Buchanan. / Could you tell me where his office is? /
> W: Sure. / Just take the elevator to the sixth floor. / He's out of the office for lunch right now, / but his assistant is there. /
>
> 男性：こんにちは。ブキャナンさん宛の書類を届けにきました。どの部屋か教えてもらえますか。
> 女性：わかりました。エレベーターで6階に行ってください。いま昼食にでていますが、彼のアシスタントが部屋にいます。

男性が Could you tell me...? と女性に尋ねています。彼が知りたいのはブキャナンさんのオフィスですので、この会話の場面としてはオフィスビルなどの受付が想定できますね。女性のセリフにある out of... の表現は、out of the office / out of town などのように使われる頻出フレーズです。

--- 音読のポイント ---

Could you tell me where his office is? をひとつのかたまりとして一息で言えるようにしましょう。女性の out of the office の out と of が「あうとぉぶ」と連結する点も、何度も聞いて慣らしておきましょう。

10. 正解 「カフェ」

音読トレーニング ▶ 028

> W: Wow! / This café is really busy today. / I've never seen so many customers here! /
> M: Me neither. / Unfortunately, / it looks like we'll have to wait a long time to get a table. /
>
> 女性：すごい。このカフェ、きょうはすごく混んでる。こんなにお客さんがここにいるのははじめて見た。
> 男性：ぼくもだよ。残念ながら席を確保するのにだいぶ待たなけゃならなそうだ。

女性が This café is really busy today.「このカフェは今日とても混んでいます」とはっきり café「カフェ」と場面を言っています。男性のセリフにある get a table「席をとる」の表現はレストランやカフェなどの頻出フレーズです。

--- 音読のポイント ---

Me neither. は Me too. と同じように応答でよく使われる表現ですので、音声をよく聞き、音に慣れておきましょう。また、同じ男性のセリフ to get a table の箇所では「てゅげたてーぼー」のようにかなりつながって聞こえます。

Chapter 4

全体を問う問題　トレーニング

　このChapterでは、トレーニング演習を行います。ただし、実際の形式とは異なり、ひとつの会話に対して、ひとつの設問が設けられています。Chapter 3は男女1往復の会話でトレーニングしましたが、今回は実際のTOEICの問題の長さ、つまり男女2往復の長さの会話になっています。

　問題を解き終えた後は、学習のストラテジー同様、音声に合わせて音読トレーニングを行ってください。

音読トレーニングステップ

STEP 1　リスニング

スクリプトを見ながら音声を聞く。ここで読めない単語を読めるようにしておく。

STEP 2　音声に合わせて声に出す

音声と同じ速度、同じ発音、同じリズムで読めるように。

STEP 3　シャドーイング

スクリプトを見ずに音声だけを頼りに声にだしてみる。

◆ PART 3 ストラテジー編

練習問題

1. Where are the speakers? ▶ 029

    (A) At a delivery office
    (B) At a university
    (C) At a hospital
    (D) At a hotel

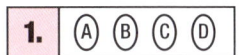

2. What business do the speakers work in?

    (A) Web page design service
    (B) Moving company
    (C) Retail sales
    (D) Internet marketing

3. Where do the speakers probably work?

    (A) At a marketing company
    (B) At a restaurant business
    (C) At an international bank
    (D) At a department store

4. Where do the speakers work?

    (A) At a publishing company
    (B) At an IT company
    (C) At a museum
    (D) At a library

5. What is the purpose of the call?

    (A) To inquire about a bill
    (B) To set up a cable TV
    (C) To request repairs to network
    (D) To order a part of a machine

解答・解説／練習問題

1. 正解 (B)

音読トレーニング ▶ 030

> M: Good morning. / I'm here to see Professor Carter. / I think he told me that his study room is on the third floor. / Is that correct? /
> W: It might be on a different floor right now. / All the floors from second through to fourth are closed due to maintenance work. / Could you tell me what department he's in? /
> M: He's in the economics department. /
> W: OK. / The economics department is currently based on the fifth floor. / Just take the elevator up and go straight down the hall. /
>
> 男性：おはようございます。カーター教授にお目にかかりにまいりました。先生の研究室は3階にあるとおっしゃっていたように思うのですが、まちがいありませんか。
> 女性：現在はほかの階になっていると思います。2階から4階までは修繕のために閉鎖されていますから。どの学部の先生か教えていただけますか。
> 男性：経済学部です。
> 女性：わかりました。経済学部は現在5階にあります。エレベーターで上がって、廊下をまっすぐ進んでください。
>
> 設問：話し手はどこにいますか。
>   (A) 配達局   (C) 病院
>   (B) 大学   (D) ホテル

【解説】

Where are the speakers?「話し手はどこにいる？」はこれまでトレーニングしたように、場所に関するキーワードを聞き取る問題です。最初の男性のセリフ、I'm here to see Professor Carter.「カーター教授に会いにきた」で professor が聞き取れ、またその意味が教授だとわかれば、大学ではないか、と推測がつきます。さらに his study room「研究室」がわかれば、大学と決定でき、(B) At a university を選べます。万一それらに自信が持てなかった場合でも、次の男性のセリフに出てくる He's in the economics department.「彼は経済学部です」が聞き取れれば、大学だとわかるでしょう。

音読のポイント

聞き取り、発音のポイントとしては、最初の男性のセリフ、he told me that his study room is... のところで、that his がつながって「ざってぃーず」と聞こえますが、that is ではない、という点を確認しましょう。また、economics などの単語のアクセントの位置を音声で確認し、同じように言えるよう練習しておきましょう。

◆ PART 3 ストラテジー編

2. 正解 (D)

音読トレーニング　▶ 031

> W: I see from your résumé / that you worked for five years in the marketing section of an Internet company in Hong Kong. / The list of clients you have worked with / is impressive. / So / how did you hear about the opening here / with us? /
> M: I actually had some dealings with Rachel Parker from your branch / when we collaborated in research / in a new network service in Singapore. / Your company always seemed to be very professionally run. / And I also heard from Rachel / that you have an opening in New York. /
> W: I see. / Rachel is one of our top talents in Singapore. / As for relocation, / if you come to work for us, / we will make the provisions and cover all expenses for your move. / Perhaps we should move on to discuss pay details. /
>
> 女性：履歴書を拝見すると、香港のインターネット会社のマーケティングセクションで5年間働いていますね。仕事の相手先のリストは素晴らしいです。わが社に空きがあることをどうやって知ったのですか。
> 男性：シンガポールにおける新しいネットワークサービスの調査を行った際、貴社の支店のレイチェル・パーカーさんといっしょに仕事をしたんです。貴社はとてもプロフェッショナルに仕事を進める会社だと感じました。そのときにレイチェルさんから貴社のニューヨークオフィスに欠員があると聞きました。
> 女性：なるほど。レイチェルはシンガポールにおける当社のトップをいく人材なんですよ。もし当社で働いてもらうことになれば、転職にあたっての条件を決めて引っ越しの費用は会社が負担します。では、報酬の詳細について話し合いましょうか。
>
> 設問：話し手は何の仕事に従事していますか。
> 　　　(A) ウェブデザインサービス　　　(C) 小売販売
> 　　　(B) 引っ越し業者　　　　　　　　(D) インターネット・マーケティング

【解説】
長い会話ですが、「仕事は何？」と先読みしておくと早い段階で正解を選ぶことができる問題です。you worked for five years in the marketing section of an Internet company... から、男性は internet company で働いていたとわかります。これだけで internet 関連の仕事に関わっていると予想がつきます。また、その先の会話から (D) Internet marketing 以外の選択肢に結び付くキーワードも登場しないことから、(D) が正解となります。

―― 音読のポイント ――
ポイントは résumé ですね。「レズメ」と聞こえたと思います。この会話は一文を途切れることなく読む箇所が多いので、途中で区切らずに読めるよう練習してください。

3. 正解 (B)

音読トレーニング ▶ 032

M: As you know, / we have been expanding our restaurant business into South America recently, / with new branches in Argentina and Brazil. /

W: Yes, it's an exciting time to be working here. / There's a lot of potential in those emerging markets, / but they're also a very different kind of market to what we're used to in the United States and Europe. / We're going to need to customize our menu / and add more flavors to suit local tastes. /

M: Exactly. / Maybe we should set up a meeting / with local chefs for their advice next week. /

男性：知ってのとおり、うちの会社はアルゼンチンやブラジルに支店を設けて、最近南アメリカへのレストラン事業の拡大を図ってきている。

女性：はい、この会社で働いていてとても心躍る時機です。あの地域の新興成長市場には大きな可能性があると思います。でも同時に、アメリカやヨーロッパなど私たちが慣れてきた市場とはまったく異なる市場でもあります。メニューを現地仕様にして、地元の好みの味を加える必要があります。

男性：まさにそうなんだ。来週地元のシェフたちのアドバイスを聞くミーティングをしたほうがいいかもしれないね。

設問：話し手はどこで働いていますか。
　　(A) マーケティング会社　　　(C) 国際銀行
　　(B) レストラン業　　　　　　(D) デパート

【解説】

職場に関するキーワードは、男性のセリフ we have been expanding our restaurant business にあります。これだけで話し手は restaurant business で働いているとわかりますが、それより前の expanding「拡大している」の意味がわからないと restaurant business がどうしたのかがわからず、自信を持って正解を選べません。キーワードも重要ですが、そのキーワードがどうしたのかという動詞をしっかり理解することも重要です。できたら、expand the business「事業を拡大する」のような動詞＋名詞のコロケーションの形で覚えておきましょう。女性の後半のセリフには、customize our menu「メニューをカスタマイズする」などの表現もありますので、職場は (B) At a restaurant business となります。

音読のポイント

聞き取り、発音のポイントは、ビジネス関連の頻出単語をチェックしましょう。branches、market などの単語をアクセントなど含め、正しく発音できるかどうか、確認しておきましょう。また、最後の男性のセリフにある set up は「せっとあっぷ」というより「せたあっぷ」のようなイメージで読めるよう、よくまねしてみましょう。

◆ PART 3 ストラテジー編

4. 正解 (A)　　　　　　　　　　　音読トレーニング ▶ 033

> W: Hi. / This is Ashley / from the editorial department. / I received the message about the meeting next Tuesday. / What can I do for you? /
> M: Thank you for checking in so promptly. / This morning I received an email / confirming the time of the meeting about the next issue of the magazine / as 10 o'clock, / but earlier / I was told it would start at 1 o'clock. Could you tell me which is correct? /
> W: Actually, / there are two meetings scheduled that day. / The morning meeting / is with the design team, / who will explain the cover picture, / and the afternoon one is with us / in the editorial department to discuss the main features. /
>
> 女性：もしもし。編集部のアシュリーよ。来週火曜日のミーティングについてのメッセージを受け取ったけど、どういうご用件？
> 男性：早速返事をくれてありがとう。今朝、雑誌の来月号についての会議時間は10時からという確認メールを受け取ったんですが、前は1時って言われました。どちらが本当かわかりますか。
> 女性：その日は会議がふたつあるんです。午前中の会議はデザインチームと。表紙写真について説明するって。午後の会議は編集部の私たちと第一特集について討議するの。
>
> 設問：話し手はどこで働いていますか。
> 　　(A) 出版社　　　　　　　　(C) 美術館
> 　　(B) IT 企業　　　　　　　　(D) 図書館

【解説】

話し手の働いている場所を答える設問です。女性は、This is Ashley from the editorial department. と名乗っているので、editorial department「編集部」の人間だということがわかります。つまり男性も編集関係者だと言えそうですが、この時点では確信が持てないので続きを聞きます。すると男性は the meeting about the next issue of the magazine「雑誌の次の号に関する会議」の出席者であることが判明しますので、正解としては (A) At a publishing company「出版社」を選びます。

音読のポイント

発音のポイントとして、ここでは女性のセリフにある scheduled に注目します。カタカナで書くと「スケジュール」ですが、イギリス発音では「セジュール」と読まれる場合も多々あり、頻出の語です。どちらの発音にも対応できるよう、意識して練習しておきましょう。

47

5. 正解 (C)

音読トレーニング ▶ 034

M: Good afternoon. / IMN Networks. / How can I help you today? /
W: Hello. / I live in San Francisco / and I've been having problems with my network connection. / I've managed to reset all the settings, / but it doesn't seem to be working. / Could someone take a look at it this afternoon? /
M: I'm afraid all the repair service people are booked until tonight. / Would it be OK / if we sent someone over between 6 and 8 this evening? /
W: Well, it's not good for me, / because I have to send an important business document online by 8 o'clock. / I would appreciate it if you could come by 6 o'clock / and have them fixed in about an hour. /

男性：こんにちは。IMNネットワークスです。本日はどのようなご用件でしょうか。
女性：こんにちは。私、サンフランシスコに住んでいるんですけど、ネットワークとの接続に問題があるんです。なんとか全部の設定をリセットしたんですけど、うまくいかないんです。今日の午後、誰かに調べていただけないでしょうか。
男性：申し訳ありませんが、修理の人間はみな今夜まで予約が入っています。今夜の6時から8時の間に誰かを送るというのでかまいませんか。
女性：ええと、それは困りますね。というのも今晩8時までに重要な書類をメールで送らないといけないんです。もし6時までに来てくださって1時間くらいで修理していただけるととても助かります。

設問：電話の目的はなんですか。
　(A) 請求書について質問する　　　　(C) ネットワーク修復を依頼する
　(B) ケーブルテレビを設置する　　　　(D) 機械のパーツを注文する

【解説】
男性は IMN Networks. How can I help you today? と電話を受けます。男性は受け手なので、用件があるのは女性ですね。女性は I've been having problems with my network connection. とネットワークに問題があると告げます。そして自分でできることはやってみたが it doesn't seem to be working. とやはりうまく接続できないことを伝え、Could someone take a look at it this afternoon? とお願いしています。take a look は直訳すると「見てみる」ですが、この表現が修理を依頼していることを会話の流れから理解することも重要です。日本語でも「ちょっと見てほしい」と言えば、ただ見るだけではなく、「調べてほしい」という意味になるのと似ています。正解は (C) To request repairs to network です。

◆ PART 3 ストラテジー編

音読のポイント

聞き取り、発音のポイントとしては、network、document などの単語の発音をまずはしっかり確認しましょう。また、男性のセリフにある booked は「予約する」の意味であり、ed がついています。間違って book「本」だと思ってしまわないよう、前後の文脈を意識し、音声そのものだけでなく意味もしっかり考えながら読むという練習もしておきましょう。

Chapter 5

個別の情報を問う問題　解法のストラテジー

　Chapter 1 で確認したように、Part 3 の設問は「全体を問う問題」と「個別の情報を問う問題」の 2 種類に大別されます。

　この Chapter では、「個別の情報を問う問題」について見ていきます。「個別の情報を問う問題」の設問にはいくつかのパターンがありますので、まずは以下に挙げた頻出する設問文の例を見てください。

■問題、トラブルの内容を問う問題

What is the woman's problem?
女性の問題はなんですか。

What problem has the woman discovered?
女性はどんな問題を発見しましたか。

What problem does the man mention?
男性はどんな問題について言及していますか。

■次の行動を問う問題

What will the man do next?
男性は次に何をするでしょうか。

What will the woman talk about next?
女性は次に何を話すでしょうか。

What will the man probably do next?
男性はおそらく次に何をするでしょうか。

■理由を問う問題

Why is the woman calling?
女性はなぜ電話しているのですか。

Why will a task take longer than expected?
タスクに想定以上の時間がかかるのはなぜですか。

◆ PART 3 ストラテジー編

■時間、時期を問う問題
When will the task probably be completed?
タスクが完了するのはいつでしょうか。
When will the promotion end?
プロモーションが終わるのはいつでしょうか。

■数を問う問題
How many candidates will be interviewed?
何名の候補者がインタビューを受けますか。

　これらは頻出する設問パターンの一部ですが、トラブルの内容、次の行動、理由や時間、数を問うような問題を解くためのストラテジーを以下、3つの手順で解説します。

解法の手順

解法1　疑問詞とキーワードをCHECK!
設問文から、疑問詞、主語、動詞、目的語を確認し、何が問われているのかを確認する。

解法2　会話から設問に関する情報を聞き取る
男性、女性どちらの発言に注目すべきなのか、起きている問題は何なのか、問われている内容の具体的な日程や時刻はいつなのかなど、設問に応じて必要な情報をあらかじめはっきりさせて会話を聞く。

解法3　選択肢と問題の言い換え表現に注意して正解を選ぶ
正解を選ぶ際に、選択肢における情報の言い換え、表現の言い換え、に注意する。会話で使われているそのままの表現が選択肢にあるとは限らない。

実践

通常はひとつの会話につき3問の設問がありますが、ここでは、個別の情報を問う2問(設問42と43)のみを出題します。

■ 設問42の解法

解法1　疑問詞とキーワードをCHECK!

まず、音声を聞く前に設問を確認します。(先読み)

42. What will start in ten minutes?

(A) A meeting
(B) A dinner
(C) A show
(D) A talk

【キーワード】

疑問詞：what ➡ 何が or 何を
動詞：will start ➡ 始まる
個別キーワード：in ten minutes ➡ 10分後

What will start をひとつのかたまりとして「何が始まる?」と理解します。また、in ten minutes もひとつのかたまりで「10分後に」ととらえます。そして、「何が始まる?　10分後」と一度理解しておけば、問題を聞く際に集中して答えを探すことができます。

解法2　会話から設問に関する情報を聞き取る

ここで会話の音声を聞いてみてください。

▶ 035

＊この問題はp.21 Chapter 2の「全体を問う問題の解法ストラテジー」で取り上げた設問41の続きです

◆ PART 3 ストラテジー編

　設問 42 は「10 分後」がキーワードですから、「10 分後」をヒントに会話を聞きます。「10 分後」について直接触れているのは、I need to be at a lecture there that starts just ten minutes from now. という 1 文です。ただし、設問で問われているのは「何が始まるのか」ですので、starts just ten minutes from now（今から 10 分後に始まる）が理解できても、その前の部分が聞き取れていなくては、正解は選べません。a lecture が頭に残っていれば、正解へと近づけます。

> **I need to be at a lecture there that starts just ten minutes from now.**

　ここでは、that starts just ten minutes from now が関係代名詞節で、a lecture there の a lecture を修飾しています。リーディングのように、目で見える形では後ろから戻って日本語に訳すことはできても、リスニングでは英文が見えない状態です。つまりリスニングでは、聞き取った音からきちんと文構造と意味をとらえられるようにしておくことが大切です。

　また、問題を解くにあたって「全体を問う問題」で学習したような場面や話し手の関係性なども「個別の情報を問う問題」を理解する上での必要な情報、ヒントになります。

解法 3　選択肢と問題の言い換え表現に注意して正解を選ぶ

　次に選択肢を見ます。a lecture「講義」がそのまま選択肢にあればよいのですが、TOEIC では選択肢と本文で別の表現に言い換えられていることが頻繁にあります。ここでは、(A) A meeting、(B) A dinner、(C) A show、(D) A talk と 4 つ選択肢がありますので、a lecture に近い内容を選びます。(D) A talk を「おしゃべり」と考えてしまうと、(A) A meeting や (C) A show を選んでしまいかねません。talk には「講義、講演」という意味もありますので、(D) A talk が正解です。ちゃんと聞き取れても、最後の選択肢の選び方で間違えてしまう、というパターンで点数を落としている受験者はたくさんいます。ぜひ、単語の意味は正確に理解しておきましょう。

53

■ 設問 43 の解法

解法1　疑問詞とキーワードを CHECK!

まず、音声を聞く前に設問を確認します。（先読み）

43. Why does the woman recommend walking?

(A) They are near their destination.
(B) The buses have been canceled.
(C) A road is closed to traffic.
(D) It is difficult to find a taxi.

【キーワード】
疑問詞：why　➡　なぜ
動詞：recommend　➡　勧める
個別キーワード：walking　➡　歩くこと

Why does the woman から「なぜ女性は」とおさえ、続けて recommend walking から「歩くことを勧めているのか？」と理解します。設問で問われているのは Why なので、当然理由が述べられています。

解法2　会話から設問に関する情報を聞き取る

ここで会話の音声を聞きます。

▶ 036

＊設問 42 と同じ内容です。

設問は「なぜ女性は歩くことを勧めるのか」を聞いていますので、正解は女性の発言にあると予測できます。女性は最初に I will walk you there.「そこまで歩いて一緒に行きますよ」と言い、続いて男性が Wouldn't it be quicker to take a taxi or a bus, though?「でも、(gallery に行くには) タクシーかバスに乗る方が早くないですか？」と尋ねています。すると女性は、We're really close to the gallery already.「私たちはすでにギャラ

リーのすぐ近くにいます」と言い、さらに We can get there in less than five minutes on foot. で、on foot「徒歩で」という手段がはっきりと述べられています。「ギャラリーのすぐ近くにいる」「歩いて5分もかからない」というふたつの情報が、正解を選ぶ上での大きな手がかりです。

解法3　選択肢と問題の言い換え表現に注意して正解を選ぶ

　会話を聞いた後に設問を見ると会話で登場した単語がちらほら見えますね。(B)bus、(C)traffic、(D)taxi など……。このように正解を錯乱させようとする単語が選択肢には頻繁に登場しますので、単語だけではなく文全体で選択肢を把握しましょう。(A)「目的地が近い」、(B)「バスがキャンセル」、(C)「道路が封鎖」、(D)「タクシー見つからない」とあります。今回はこの中で唯一会話に合致する単語が登場しない（A）They are near their destination. が正解です。「近くに」の表現が close to = near で言い換えられています。destination「目的地」の意味を知らないと選べません。

スクリプトと訳

M: Excuse me, / could you tell me where the Walton Art Gallery is? / I have some directions here, / but they don't seem to be correct. /

W: I'm on my way there right now. / I'm the curator / at the gallery. / I will walk you there. /

M: Oh, / what a coincidence! / Thanks a lot. / Would it be quicker to take a taxi or a bus, though? / I need to be at a lecture there / that starts just ten minutes from now. /

W: That's no problem. / We're really close to the gallery already. / We can get there in less than five minutes on foot. / Taking a taxi or bus / would take actually longer in all this traffic.

男性：すみません、ウォールトン美術館はどこにあるのか教えてもらえますか。行き方を書いたものをここに持っているのですが、間違っているようなのです。
女性：私も今、そこに行くところなんです。私はその美術館のキュレーターです。そこまで一緒に歩きましょう。
男性：おや、なんという偶然なんでしょう。どうもありがとうございます。でも、タクシーかバスに乗った方が早いのではないでしょうか。今から10分後に始まる講演会に行く必要があるんです。
女性：大丈夫ですよ。もう美術館のすぐ近くまで来ているんです。歩いても5分以内には着けるでしょう。この交通量では、タクシーやバスに乗る方が実際には、もっと時間がかかるでしょう。

Chapter 6

個別の情報を問う問題　学習のストラテジー

「解法のストラテジー」では個別の問題を問う設問の種類や、設問において着目するポイント、選択肢における言い換え表現などがあることを確認しました。ここではその解法を身に着けるための「学習のストラテジー」として、個別情報聞き取りトレーニングに取り組みます。

個別情報を探すトレーニング

一往復の会話（A → B）から必要な情報を聞き取るトレーニングを行います。手順としては、①設問を見て、問われている内容を頭に入れたら音声を再生する。②音声を聞いて設問に必要な情報をキャッチする。③正解を3つのイラストの選択肢から選ぶ。④最後は音読トレーニングを行う。正解を確認した後、音声を流しながら音読し、同じスピード、発音で読めるようにしておきましょう。

〈手順〉
① 設問を読む。（先読み）
② 音声を聞く。
③ 答えを選ぶ。
④ 音読トレーニング

例題 ▶ 037

What does the woman say that the staff are doing now?

(A) セミナーを受講中　　(B) 会議中 　　(C) 外出中

◆ PART 3 ストラテジー編

解説

以下の手順で正解が選べましたか？

①設問のチェック

キーワードは、now「今」。今、職員は何をしているかと問われていますので、会話で「今」にあたる表現に注目します。そして主語が男性なのか女性なのかを確認することで誰の発言に注目すべきかがはっきりします。また、動詞や具体的な時間や場所の情報も大きな手がかりになります。

②音声を聞く

③答えを選ぶ

正解は (A) の「セミナーを受講中」です。staff が今なにをしているのか、が問われているのでこれらの表現が会話で出てくるところに要注意です。すると女性のセリフに Most of the staff are「スタッフのほとんどは」、currently away「今いない」とあります。currently は now の言い換え表現です。at a training seminar「研修セミナーに（いる）」まで聞こえたら、(A) が選べますね。

④音読トレーニング

スクリプトと訳

M: Good afternoon, / I'm here for a 3:00 P.M. meeting / with International Planning. /

W: Are you sure you have the right time? / Most of the staff in that department are currently away at a training seminar. / Could you tell me who the meeting is with?

男性：こんにちは。私、国際企画との午後 3 時の打ち合わせにやってまいりました。
女性：時間にお間違えはありませんか。今そのセクションの者たちはほとんど研修セミナーに出払っています。ミーティングのお相手の名を教えていただけますか。

では以下、トレーニングをしてみましょう。

▶ 038

1 What does the man provide to the woman?

1. Ⓐ Ⓑ Ⓒ

(A) 雑誌

(B) 図書館入館カード

(C) 予定表

2 How did the man get the information?

2. Ⓐ Ⓑ Ⓒ

(A) 新聞の広告を見て

(B) 友人から聞いて

(C) ウェブサイトを見て

58

◆ PART 3 ストラテジー編

3 What has the man planned?

3. Ⓐ Ⓑ Ⓒ

(A) 会議　　(B) パーティ 　　(C) 海外出張

4 What did the man receive?

4. Ⓐ Ⓑ Ⓒ

(A) E メール　　(B) 電話 　　(C) 小包

5 What does she probably do next?

5. Ⓐ Ⓑ Ⓒ

(A) 同僚に電話する　　(B) スケジュールの調整 　　(C) 予定のキャンセル

59

解答・解説／個別情報を探すトレーニング

1 正解 (C) 予定表　　音読トレーニング ▶ 039

> W: Oh, / I didn't realize I'd need to show anything. / I suppose I'll have to come back some other time. /
> M: I'm afraid we will need to see something before we can issue you with a library card. / We're closed tomorrow, / as it's Sunday, / but here's a schedule of our opening hours for your reference. /
>
> 女性：まあ、何かを見せる必要があるなんて知りませんでした。また別のときに出直してくる必要がありそうですね。
> 男性：申し訳ありませんが、図書館カードを発行する前には確認をする必要があるんです。明日は日曜なので休館しますが、ご参考までに、こちらが開館時間の予定表です。

設問は「男性が女性に渡すものは何か」と聞いていますので、具体的な「もの」を聞き取る必要があります。男性の here's a schedule「予定表をどうぞ」は聞き取れましたか？ here's は「どうぞ」と何かを差し出すときの表現です。(C) を選びましょう。男性のセリフにある library card につられないでくださいね。

音読のポイント

I'd、I'll など縮約形が何度か登場しています。これらはあまり大きくはっきりとは発音されないので聞き取りにくいですが、発音の際もあまり気にせず、弱めに読むとスムーズに読めます。また、schedule が「シェジュール」と読まれています。TOEIC ではよく出るイギリス発音なのでまねして練習しておきましょう。

2 正解 (B) 友人から聞いて　　音読トレーニング ▶ 040

> W: Looking at your résumé, / I take it that you have plenty of experience in radio at a local level. / You seem to have worked at lots of different local stations. / How did you come across this opening for an announcer with our station? /
> M: I was informed of it / by a friend of mine, Scott Jones. / As you probably know, / he works as a producer here. /
>
> 女性：履歴書を拝見したところ、あなたは地方のラジオ局での経験がたくさんおありですね。あなたは、あちこちのローカル局で働いてこられたようです。私どもの局でアナウンサーを募集していることは、どのようにしてお知りになったのですか。
> 男性：友人のスコット・ジョーンズに教えてもらったのです。たぶんご存じでしょうが、彼はこちらでプロデューサーとして働いているんです。

◆ PART 3 ストラテジー編

どのように男性が情報を得たのか、という手段が問われています。選択肢3つからわかるように、情報の入手源を特定したいわけです。女性が how did you come across「どうやって知ったのですか？」と問い、男性が by a friend of mine「友人から」と答えています。(B) を迷わず選びましょう。

音読のポイント

résumé が「レズメ」と読まれていますね。これはカタカナっぽく発音してもそのようになるのでこのまま発音するものと覚えておきましょう。その次の I take it that は逆に「あいていくいっとざっと」ではなく「あいていくいっざ」とどちらも語尾の t があまり聞こえません。こちらはむしろ省略してしまうくらいの感覚で読むとちょうどよく聞こえるはずです。

---

3 正解　(A) 会議　　　音読トレーニング　▶ 041

> W: I know. / It's really great news. / The new range has gone down so well with international customers. / Of course, though, / there is a great deal of competition in those markets. / If we're going to grow our overseas business, / I think we need to hire advertising agencies in target countries / to localize our brand and product offering. /
> M: I fully agree. / We've started to tap into these markets, / but I think we could go much further / with the right expertise behind us. / So, I've set up a meeting with Corby International / to discuss our requirements. / They have a large overseas network, / and a major presence in all our target markets. /
>
> 女性：知っているわ。本当にすばらしいニュースね。この新しいシリーズは海外のお客様にとても好評なの。でも、もちろん、そうした市場では厳しい競争があるわ。もし、私たちが海外取引を拡大させるつもりなら、会社のブランドと販売方法をその国に合わせるために、対象となる国々で広告代理店を雇う必要があると思うわ。
> 男性：まったく賛成だ。僕たちはこうした市場に進出し始めてはいるが、私たちの後ろ盾となる専門家の助言があれば、さらに深く入り込めると思うよ。そこで、僕はコービー・インターナショナル社との打ち合わせを設定して、僕たちがすべきことについて話し合うことにしたんだ。この会社は大きな海外ネットワークを持っているし、僕たちのターゲット市場となるすべての国々では大手だからね。

The man「男性」が、what「何を」、planned「計画」しているのか、と計画されているものを聞き取りましょう。まず女性が I think we need to hire advertising agencies「広告エージェントを雇わなければならないと思う」と発言し、それを受

けて男性は I've set up a meeting「会議を準備した」と言っています。set up は「準備する、整える」という意味です。つまり、問題を話し合うための「会議」ですから、(A) が正解です。

音読のポイント

女性のセリフも男性のセリフもやや長めな箇所があります。長いとどこで区切ったらよいかわからず、だらだらと読んでしまう恐れがあるので、スラッシュの箇所でひと呼吸置き、その後やや速めに読み出すと音声に近い感じで読めます。例えば、to localize や to discuss は、to は弱めに、その後を強めに、かつ速めに読むことで動詞の部分が強調され、意味も込められた感じが出せます。練習してみましょう。

---

4 正解 (A) E メール　　　　　　　　音読トレーニング ▶ 042

W: Good afternoon. / This is Ashley Koizumi from Queen Associates. / I'm calling to return your call from this morning. / You had a question about the meeting next Tuesday? /
M: Thanks for getting back to me so quickly. / This morning I received confirmation by e-mail / that our meeting was at 10 o'clock, / but I remember last week we agreed / that the meeting would be at 1 o'clock. / Could you confirm which time is correct? /
W: Oh, I'm sorry. / I have the meeting scheduled for the time we originally agreed. / The e-mail this morning must have been a mistake. /

女性：こんにちは。クイーンアソシエーツのアシュリー・コイズミです。今朝いただいた電話に折り返して電話しました。来週火曜日のミーティングについて質問があるのでしたね。
男性：こんなに早く返事をくださってありがとうございます。今朝、ミーティングの時間は 10 時だというメールを受け取ったんです。でも先週は 1 時からということで合意したと記憶しています。どちらの時間が正しいか確認していただけますか。
女性：まあ、ごめんなさい。私、最初に合意した時間にミーティングを予定しています。今朝の E メールは勘違いしたに違いありません。

What、the man、receive から男性が「何を受け取るのか」を聞く問題だとわかりますので、具体的な「もの」を把握する必要があります。この問題では receive が最大のヒントです。男性のセリフをよく聞きましょう。I received confirmation by e-mail と言っています。メールで連絡をもらったわけですね。ですので、(A) を確実に選択します。

◆ PART 3 ストラテジー編

― 音読のポイント ―

ここでは音の強弱に気をつけましょう。例えば、女性のセリフにある、had a question は「はだくえすちょん」と a がかなり弱く、速く読まれています。すぐ次の about the meeting では「あばうざみーてぃんぐ」と今度は about の文尾の t がかなり小さくなっています。また、以前にも出てきた scheduled「せじゅーる」もありましたね。こうした頻出語は繰り返し、練習しておきましょう。

5 正解　(B) スケジュールの調整　　　　　　　　音読トレーニング　▶ 043

M: I'm sorry, / but the clinic is very busy today / and we have no free appointment times. / A doctor can see you tomorrow morning / between 9 and 12 o'clock. /
W: I don't know. / I need to be at work tomorrow morning for a meeting with an important client. / I might be able to reschedule the meeting to the afternoon, though. / Let me check and call you back. /

男性：申し訳ありませんが、当クリニックは今日はいっぱいです。また予約なしの診療は受けつけておりません。先生は明日の 9 時から 12 時の間なら空いていますが。
女性：どうしたらいいかしら。明日の午前中はたいせつなお客さまとのミーティングのため仕事に行かなければならないの。でも、ミーティングを午後に延ばせるかもしれない。ちょっと調べてからまた電話します。

　設問文から she「彼女」が、do next「次にする」、つまり「女性は次に何をする？」を聞いていることがわかります。ですので、女性のセリフに注意します。男性のセリフを受けて自分の状況を説明しつつ、I might be able to reschedule「調整できるかもしれない」と言い、Let me check「ちょっと調べてみます」という部分から (B) と判断します。

― 音読のポイント ―

女性のセリフにいくつか発音のポイントがあります。with an important client は、「ういずあんいんぽーたん」と速く読みながらも個々がしっかり聞こえるように読まれているので、ここはこのような、速いながらも明瞭な発音、を心掛けてみましょう。また、問題**4**にも出てきた schedule に re がついて「りせじゅーる」となっています。何回も出てくると印象に残りますよね。練習が定着へとつながるようにしましょう。

Chapter 7

個別の情報を問う問題　トレーニング

　ここでは、Chapter 6 の学習のストラテジーを踏まえて、より実践に近い形でのトレーニングを行います。5 つの会話について、それぞれふたつの設問が用意されています。1-10 まで連続して、全 10 問を解いてみましょう。短い時間で設問の先読みを行い、会話を聞く準備ができるかどうか、がポイントです。また、解き終わったら、復習を兼ねて音読トレーニングも行いましょう。

＊音読の効果とトレーニングの方法は p.25 を参照してください。

練習問題

▶ 044

1. What does the woman say is happening on the first floor?

(A) Furniture is being moved.
(B) Packages are being stamped.
(C) A staff meeting is taking place.
(D) Rooms are being renovated.

2. What does the woman say she will do?

(A) Arrange for a delivery
(B) Make a phone call
(C) Order an item
(D) Check some plans

3. Why is the man unable to help?

(A) A supplier lost an order.
(B) Some safety equipment ran out.
(C) A manager is unavailable.
(D) A shipment is late.

4. What will happen at 2:30?

(A) The woman's colleagues will arrive.
(B) The man will visit a store.
(C) The laboratory will close for the day.
(D) A partnership agreement will be signed.

◆ PART 3 ストラテジー編

5. What did Eric ask the man to do?

(A) Make copies of a report
(B) Review a presentation
(C) Reschedule a meeting
(D) Get a file from his desk

6. What will the man do next?

(A) Print out a file
(B) Book a meeting room
(C) Pick up a computer
(D) Call some clients

7. What will the man send to the woman?

(A) A different size
(B) An updated catalog
(C) A shipping label
(D) A complimentary item

8. What does the woman prefer?

(A) To choose another item
(B) To try another pair of boots
(C) To receive tickets for an event
(D) To receive a refund

9. What do some workers have to do?

(A) Train new staff
(B) Complete a review course
(C) Present a certificate
(D) Contact their supervisors

10. What does the man ask the woman to do?

(A) Provide names of workers
(B) Send some invitations
(C) Organize a workshop
(D) Lead a training session

1.	(A)	(B)	(C)	(D)	**6.**	(A)	(B)	(C)	(D)
2.	(A)	(B)	(C)	(D)	**7.**	(A)	(B)	(C)	(D)
3.	(A)	(B)	(C)	(D)	**8.**	(A)	(B)	(C)	(D)
4.	(A)	(B)	(C)	(D)	**9.**	(A)	(B)	(C)	(D)
5.	(A)	(B)	(C)	(D)	**10.**	(A)	(B)	(C)	(D)

解答・解説／練習問題

音読トレーニング ▶ 045

Questions 1-2 refer to the following conversation.

M: Good morning. / I have some flowers here for a patient in Room 191 in the maternity ward. /
W: Are you sure that's the right room? / Most of the rooms on the first floor are being renovated at the moment, / including Room 191, / so there are no patients there. Could you tell me the name of the patient? /
M: Sure. / It's Marta Diaz. / The sender requested that the flowers be delivered to her no later than this morning. /
W: OK, / Ms. Diaz is in Room 291. / If you leave the flowers with me, / I'll make sure she gets them right away. /

設問と訳

1. What does the woman say is happening on the first floor?

(A) Furniture is being moved.
(B) Packages are being stamped.
(C) A staff meeting is taking place.
(D) Rooms are being renovated.

女性は、1階で何が行われていると言っていますか。

(A) 家具が運ばれている。
(B) 小包に切手が貼られている。
(C) 職員会議が行われている。
(D) 部屋が改装中である。

2. What does the woman say she will do?

(A) Arrange for a delivery
(B) Make a phone call
(C) Order an item
(D) Check some plans

女性は、何をすると言っていますか。

(A) 配達の手配をする
(B) 電話をかける
(C) 商品を注文する
(D) 計画を確認する

◆ PART 3 ストラテジー編

問題 1-2 は、次の会話に関する問題です。

男性：おはようございます。産科病棟の 191 号に入院中の方に花を届けにきたのですが。

女性：その部屋で間違いありませんか。1 階の部屋は今、191 号室を含めて、ほとんどが改修中ですから、だれも患者さんはいないんですよ。患者さんの名前を教えてもらえますか。

男性：はい。 マルタ・ディアスさんです。必ず午前中に届けるようにと送り主に言われたのです。

女性：ああ、わかりました。ディアスさんは 291 号室にいらっしゃいます。 その花を私に預けていただければ、彼女がすぐ受け取れるようにいたします。

【語注】patient 患者／maternity ward 産科病棟／renovate 改修する／at the moment 今のところ／including ～を含めて／sender 送り主／request 要求する／deliver 配達する／make sure 必ず～するようにする／right away すぐに／furniture 家具／package 小包／stamp 切手（を貼る）／staff meeting 職員会議／take place 行われる、起こる／arrange 手配をする／delivery 配達／make a phone call 電話をかける／item 商品

解説

1. 正解 (D)

この設問の最大のキーワードは the first floor です。設問から「1 階で何かが起きている」と予測して問題を聞ようにしましょう。女性のセリフで Most of the rooms on the first floor are being renovated... と言っています。1 階にある部屋はすべて are being renovated、つまり改装中です。この時点でほぼ正解は確定できますね。会話を最後まで聞いても他の選択肢に関する話題は出てきませんので、選択肢 (D) being renovated が正解となります。これは本文に登場した表現がそのまま選択肢になっていますので、言い換えがなく比較的わかりやすい問題だといえます。

---

2. 正解 (A)

この会話は患者の面会に来た男性と病院スタッフの女性とのものです。女性は If you leave the flowers with me, I'll make sure she gets them right away. と「患者さんにお花を渡しておく」と約束していますので、ここと合致する選択肢 (A) Arrange for a delivery「配達の手配をする」を選ぶことができます。女性のセリフがちゃんと聞き取れていれば、「私に花を預けてくれたら、きっと she ＝患者の Ms. Diaz はすぐに them ＝ flowers を受け取る」という内容になっています。選択肢ではこの内容を短く言い換えて arrange for「～を手配する」となっています。delivery ＝「配達」と覚えてしまいがちですが、そうではなく delivery は「相手に届ける」という趣旨で理解しておくと言い換え表現にも柔軟に対応できます。

音読のポイント

まず、問題にも選択肢にも登場する being renovated の発音をしっかりおさえましょう。また、女性のセリフの最後の部分、gets them right away. の them が小さく読まれているので、音読の際は強弱をまねしてみましょう。

音読トレーニング　▶ 046

Questions 3-4 refer to the following conversation.

W: Hi, Adrian. / This is Sarah. / We've run out of rubber safety gloves / at the laboratory. / Could you please bring some more to put in our supply cabinet? /

M: I'm afraid I can't at the moment. / We don't have any left in storage. / I already placed an order for more, / but the delivery was delayed. / When I contacted the suppliers, / they promised me the gloves would be here this morning at the very latest. /

W: I hope they're right. / We have some partners coming in today at 2:30 to participate in an experiment, / so we really need those gloves. /

設問と訳

3. Why is the man unable to help?

(A) A supplier lost an order.
(B) Some safety equipment ran out.
(C) A manager is unavailable.
(D) A shipment is late.

男性は、なぜ協力できないのですか。

(A) 業者が注文を取り損なった。
(B) 安全装置が品切れになった。
(C) マネージャーが不在である。
(D) 発送が遅れている。

4. What will happen at 2:30?

(A) The woman's colleagues will arrive.
(B) The man will visit a store.
(C) The laboratory will close for the day.
(D) A partnership agreement will be signed.

2時30分に何があるのですか。

(A) 女性の仕事仲間が到着する。
(B) 男性が店を訪れる。
(C) 研究室が、その日の業務を終える。
(D) 提携協定が結ばれる。

◆ PART 3 ストラテジー編

問題 3-4 は、次の会話に関する問題です。

女性：もしもし、エイドリアン。サラよ。実験室のゴム製安全手袋がもうなくなってしまったの。少し追加で持ってきて、ここの備品用キャビネットに入れておいてもらえないかしら。

男性：申し訳ないですが、今は無理です。もう予備が残っていないのです。追加分はすで発注済みですが、配達が遅れています。業者に連絡したら、手袋はどんなに遅くても今日の午前中には届けると約束してくれました。

女性：そのとおりだといいけど。今日の 2 時 30 分に共同研究者が何人か来て、実験に参加することになっているのよ。だから、本当に手袋が必要なの。

【語注】run out of ～がなくなる、不足する／ rubber　ゴム（製の）／ safety gloves【通例複数形】　安全手袋／ laboratory　実験室／ supply　備品、供給／ cabinet　キャビネット、戸棚／ storage　保管［室］／ place an order　発注する／ supplier　供給業者／ participate in　～に参加する／ experiment　実験／ safety equipment　安全装置／ unavailable　不在の、（人に）会えない／ close for the day　業務を終える／ agreement　協定、合意

解説

3. 正解 (D)

「なぜ男性は協力できないのか」と理由が問われています。男性は冒頭で I'm afraid I can't at the moment.「今は無理です」と伝え、the delivery was delayed.「配達が遅れている」と具体的な理由を述べています。とてもシンプルな内容なので、配達の遅延以外の理由は考えられません。選択肢に、delivery という語はありませんが、言い換え表現に相当する shipment があります。また、delayed は late の言い換えですので、(D) A shipment is late.「発送が遅れている」が正解となります。

4. 正解 (A)

「2 時 30 分に何があるのか」を念頭に入れて会話を聞くと、女性の最後のセリフで We have some partners coming in today at 2:30...「今日の 2 時 30 分に共同研究者が何人か来る」と 2 時 30 分についての言及がなされます。選択肢では会話中の coming in が arrive と言い換えられていますが、正しい選択肢は (A) The woman's colleagues will arrive.「女性の仕事仲間が到着する」となります。

― 音読のポイント ―
男性のセリフが長めなので、一文ずつ区切って、意味のまとまりを意識しながら発音、音読してみましょう。また、最後の女性のセリフにある、participate in an experiment では in と an が弱く読まれ、しかもつながっているように聞こえますので、そうしたつながりを意識しながら発音する練習をしておきましょう。

音読トレーニング ▶ 047

Questions 5-6 refer to the following conversation.

M: Christine, / Eric just called. / He's running late for our presentation, since his train was delayed by 40 minutes. / He asked me to pick up the Hettinger project file from his desk, / but I can't find it anywhere. /

W: Oh, sorry, / I already have it here. / I took it from his desk last night / so I could make some copies ahead of the presentation. / Do you think we should delay the presentation so he can be here when we start, / or should we continue as scheduled? /

M: Eric said we should start on time without him. / We shouldn't keep the clients waiting. / Let me just go get my laptop out of my office. /

設問と訳

5. What did Eric ask the man to do?

(A) Make copies of a report
(B) Review a presentation
(C) Reschedule a meeting
(D) Get a file from his desk

エリックは、男性に何をするように頼みましたか。

(A) 報告書のコピーをとる
(B) プレゼンテーションを見直す
(C) 会議のスケジュールを変更する
(D) 彼の机からファイルを取ってくる

6. What will the man do next?

(A) Print out a file
(B) Book a meeting room
(C) Pick up a computer
(D) Call some clients

男性は、この後で何をするでしょうか。

(A) ファイルを印刷する
(B) 会議室を予約する
(C) コンピューターを取ってくる
(D) 何人かのクライアントに電話する

◆ PART 3 ストラテジー編

問題 5-6 は、次の会話に関する問題です。

男性：クリスティーヌ、今、エリックから電話があったよ。彼の乗った列車が 40 分遅れて、僕たちのプレゼンテーションに遅れるそうなんだ。僕は、彼の机からヘッティンガー・プロジェクトのファイルを取ってくるよう頼まれたけど、どこにも見つからないんだ。

女性：あら、ごめんなさい。私がもうここに持ってきているの。プレゼンテーションの前にコピーしておけるように昨日の夜、彼の机から取ってきたのよ。プレゼンテーションを遅らせて、彼が来てから始めるようにすべきだと思う？ それとも予定通りに進めるべきかしら。

男性：エリックは、自分がいなくても予定通りに始めるようにと言っていたよ。クライアントを待たせるべきじゃないからね。僕はすぐにオフィスまでノートパソコンを取りに行ってくるよ。

【語注】delay 遅らせる／pick up 取ってくる、取り出す／ahead of ～の前に／as scheduled 予定通りに／laptop ノートパソコン

解説

5. 正解 (D)

会話の冒頭にエリックの要求は登場します。Eric just called. He asked me to pick up ...file from his desk.「エリックから電話があって、彼の机からファイルを取ってくるように頼まれた」と男性が言っています。asked =「求める、要求する」ですから、要求の内容は聞き取りやすいはずです。彼の依頼は pick up... file ですので、(D) Get a file from his desk「彼の机からファイルを取ってくる」が正解です。pick up と get の言い換えはそう難しくないでしょう。

6. 正解 (C)

do next? と次の行動を問うパターンですね。問われているのは男性の行動ですので、男性のセリフに答えがあります。次の行動を問う問題は、特に会話の後半に注目しましょう。男性は「ミーティングは予定通りに行う」と言って、最後に Let me just go get my laptop「すぐにノートパソコンを取ってくる」と言っています。go get が pick up に、laptop が computer に言い換えられている (C) Pick up a computer「コンピューターを取ってくる」が正解です。

― 音読のポイント ―

これも一文が長めのものが多いので、どこまで一息で読まれているのかをよく確認し、そのタイミングで読めるよう練習してみましょう。また、単語としては Part 2 の音のひっかけで有名な copies (coffee とのひっかけ) があったり、scheduled が「セジュール」と読まれていたりするのでチェックしておきましょう。また、男性の最後の部分に shouldn't がありますが、短縮形の not は聞き取りづらいので、前後の文脈を同時に理解しながらの発音の練習を心がけましょう。

音読トレーニング ▶ 048

Questions 7-8 refer to the following conversation.

W: Good afternoon. / I bought a pair of boots from your Web site last week. / I've only worn them once, / but a heel is already broken. /

M: Oh, I'm sorry to hear that. / If it's no problem to send them back to us, / I'll send you a return label by e-mail right away. / All you need to do is print it out / and stick it to the package you send back to us. / And the postage is free. / We can send you a replacement, / or issue a full refund. /Which would you prefer? /

W: I'd like a refund, please. / I needed the boots for an event I was going to, / so I already bought a replacement pair from a local store. /

設問と訳

7. What will the man send to the woman?

(A) A different size
(B) An updated catalog
(C) A shipping label
(D) A complimentary item

男性は、女性に何を送るのでしょうか。

(A) 別のサイズのもの
(B) 最新のカタログ
(C) 発送用ラベル
(D) 無料贈呈品

8. What does the woman prefer?

(A) To choose another item
(B) To try another pair of boots
(C) To receive tickets for an event
(D) To receive a refund

女性は、何を望んでいますか。

(A) 別の商品を選ぶ
(B) 別のブーツを試す
(C) イベントのチケットを受け取る
(D) 払い戻しを受ける

◆ PART 3 ストラテジー編

問題 7-8 は、次の会話に関する問題です。

女性：こんにちは。先週、おたくのウェブサイトからブーツを買ったのですが、一度しか履いていないのに、もうヒールが折れているのです。

男性：おや、それは申し訳ありません。送り返していただくのがご面倒でなければ、今すぐ返送用のラベルをEメールで送らせていただきます。必要な手間は、それを印刷して、送り返す箱に貼り付けることだけです。それから送料は無料です。交換の品をお送りすることもできますが、全額の返金も可能です。どちらがよろしいでしょうか。

女性：返金していただきたいです。出かけることにしていたイベントのためにこのブーツが必要だったのですが、もう地元の店で代わりのブーツを買いましたから。

【語注】return 返送（する）／ label ラベル／ print out 印刷する／ stick 貼り付ける／ package 箱、小包／ postage （郵）送料／ replacement 交換の品、代替品／ issue 給付する、出す／ full refund 全額の返金／ prefer 選ぶ、望む／ local 地元の／ shipping 発送／ complimentary 無料の／ item 商品、品物

解説

7. 正解 (C)

男性が女性に送る具体的なものが問われていますので、注目すべきは I'll send you a return label by e-mail right away.「今すぐ返送用のラベルをEメールで送らせていただきます」の一文です。you は話し相手、つまり女性を指しています。よって、a return label と同じものと判断できる選択肢は、(C) A shipping label「発送用ラベル」です。return の意味は「戻す」ですが、「送る」ことに変わりはありません。shipping は発送、配達でよく使われる単語ですのでぜひ確認しておきましょう。

8. 正解 (D)

設問の prefer「〜を望む」は、設問文では頻繁に登場しますので必ずおさえておきましょう。女性が何を望んでいるのかは、男性のセリフ We can send you a replacement, or issue a full refund. Which would you prefer?「交換の品をお送りすることもできますが、全額の返金も可能です。どちらがよろしいでしょうか」を理解する必要があります。それを受けて、女性は I'd like a refund, please. つまり返金を希望と答えているので、(D) To receive a refund「払い戻しを受ける」が正解です。refund がそのまま選択肢に出ていますが、repayment、reimbursement も同義語として知っておきましょう。

音読のポイント

label の発音に注意しましょう。カタカナ表記するとラベルですが、発音は「レイボー」のように聞こえていると思います。こうしたカタカナ語は日本語と同じように発音されると思い込んでしまうと、英語の発音とのギャップに気がつかない、あるいは逆に発音しづらい、こともありますので、なるべく英語の発音を理解し、まねできるよう心がけましょう。また、refund も音の長さ、アクセントに気をつけて練習しておきましょう。

音読トレーニング ▶ 049

Questions 9-10 refer to the following conversation.

W: Mr. Caruthers, / I've been looking through the factory's health and safety files today, / and I saw that quite a few of our employees' safety certificates expired some time ago. /

M: Oh, really? / I was under the impression that they all attended a training session last month / and so they are all now recertified. / Isn't that the case? /

W: There was a training session last month, / but it was only for new workers. / Staff who were already certified in the past did not attend. / We'll need to organize refresher courses for all staff whose / certificate has expired / or is due to expire soon. /

M: OK, / I'll get on it right away. / Could you let me have a list of all employees whose certificates have expired? / I'll then arrange refresher courses for all of them. /

設問と訳

9. What do some workers have to do?

(A) Train new staff
(B) Complete a review course
(C) Present a certificate
(D) Contact their supervisors

従業員の一部は、何をしなければならないのですか。

(A) 新しく入社した社員を教育する
(B) 復習コースを修了する
(C) 認定証を提示する
(D) 上司に連絡する

10. What does the man ask the woman to do?

(A) Provide names of workers
(B) Send some invitations
(C) Organize a workshop
(D) Lead a training session

男性は、女性に何をするように求めていますか。

(A) 従業員の名前を提出する
(B) 招待状を送る
(C) ワークショップを準備する
(D) 講習会を主導する

◆ PART 3 ストラテジー編

問題9-10は、次の会話に関する問題です。

女性：カルザーズさん、私は今日ずっとこの工場の安全衛生ファイルに目を通していたのですが、かなりの数の従業員の安全認定証が、この前で期限切れになっていることに気づきました。

男性：おや、本当ですか。先月の講習会には全員が参加したので、みなもう再認定されたと思い込んでいました。そうではないのですか。

女性：講習会は先月に開かれたのですが、それは新入社員だけのものだったのです。すでに過去に認定を受けた従業員は出席しませんでした。認定証の期限が切れていたり、もうすぐ切れることになっていたりするすべての従業員のために、再教育講習を準備する必要があるでしょうね。

男性：わかりました。すぐ手配しましょう。認定証の期限が切れている全従業員のリストを私に渡してもらえますか。そうしたら、彼ら全員のために再教育講習の準備をしましょう。

【語注】health and safety　安全衛生／ certificate　認定証／ expire ／期限が切れる　be under the impression (that) ／〜だと思い込む　refresher course　再教育講習／ supervisor　上司、管理者

解説

9. 正解 (B)

従業員が行うべき行動が問われています。しかし設問文からは男性、女性のどちらがヒントを言うか判別できないので難しい問題です。女性のふたつ目のセリフにヒントがあります。We'll need to organize refresher courses for all staff「すべての従業員のために、再教育講習を準備する必要があるでしょうね」この部分から、従業員は refresher course を受けなければならない、と推測します。よって、それと合致する (B) Complete a review course「復習コースを修了する」を選びます。Refresher と review も言い換えになっています。

---

10. 正解 (A)

男性は女性に何を求めているか、を聞き取りましょう。この会話は女性から始まっているので男性のセリフにヒントがあるだろうと予測して聞いていきます。すると男性は、Could you let me have a list of all employees...?「全従業員のリストを私に渡してもらえますか」と言っています。Let me have は直訳すると「私に持たせてくれ」、つまり、「渡してくれ」となります。ここから (A) Provide names of workers「従業員の名前を提出する」と判断します。

音読のポイント

まず health and safety の and がかなり小さく読まれているので、音声と同じようにまねしてみましょう。単語としては、certificates/recertified などが聞きなれない、あるいは言いなれないかもしれないので、繰り返し発音し、慣れておきましょう。また、男性の最後のセリフにある、get on it right away の on it はくっつき、かつ弱く発音されているのでこれも注意しながら練習しておきましょう。

75

column

頻出言い換え表現リスト①

Part 3、Part 4 では会話やトーク本文に登場する表現と、選択肢で使われている表現が異なる場合が多くあります。ここによくある言い換え表現をまとめましたので、p.136 と合わせて参考にしてください。

ask my manager about it 部長にそれについて聞く ➡	contact a supervisor 上司に連絡する
at no charge/cost 無料で ➡	for free 無料で
be absent 留守中 ➡	be out of town 出張中
be scheduled スケジュールされている ➡	be planned 計画されている
on both sides 両側に ➡	on either side どちら側にも
call you back 電話を掛け直す ➡	return your call 返信の電話をする
conduct a workshop ワークショップを開く ➡	lead an event 行事を行う
cutting costs 経費を削減する ➡	reduce spending 費用を削る
drive slowly ゆっくり運転する ➡	drive carefully 注意して運転する
due to bad weather 悪天候のため ➡	because of inclement weather 悪天候のため
enroll in 登録する ➡	sign up/register for 登録する
expire 期限が切れる、満期になる ➡	out of date 期限を経過した、無効の
express shipping 速達便 ➡	faster shipping method より速い配送方法
feel free to... 自由に〜する ➡	don't hesitate to... 躊躇なく〜する
freeway 高速道路 ➡	expressway / highway 高速道路
not feeling well 具合がよくない ➡	being sick / ill 病気である
obtain a loan ローンを得る ➡	borrow some money お金を借りる
open an office abroad 海外に支店を開く ➡	open an international office 海外の支店を開く

PART 4
ストラテジー編

Part 3と同様に、Chapter 1で問題形式の概説とサンプル問題を掲載しています。設問の形式に応じて、Chapter 2～4では「全体を問う問題」、Chapter 5～7では「個別の情報を問う問題」について取り上げます。それぞれの設問形式について、「解法のストラテジー」、「学習のストラテジー」、「トレーニング」のステップで学習をすすめてください。

Chapter 1	78
Chapter 2	84
Chapter 3	88
Chapter 4	102
Chapter 5	110
Chapter 6	116
Chapter 7	124

Chapter 1

概説とサンプル問題

■ PART 4 とは

　Part 4 は約 30 秒の長さの 1 名のトーク（男性もしくは女性）を聞いて、3 問の設問（4 択式）に答えます。これが 10 セット、計 30 問のセクションです。

　Part 4 の冒頭に問題の説明をするディレクションが約 30 秒間流れ、その後トークと問題がスタートします。トークは印刷されておらず、設問と選択肢のみが問題冊子に印刷されています。設問は読み上げられ、その後回答のために約 8 秒ポーズ（無音状態）があります。
　まず、サンプル問題を 1 題解いてみましょう。

[サンプル問題]
音声を聞いて、下記の質問に答えましょう。　▶ 050

71. Where does the announcement take place?

(A) On a boat
(B) On a train
(C) On an airplane
(D) On a tour bus

72. What does the speaker draw the listeners' attention to?

(A) A mountain peak
(B) A security procedure
(C) A timetable change
(D) A historical monument

73. What does the speaker advise the listeners to do?

(A) Purchase a guidebook
(B) Take photographs
(C) Climb a mountain
(D) Make reservations

71.	Ⓐ	Ⓑ	Ⓒ	Ⓓ
72.	Ⓐ	Ⓑ	Ⓒ	Ⓓ
73.	Ⓐ	Ⓑ	Ⓒ	Ⓓ

◆ PART 4 ストラテジー編

■ PART4 の特徴

　Part 3 と比べて、どう感じたでしょうか。中には Part 3 よりも Part 4 の方が解きやすいという人もいます。その理由はひとりのトークに集中できるので、2 名以上の会話に比べると話の展開が追いやすいからです。逆に Part 3 の方が得意だという人は、話の展開に起伏があった方が内容をつかみやすいと言います。このあたりは個人の感覚によるものが大きいといえるでしょう。

　Part 4 のトークの構成は、スピーカーがひとりであることから、Part 3 とは展開が異なります。例えば、Part 3 ではある問題について解決方法をふたりで模索するような展開がありますが、Part 4 では問題があっても解決策を含めて一方的に提示する形になります。

■ トークには頻出するパターンがある

　まず、Part 4 を攻略する上で知っておきたいのは、トークには頻繁に登場するトークの種類がいくつかあるということです。ですので、まずはそのようなトークの種類を知り、そのパターンに慣れておくことで、話の展開の大枠を把握することができます。セレモニーの前のスピーチなど、ある程度フォーマットに沿ったトークも少なくありません。トークの種類については後ほど例を挙げて解説していきます。

■ PART 3 と同じく「全体を問う問題」と「個別を問う問題」がある！

　Part 4 において、トークが行われている「場所」、トークの「トピック」、「話し手および聞き手の関係」は、まずおさえておくべき情報です。3 問出題される設問のうち 1 問はこのようなトーク全体に関する内容を問う問題が出題されるのが一般的です。

　これらに関する設問を本書では、Part 3 と同じく「全体を問う問題」と位置づけます。逆に、1 回しか出てこない情報、特定のことに関する設問を「個別の情報を問う問題」とします。

ではトークのスクリプトを見てみましょう。

Questions 71 through 73 refer to the following announcement.

Attention all passengers, this is your captain speaking. / If you take a look out of the windows on the right side of the aircraft / toward the southwest, / you will be able to see the beginnings of the Andes Mountains. / If you look far into the distance, / you can also see the top of Mount Azteca, / one of the most spectacular mountains in the range. / It's quite rare to be able to see the mountain so clearly from here, / so be sure to take a snap / if you have a camera on you.

サンプル問題訳

問題 71-73 は、次のアナウンスに関する問題です。

乗客の皆様、機長からお知らせいたします。当機の右側の窓から南西方向を見ていただきますと、アンデス山脈が始まる地点がご覧になれます。さらに遠くを見ると、この山脈の中で最も壮大な山のひとつ、アステカ山もご覧になれるでしょう。ここからその山がこれほどはっきり見えるのは極めて珍しいことですので、カメラをお持ちの方は、ぜひ撮影なさってください。

◆ PART 4 ストラテジー編

[サンプル問題の解答と解説]
正解 71 (C) 72 (A) 73 (B)

設問 71 は、Where does the announcement take place? です。疑問詞は where「どこ？」で、内容は「どこでアナウンスされているか」です。つまり、場所を聞いています。「トークが行われている場所」=「トーク全般についての情報」ですから、この設問は「全体を問う問題」です。

「トークの場所」や「トピック」、「話し手および聞き手が誰なのか」、は設問になっていなくても把握する必要があります。Attention all passengers は、「乗客の皆様にお知らせします」という決まり文句です。飛行機や列車のアナウンスでよく使われますが、これだけではどの場面のトークなのかはまだ断定できません。続く this is your captain speaking.「こちらは機長です」により、会話の場所は飛行機の中だとほぼ確定できます。また、その次に出てくる aircraft もキーワードです。「航空機」という意味ですね。たとえ captain がわからなくても、このキーワード、aircraft、から飛行機に結び付けることも可能です。

つまり、ここまでで、このアナウンスについては、

・話し手＝飛行機の機長
・場所＝飛行機の中
・聞き手＝乗客

であることがわかります。こうした特定の場面で用いられる定型表現は、トークの場面を把握するための重要な手掛かりとなります。

よく用いられる場面ごとの定型表現、キーワードは p.88 で解説します。

では設問 72 です。設問文は What does the speaker draw the listeners' attention to? です。「話し手は聞き手に何に注目するように言っているのか？」「何に注目？」と具体的な情報が問われていますので、これは「個別の情報を問う問題」ですね。それが理解できたならば、設問に関連す

81

る具体的な情報をつかまえようと会話を聞きます。すると話し手、つまり機長は If you take a look out of the windows on the right side of the aircraft toward the southwest, you will be able to see the beginnings of the Andes Mountains.「南西へ向かう機体の右側の窓から外を見れば、アンデス山脈が見え始めます」と乗客に窓から見える風景の説明をします。たとえ全部聞き取れなかったとしても、後半の you will be able to see the beginnings of the Andes Mountains. から「山が見える」という部分が頭でイメージできていれば、正解に近づくことができます。

さらに、...you can also see the top of Mount Azteca...「アステカ山の頂上も見えます」とより具体的な情報を言っています。すると選択肢から選べるものはひとつしかありませんね。「何に注目？」の答えは (A) A mountain peak「山の頂上」となります。

最後に設問 73 を見てみましょう。設問文は What does the speaker advise the listeners to do? です。「話し手は聞き手に何をアドバイスしているのか？」「何をアドバイスする？」ということですので、先の設問 72 と同様、「個別の情報を問う問題」です。「全体を問う設問」は、キーワードや場面から正解を想定できるのに対し、「個別の情報を問う問題」はある程度トークの展開を追えないと正解が選べないものが多くなります。この問題では、話し手である機長のセリフ It's quite rare to be able to see the mountain so clearly from here, so be sure to take a snap if you have a camera on you.「ここからこんなにはっきり山が見えるのは珍しいことなので、カメラをお持ちならお写真をお撮りください」より、「〜なので〜してください」の因果関係が理解できればそれが一番ですが、最後の部分 take a snap if you have a camera が聞き取れていれば正解（B）Take photographs は選べるでしょう。また、Part 3 と同様、問題と設問で言い換えの表現が多く登場します。この問題は本文では take a snap ですが設問では、take photographs となっています。

■ PART 3 & PART 4 共通テクニック

Part 4 でも、Part 3 同様、基本的にはトークを聞く前に設問を読む、いわゆる「先読み」をおすすめします。設問を先読みすることで、正解に必

要な情報を予測することができ、リスニングに集中できるようになります。

Part 4 でも設問は「先読み」しよう！

また、Part 3 では話し手が変わるため、問題を解きながらでも会話の大きな展開は把握しやすいのですが、Part 4 では話が徐々に展開することが多いため、トーク中に設問を解こうとして、次の設問のヒントとなる部分を聞き逃してしまうという可能性が高くなります。Part 4 のトークの「型」に慣れることで、問題を解くための余裕も少しずつ出てきますので、まずはたくさん問題を解いて慣れていきましょう。問題を解くことで、Part 4 の全体的なイメージがつかめると同時に、典型的なパターンや頻出する問題文、あるいは語句などが、自然とつかめてくるはずです。

Chapter 2
全体を問う問題　解法のストラテジー

　Chapter 1 で確認したように、Part 4 の設問は「全体を問う問題」と「個別の情報を問う問題」の 2 種類に大別されます。この Chapter では「全体を問う問題」の解法のストラテジーについて見ていきます。

　まず、「全体を問う問題」として頻出する設問文の例を見てください。

■＜トピック＞を問う設問

What is the talk mainly about?
トークでは主に何について話していますか。

What is the report about?
レポートは何についてのものですか。

What is the subject of this research?
この調査の目的は何ですか。

■＜目的＞を問う設問

What is the purpose of the message?
メッセージの目的は何ですか。

What is the purpose of the call?
この電話の目的は何ですか。

What is the theme of the exhibition?
展示会のテーマは何ですか。

What is being advertised?
何が宣伝されていますか。

■＜話し手および聞き手＞を問う設問

Who is the speaker?
話し手はだれですか。

◆ PART 4 ストラテジー編

Who most likely are the listeners?
聞き手はだれだと思われますか？

What kind of business recorded the message?
どのような会社がメッセージを録音したのですか。

■＜場所＞を問う設問

Where does the speaker probably work?
話し手はおそらくどこで働いていますか。

Where does the introduction take place?
紹介はどこで行われていますか。

　このようなトークの基本情報にまつわる問題を解くためのストラテジーを以下、3つのポイントで解説します。

解法の手順

解法1　設問から「トピック」「目的」「話し手と聞き手」「場所」を見極める！

設問文を読んだ際、問われている内容「トピック」「目的」「話し手と聞き手」「場所」を素早く分類します。最初の疑問詞、what、where、who などが大きなヒントです。

解法2　注意してキーワードを聞く！

次に、「トピック」「目的」「話し手と聞き手」「場所」のいずれにあたるかが判断できたならば、これらに関連するキーワードが会話に出てくるはずなので、聞き逃さないようにします。

解法3　言い換え表現に注意して正解を選ぶ！

解法2で聞き取ったキーワードと選択肢とを比較し、さらに言い換え表現に注意して正解を選びます。

では、実際の問題の一部を用いて、解法1～解法3のストラテジーを具体的に説明していきます。

実践

下記の設問を見てください。設問では何が問われているでしょうか？

74. What kind of business recorded the message?

    (A) A retail outlet
    (B) A marketing firm
    (C) A doctor's office
    (D) A management consultancy

解法1　設問から「トピック」「目的」「話し手と聞き手」「場所」を見極める！

本番ではトークの音声が流れる前に設問文をさっと読みますが、ここではじっくり見て考えてみましょう。具体的に問われているのは What kind of business「どのような業種」です。そして recorded the message から「どのような業種が、このメッセージを録音したのですか」となります。ですから、メッセージの話し手について問われていると考えることができます。なお、選択肢を見るとすべて A... で始まり、業種に関する名詞、retail outlet、marketing firm、doctor's office、management consultancy が並んでいるので、これもヒント、つまりこれらのうちのひとつの「業種」、だということがわかります。

解法2　注意してキーワードを聞く！

設問の先読みから「業種」についてのヒントを逃さないように、音声を聞きます。では、音声を聞いてみましょう。

▶ 051　音声を再生してください。

最初に、Good morning,「おはようございます」と挨拶しています。続いて、you've reached Dr. Kandai's office. と聞こえてきますが、ここが

まったく聞けないと正解を選ぶのは困難です。しかし、この英文は決して難しいものではなく、むしろ基本的な表現です。

You've reached は、留守番電話で「こちらは〜です」というときに使われる定番表現です。実際は、Dr. Kandai's office まで一気に聞こえるので、「ケンダイ医師の診療所」だと瞬時に理解できるといいですね。この問題はこの部分さえ聞き取れれば、場所が「診療所」だと推測できるので比較的やさしい問題です。後半の please call the doctor directly にも doctor というキーワードがあり、医療関係の場所だと読み取れます。

解法3　言い換え表現に注意して正解を選ぶ！

最後に選択肢を見ます。解法2より、キーワード Dr. Kandai's office、doctor を聞き取れていれば、録音メッセージは診療所が録音したものであることが決定的となり、自信を持って正解、(C) A doctor's office を選ぶことができるはずです。

スクリプトと訳

Question 74 refers to the following telephone message.

Good morning, / you've reached Dr. Kandai's office. / We are currently closed for today's national holiday. / In the event of an emergency, / please call the doctor directly at 555-2883. /

おはようございます。こちらは、ケンダイ医師の診療所でございます。本日が祝日のため、当診療所はただ今休診となっております。急病の際は、ケンダイ医師宛てに 555-2883 に直接お電話ください。

★問題のイントロにもヒントが！

なお、実は問題のイントロにもヒントがあります。例えば、この問題では Questions 74 through 76 refer to the following telephone message. というアナウンスが最初に読まれます。この時点ですでに流れてくるのは recorded message とわかるので、それを意識しながら聞くことも大切です。

Chapter 3

全体を問う問題　学習のストラテジー

　Chapter 2「解法のストラテジー」では全体を問う設問文から会話のキーワードに着目し、正解するプロセスを確認しました。では、そのプロセスを身につけるための学習法について見ていきましょう。

状況別キーワード

　トークに頻出する種類、場面があることは Chapter 1 で少し紹介しましたが、ここではそれらの場面の種類と場面をつかむためのキーワードや表現を確認していきます。単語の意味を確認してから音声と一緒に音読してみてください。音声では日本語→英語の順に収録していますので、音声だけの学習などにもぜひ使ってみてください。

■留守電　▶ 052

留守電には（1）個人から個人宛、（2）個人から団体（会社や病院など）宛、（3）団体から特定の顧客・患者宛、（4）団体から不特定の顧客・患者宛、などのパターンが考えられます。誰が誰に向けたメッセージかを確実につかみましょう。

単語	意味	単語	意味
application	応募（書類）	emergency	急病、緊急事態
business hours	【通例複数形】業務（営業）時間	enquiry	問い合わせ
charge	請求する	follow up on	～について再度連絡をする
conduct an interview	面接を行う	query	質問、問い合わせ
department	部、部門		

― 音読のポイント ―
- application は -ca- のところに第一アクセントがある。
- interview は早口になると「イナビュー」のように発音されることがある。
- enquiry の発音は文字と音が一致しにくいので注意。

◆ PART 4 ストラテジー編

■ラジオ番組　▶ 053

ラジオでは、(1) 天気予報、(2) 交通情報、(3) トークショーの前説（講演者の紹介）、イベント紹介などがよく取り上げられます。「次に放送される番組は何か？」という設問もあるので、細かい点まで注意して聞きましょう。

単語	意味	単語	意味
accommodate	（乗り物が人を）乗せる	edition	（刊行物などの）版、号
affairs	事件、出来事	weather forecast	（天気）予報
announce	発表する	promotional	宣伝の
commuter	通勤者	reveal	示す、明るみに出す

音読のポイント
- forecast は「フォレキャスト」ではなく「フォーカスト」に近い音。
- reveal のアクセントは語頭の re- ではなく -ve- にあるので注意。

■飛行機、駅でのアナウンス　▶ 054

飛行機、駅に関する話題で多いのは「遅れ」です。遅れの原因は何か、トラブルの際に乗客は何をするのか、などを流れとしてしっかり聞いてください。

単語	意味	単語	意味
aircraft	航空機	departure	出発
apologize	詫びる、謝る	failure	故障
Attention all passengers.	乗客のみなさまにお知らせです。	inconvenience	迷惑、不便
		luggage	手荷物
boarding pass	搭乗券	mechanical	機械的な
bound for	～行きの	security	保安、警備
coupon	クーポン		

音読のポイント
- inconvenience は長い単語だが、in/convenience のようにすると発音しやすい。
- mechanical は文字と音が一致しにくいので注意。

■会議・セミナー

▶ 055

会議といえばほぼビジネスに関するものです。経費削減、役員の定年/退職、売り上げの報告などの話題があり得ます。また、研修やセミナーなどの連絡事項も頻繁に登場します。

単語	意味
advertising campaign	広告キャンペーン
attachment	添付（資料）
equipment	機器
firm	会社
fund	資金
manager	部長、管理者

単語	意味
material	資料、材料
merger	合併
purchase	購入する
quarter	四半期
survey	（アンケート）調査

音読のポイント

・survey は動詞で使われるときは sur**vey** に、名詞で使われるときは **sur**vey にアクセントがくる。

■ツアーガイド

▶ 056

ツアーガイドには博物館、美術館のほかに工場見学なども含まれます。ガイドでは、写真を撮ってはいけない、お土産屋に寄ったほうがよいなど具体的な指示に注意しましょう。

単語	意味
anniversary	記念日
annual	毎年恒例の、年次の
architect	建築家
celebration	お祝い

単語	意味
entry fee	参加費
exhibition	展示［覧］会
participant	参加者
register	申し込む、登録する

音読のポイント

・annual の最後の l は「ル」ではなく、ほとんど発音しない。
・exhibition の h は発音しない。
・participant は par/ticipant とすると発音しやすい。

◆ PART 4 ストラテジー編

■広告・館内放送　▶ 057

広告と言っても大企業の戦略的なコマーシャルのようなものではなく、ローカル企業や民間団体によるイベントなどの具体的な案内や情報が含まれるものが多く出題されます。

単語	意味	単語	意味
catalog	カタログ	merchandise	商品
customer(s)	顧客	offer	〜を提供する
discount	割引、〜を割引する	order / ordering	〜を注文する
		pick up	〜を拾う
drop by	〜に立ち寄る	save	節約する
established	実証された、定着した	visit	〜を訪れる

音読のポイント

- catalog は日本語の「カタログ」とはずいぶん音が違うので注意。
- pick up は連結して「ピカップ」のようになることがある。

91

状況把握トレーニング

では次に、トークから状況を素早く把握するためのトレーニングを行います。その前に、問題のイントロについて解説しておきます。

問題のイントロにヒントがあることも

Part 4 では問題に入る前のイントロに状況を把握するためのヒントが隠れています。例えば、

> **[Questions 77–79 refer to the following announcement.]**
>
> Your attention, please. JB Rail regrets to announce that its 3 o'clock service to Mounds View has been delayed due to a mechanical failure on the train.

のように [ ] 部分を聞き取ることで、このトークが何かのアナウンスであることが把握できるはずです。下記のリストは、イントロに登場する状況のパターンです。トレーニングを始める前にあらかじめいくつか確認しておきましょう。

■ 頻出の冒頭イントロ

> **Questions 83–85 refer to the following telephone message.**
> →留守電
>
> **Questions 74–76 refer to the following recorded message.**
> →留守電
>
> **Questions 77–79 refer to the following announcement.**
> →アナウンス
>
> **Questions 89–91 refer to the following broadcast.**
> →（ラジオやテレビの）放送

◆ PART 4 ストラテジー編

Questions 98–100 refer to the following news report.
→ニュース

Questions 77–79 refer to the following advertisement.
→宣伝、広告

Questions 80–82 refer to the following excerpt from a meeting.
→会議

Questions 98–100 refer to the following introduction.
→（セミナーなど）冒頭の説明

Questions 98–100 refer to the following speech.
→スピーチ

Questions 80–82 refer to the following instructions.
→（手順の）説明

いかがでしょうか？ 種類はいくつかありますが、このようにfollowingのあとにどんな単語や表現が来ているのかを確認することで、内容の予測を立てることができるのです。

このリストを頭に入れたうえで、状況把握トレーニングに移りましょう。次のページからトークの前半部分、冒頭の2、3行分のトークを聞いて状況を把握するトレーニングを行います。どのような状況かわかったら、3つある選択肢のうちから一番適切なものを選んでください。また、その後でこれらのトークを音声にあわせて音読してみましょう。

状況把握トレーニング

1 音声を聞き、下記の選択肢から一番近い状況を選びましょう。　▶ 058

1. (a) アナウンス、飛行機の運航状況
　　(b) アナウンス、電車の遅延情報
　　(c) アナウンス、道路の交通情報

2. (a) 病院の案内
　　(b) 観劇の案内
　　(c) チャリティーイベントの案内

3. (a) 留守電、プロジェクト辞退の申し入れ
　　(b) 留守電、プロジェクト参加の申し入れ
　　(c) 留守電、プロジェクト完了のお知らせ

4. (a) 今日の天気予報
　　(b) 明日の天気予報
　　(c) 今週の天気予報

5. (a) 会議、経費をめぐって
　　(b) 会議、商品をめぐって
　　(c) 会議、セキュリティをめぐって

6. (a) 留守電、新商品の案内
　　(b) 留守電、仕事の面接の案内
　　(c) 留守電、昇進の案内

7. (a) ラジオ、飛行機の運航状況
　　(b) ラジオ、電車の遅延情報
　　(c) ラジオ、道路の交通情報

8. (a) 飛行機、機長からの機内サービスに関するアナウンス
　　(b) 飛行機、機長からの遅延に関するアナウンス
　　(c) 飛行機、機長からの悪天候に関するアナウンス

◆ PART 4 ストラテジー編

9. (a) 宣伝、新商品について
    (b) 宣伝、レストランについて
    (c) 宣伝、キャンペーンについて

10. (a) 会議、研修のキャンセルについて
    (b) 会議、研修の支払いについて
    (c) 会議、研修の申し込みについて

2 次に、問題文を音声と一緒に音読しましょう。

音読のトレーニングステップ

STEP 1 **リスニング**

p.96-101 のスクリプトを見ながら音声を聞く。このとき読めない単語を読めるようにしておく。

STEP 2 **音声に合わせて声に出す**

音声と同じ速度、同じ発音、同じリズムで読めるように。

STEP 3 **シャドーイング**

スクリプトを見ずに音声だけを頼りに声にだしてみる。

解答・解説／状況把握トレーニング

1. 正解 (a)「アナウンス、飛行機の運航状況」　音読トレーニング ▶ 059

> Question 1 refers to the following announcement.
>
> **Your attention, please. / We regret to announce that / China Airways Flight 545 from Beijing / has been delayed / due to bad weather. /**
>
> 皆様にお知らせいたします。北京空港発チャイナ・エアウェイズ545便は、悪天候のため遅れております。

ひとこと目の Attention please, から交通機関でのアナウンスということがわかりますね。ただ、これだけではどんな交通機関の場かは確定できません。その後で、China Airways Flight 545 と飛行機の便名を伝えていますので、ここから飛行機に関するアナウンスだということが読み取れるでしょう。China Airways はここでは企業名として登場していますが、airways は「航空会社」、flight は「航空便」という意味です。

音読のポイント

音読のポイントとしては、attention、regret、announce の発音を確実におさえるとともに、due to が「〜のために」という意味であることを意識しながら前後も合わせて読めるようにしておくとよいでしょう。

2. 正解 (c)「チャリティーイベントの案内」　音読トレーニング ▶ 060

> Question 2 refers to the following broadcast.
>
> **Channel 6 TV and St. Catherine's Hospital / are pleased to announce their 4th annual charity fundraiser picnic, / taking place on June 11th / at the north end of Turner's Field / and starting at 11 A.M. / This is a fun event for all the family, / so please sign up now. /**
>
> チャンネル6テレビとセントキャサリン病院が毎年行っているチャリティー基金のためのピクニック、第4回目の開催をお知らせいたします。6月11日、ターナーズフィールドの北端で、午前11時からの開催です。家族の全員が楽しめるイベントです。いますぐお申し込みください。

◆ PART 4 ストラテジー編

　最初に Channel 6 TV と言うので、テレビ局のことかと思うと、St. Catherine's Hospital が聞こえてきます。ここで慌てて (a) としないよう注意しましょう。また、開始時間もアナウンスされていますが、ここから (b) と推測しないようにしましょう。アナウンスの目的は 4th annual charity fundraiser picnic のアナウンスですので、正解は (c) のチャリティーイベントの案内です。

音読のポイント

個々の単語、annual、fundraiser などの発音を確認しておきましょう。さらに、end of「えんどーぶ」、fun event「ふぁんにべん（と）」、sign up「さいんなっぷ」といった音のつながりも意識しておきましょう。

---

3. 正解　(b)「留守電、プロジェクト参加の申し入れ」　音読トレーニング　▶ 061

> Question 3 refers to the following telephone message.
>
> **Good morning, / Mr. Donagh. / This is Sally Philips, / from the Human Resources section. / I saw the post on the bulletin board asking to have me / as a member of your project yesterday. / I would be honored to join your team.** /
>
> ダナーさん、おはようございます。人事課のサリー・フィリップスと申します。昨日掲示版でプロジェクトのメンバーとして私を迎え入れたいというダナーさんの投稿を見ました。ダナーさんのチームに加えていただけたら光栄です。

　選択肢から、プロジェクトを辞退、参加、完了する、のいずれかを選ぶ問題とわかります。asking to have me as a member... が大きなヒントですが、最後の be honored to join your team も「参加」と判断できる大きな要素です。これらふたつの表現を聞き取り、理解できたかがポイントです。

音読のポイント

Human Resources、bulletin board、honored などの発音を確認しておきましょう。また、スラッシュが入っているように、have me の後でいったん意味が区切れるので、つながりすぎないよう、タイミングを音声にあわせてまねしてみましょう。

97

4. 正解　(a)「今日の天気予報」

音読トレーニング ▶ 062

> Question 4 refers to the following report.
>
> Hello. / I'm Cathy Kramer / and this is today's weather. / This has been a hot, dry month so far, / but get ready for a temperature drop / as wet weather moves in from the west. /
>
> こんにちは。キャシー・クレイマーです。今日の天気をお伝えします。今月は暑くて乾燥した日が続いてきましたが、西から雨が移動してくるため気温が下がりますので、ご注意ください。

いつの天気予報なのかを特定する問題です。冒頭で today's weather とはっきり言っていますね。このような単発の問題では間違いなく正解できるとは思いますが、実際のテストで問題が続く中、集中力が途切れて聞き逃すことのないよう、本番同様の条件での練習もできたらよいですね。

音読のポイント

weather、temperature は天気関係にはほぼ頻出する単語ですので、しっかり発音できるようにしたいですね。また、moves in「むーぶすいーん」も不明瞭にならない程度にくっつけて、スムーズに読めるよう心がけましょう。

5. 正解　(a)「会議、経費をめぐって」

音読トレーニング ▶ 063

> Question 5 refers to the following talk.
>
> The next item on the agenda / is costs. / Carl is going to give us a full breakdown of the figures in a few minutes, / but first / I want to give you some background information. /
>
> 次の議題は経費です。カールがこれから数分後に数字の詳細を説明してくれますが、その前にまず私から、その背景を説明したいと思います。

会議の議題を特定する問題ですね。冒頭で ...is costs. と経費（コスト）と言っているのでここを聞き逃してはなりません。万が一聞き逃した場合でも、次の文の figures が数字とわかれば、経費のことだと推測できるでしょう。

音読のポイント

agenda、figures はオフィスに必須の単語ですので、確実に聞けるようにしておきたい語です。また、give us、give you と give が 2 回出てきますね。その後には us、you と人が続くので、「人に〜を与える」という意味を意識しながら読んでみましょう。

◆ PART 4 ストラテジー編

6. 正解　(b)「留守電、仕事の面接の案内」　　音読トレーニング　▶ 064

> Question 6 refers to the following telephone message.
>
> Good morning, / Ms. Fraser. / My name is Jessica Peters, / from Human Resources at BLT Corporation. / I want to let you know / that we've received your application / and, after looking over it, / we'd like to meet you for an interview tomorrow. /
>
> フレイザーさん、おはようございます。BLTコーポレーション人事部のジェシカ・ピーターズと申します。応募書類を受け取りまして、拝見させていただきました。明日面接を行いたいと思い、ご連絡を差し上げております。

留守電で何を案内しているのか、その内容を聞き取ります。最初は自己紹介的な内容ですのでここからだけでは判断ができません。その後に出てくる、we've received your application がヒントになりますが、やはり最後の interview が決め手なので、最後まで集中力を切らさないようにしましょう。

──音読のポイント──

corporation、application もオフィス関連で頻出の語です。発音を確認しましょう。さらにここでは、we've recieved、we'd like to と縮約形が2回使われています。「うぃぶ」「うぃでゅ」と若干言いづらいかもしれませんが、音声に合わせて練習しましょう。

7. 正解　(c)「ラジオ、道路の交通情報」　　音読トレーニング　▶ 065

> Question 7 refers to the following traffic report.
>
> It's 6:05, / which means it's time for the traffic news. / Our listeners will be happy to hear that all major roads / are free of accidents today. /
>
> 6時5分、交通ニュースの時間です。お聞きのみなさんにとってうれしいお知らせになると思いますが、今日の幹線道路は無事故です。

ラジオで放送されている交通関係の情報で、具体的な内容が問われています。最初に traffic news と言っているので交通情報ということはすぐにわかりますが、次の roads, free of accidents から道路と判断します。飛行機の運行状況も道路の交通情報も頻出パターンですので、典型的な流れを覚えておきたいですね。

音読のポイント

基本の単語、traffic、accidents はアクセント含め、正確に発音できるようにしておきましょう。accidents は複数形の場合、最後の t と s が連結して「あくしでんつ」と末尾の音が「つ」になります。

---

8. 正解 (b)「飛行機、機長からの遅延に関するアナウンス」　音読トレーニング　▶ 066

> Question 8 refers to the following announcement.
>
> **Attention all passengers. / This is your captain speaking, / and on behalf of South-West Airlines, / I would like to apologize / for the delay, / which is due to an accident at Weston. / Our expected arrival time at London / is now 3:15 P.M. /**
>
> ご搭乗の皆様、当機の機長です。サウスウエスト航空に代わりまして遅延のお詫びを申し上げます。この遅延はウエストンでの事故によるものです。現時点でのロンドン到着予想時刻は午後3時15分です。

今回は最初から飛行機に関係するものとわかっています。問題は、その内容が何に関するものか、ですね。apologize for the delay がしっかり聞き取れたでしょうか？　飛行機が遅れるというのはよくあるパターンですが、毎回そうとも限らないのでよく聞いてから判断しましょう。

音読のポイント

passengers、on behalf of、apologize は意味と発音をしっかり覚えておきたい語（句）です。また、最後の部分の our expected arrival time はこれでひとかたまりの意味を成しているので、つかえずにスムーズに言えるようにしておきましょう。

---

9. 正解 (b)「宣伝、レストランについて」　音読トレーニング　▶ 067

> Question 9 refers to the following advertisement.
>
> **Come to Mary's Diner today / for the best home-cooked cherry pie west of the Rockies. / Since opening in 1984, / we've made a name / for our food and service. /**
>
> 本日メアリーズダイナーへお越しください。ロッキー山脈の西側で最高のホームメードのチェリーパイをご提供しています。1984年の開店以来おいしさとサービスに定評があります。

◆ PART 4 ストラテジー編

何についての宣伝なのかを特定する問題です。冒頭の Diner は食堂の意味なのですが、瞬時に理解できないかもしれません。その後、home-cooked cherry pie とあるのでこれに関するキャンペーンかなと思ってしまうかもしれませんが、次の文で Since opening in 1984「1984年の開店以来」と言っているのでレストランと判断します。

音読のポイント

音読のポイントとしては、まず diner「だいなー」と読まれているところを確認しましょう。次の、for 以下はわりとゆっくり読まれています。これはアナウンスなので、いたずらに速くなりすぎず、聞き手（お客さん）に伝える気持ちで、読んでみるのもよい練習になるでしょう。

---

10. 正解 (c)「会議、研修の申し込みについて」　音読トレーニング ▶ 068

> Question 10 refers to the following excerpt from a meeting.
>
> **Before we start the meeting, / I'd just like to remind everyone here to check the e-mail I sent the day before yesterday / about the workshop / and let me know if you're interested in signing up. /**
>
> 会議を始める間に、集まられたみなさんにお伝えしたいことがあります。一昨日に私がお送りしたワークショップに関するEメールを再度ご覧になって、お申し込みになりたいと思われるかどうかを私にお知らせください。

選択肢から、研修のキャンセル、支払い、申し込みのいずれであるかを問う問題だとわかります。研修、すなわち workshop に関してはやや後半に出てきていますね。最後の and 以下が決め手となります。signing up が申し込みであると知らなかった場合は、ぜひ発音とともに確認しておきたい表現です。

音読のポイント

以前に出た音読のポイントのいくつかが、再び登場しています。I'd「あいでゅ」や最後の signing up「さいにんあっぷ」など、もう一度よく練習しておきましょう。また、やや長いですが一文ですので、これ全部でひとつのまとまりなんだと意識しながら読んでみましょう。

Chapter 4

全体を問う問題　トレーニング

　では、解法のストラテジーと学習のストラテジーをより効果的にするために、ここではトレーニング演習を行います。ひとつのトークに対して設問は「全体を問う問題」1問のみです。

　問題を解き終わったら、学習のストラテジー同様、音声に合わせて音読してみましょう。なお音読する際は、Part 3のトレーニングで説明した音読の効果を思い出しながら、以下の方法もPart 3同様、試してみてください。(音読の詳細な手順と効果については*p.25*参照)

音読トレーニングステップ

STEP 1　**リスニング**

スクリプトを見ながら音声を聞く。読めない単語を読めるようにしておく。

STEP 2　**音声に合わせて声に出す**

音声と同じ速度、同じ発音、同じリズムで読めるように。

STEP 3　**シャドーイング**

スクリプトを見ずに音声だけを頼りに声にだしてみる。

◆ PART 4 ストラテジー編

練習問題

1. What is being advertised?　▶ 069

　(A) Equipment recycling
　(B) Business skills training
　(C) Accountancy classes
　(D) Air conditioning maintenance

2. Where does the speaker probably work?

　(A) At a musical instrument store
　(B) At a repair shop
　(C) At a magazine publisher
　(D) At a concert venue

3. What is the subject of this research?

　(A) How to package nuts
　(B) The best methods of exercising
　(C) The health effects of a particular food
　(D) Trends in the consumption of snacks

4. What is the purpose of the message?

　(A) To arrange a company merger
　(B) To promote a new service
　(C) To confirm receipt of an order
　(D) To address a customer's concerns

5. What is the purpose of the radio broadcast?

　(A) To advertise new office furniture
　(B) To announce an upgrade in merchandise
　(C) To announce the lecture of an Italian architect
　(D) To announce a newly opened exhibition

解答・解説／練習問題

1. 正解 (D)　　　　　　　　　　　　　　　音読トレーニング ▶ 070

> Question 1 refers to the following advertisement.
>
> Each year, / firms across the country squander thousands of dollars / on air conditioning systems / that are operating inefficiently / due to lack of maintenance. / Making sure your system is working properly / can save you money / and improve your bottom line! / Call Air Repair Services today / at 555-8878 / and arrange for your no-strings-attached free inspection. / We'll have one of our highly trained air conditioner specialists / with you in a flash / to look through your system. / And if you need any replacement parts, / we're offering a 30% discount to all new customers for this month only. / So call today / and let us start saving you money. /
>
> 毎年、全国の企業が、保守点検が不十分なために運転効率の悪くなっている冷暖房装置に数千ドルも浪費しています。御社の装置が正常に動作しているかどうか点検すれば、経費を節約して最終的な収益を改善することができるかもしれません。今すぐエア・リペア・サービス、555-8878にお電話いただければ、無条件で無料点検が受けられます。御社の装置を点検するため、高度の訓練を受けた、冷暖房装置の専門家をすぐに派遣いたします。また、部品の交換が必要な場合は、今月に限り新規のお客様には30パーセントの割引をさせていただきます。ですから、今すぐ電話をかけて、私どもにさっそく御社の経費節減のお手伝いをさせてください。
>
> 設問：何が宣伝されていますか。
> (A) 機器のリサイクル　　　　　(C) 会計業務の講座
> (B) 経営技術の研修　　　　　　(D) エアコンの保守点検

【解説】

宣伝の内容に関するキーワードは冒頭 …air conditioning systems that are operating inefficiently due to lack of maintenance. に登場します。squander「浪費する」といった難しい単語もありますが、air conditioning systems「エアコンシステム」と、your system is working properly「システムが正しく作動する」が聞き取れれば、エアコンの修理関連の話題だと推測できます。またトークの後半のWe'll have... highly trained air conditioner specialists「高度の訓練を受けたエアコンの専門家がいます」やreplacement「交換」なども重要な手がかりとなり、(D) が正解となります。

― 音読のポイント ―

・冒頭に出てくる that are は「ざったぁ」と速く、特に are は弱く、読まれています。
・bottom は日本語の「ボトム」に比べるとずいぶんコンパクトな音になります。
・discount to は単語がくっついて、discount_to「ディスカントゥ」とひとつの単語のように聞こえます。

◆ PART 4 ストラテジー編

2. 正解 (A)

音読トレーニング ▶ 071

> Question 2 refers to the following telephone message.
>
> **Hello, Mr. Park. / My name is Jennifer, / and I'm calling from Express Musical Instruments. / I'm following up on your enquiry about selling us your used guitar. / We are certainly interested in purchasing it from you, / though, due to its condition, / I'm afraid we aren't able to meet the valuation you placed on it. / We would value your guitar at approximately 400 dollars, / and we wouldn't be able to pay much more than this. / We are willing to work with you on a mutually acceptable figure. / Please give me a call back / and we can discuss this. / You can reach me at 555-7989. /**
>
> もしもし、パクさん。私はジェニファーと申します。エクスプレス楽器店からご電話を差し上げております。お客様がお持ちの中古ギターを当店に売却することに関するお問い合わせの件で、再度ご連絡いたします。当店は、もちろん、お客様のギターを買い取りたいと思っておりますが、その状態では、お客様が付けた評価額に応じることはできそうにありません。当店はお客様のギターを約 400 ドルと見積もっており、それ以上の額をお支払いすることはできないでしょう。当店は、お互いが納得できる価格を、お客様とご相談する心づもりでおります。私に折り返しお電話をいただき、この件について話し合いいたしましょう。私へのご連絡は 555-7989 までお電話をお願いいたします。
>
> 設問：話し手は、どこで働いていると思われますか。
>
> (A) 楽器店で　　　　　　　　　(C) 雑誌の出版社で
> (B) 修理店で　　　　　　　　　(D) コンサート会場で

【解説】

電話の録音メッセージですね。話し手の女性は、I'm calling from Express Musical Instruments.「エクスプレス楽器店からご電話を差し上げております」と伝えていますので、彼女はエクスプレス楽器店の店員だとわかります。また、I'm following up on your enquiry about selling us your used guitar. から客の要望が「中古のギターを売る」とわかりますので、この店では中古楽器の買い取りをしていると知ることができます。話し手の職場を選ぶ問題ですので、正解は (A) At a musical instrument store「楽器店で」です。選択肢 (B) At a repair shop が紛らわしいですが、電話の聞き手は「ギターを売るつもりでいる」ことから正解ではないと判断できます。

音読のポイント

- used guitar は言えましたか。カタカナにすると「ユーズドギター」のように音が濁ることが確認できますが、実際の音声では「ユーステュギター」のようになめらかに発音しています。
- Please give me a call back / You can reach me at... など電話シーンの頻出表現はひとつのかたまりとしてスムーズに言えるようにしておきましょう。

105

3. 正解 (C)

音読トレーニング ▶ 072

> Question 3 refers to the following broadcast.
> **This fall, / our nutrition researchers will be recruiting volunteers / to take part in a study into the health effects of nuts. / Head researcher / Dr. Bill Terry / will request that volunteers consume 100 grams of mixed nuts every day / for a period of two months. / Nuts will be provided. / Volunteers will be required to visit the laboratory / at regular intervals / to have their health monitored / by the research team. / Those interested in becoming a participant / should visit our institute's Web site / at nutritionAndYouLab.com / to fill out an online application form. /**
>
> この秋、当社の栄養学研究者らは、ナッツが健康に及ぼす影響についての研究に参加していただけるボランティアを募集いたします。研究主任のビル・テリー博士は、ボランティアの皆様に、2カ月にわたってミックスナッツを毎日100グラム食べることをお願いすることにしています。ナッツはこちらで支給いたします。ボランティアの皆様には、研究チームが健康状態を観察させていただくために定期的に研究所まで来ていただく必要があります。参加をご希望の方は、当研究所のウェブサイト nutritionAndYouLab.com にアクセスいただき、オンライン申込書に必要事項をご記入ください。
>
> 設問：この研究のテーマは何ですか？
> (A) ナッツを包装する方法　　(C) 特定の食品の健康への影響
> (B) 最もよい運動の方法　　　(D) お菓子の消費動向

【解説】

トークが何かの調査についてのアナウンスだということはイントロからも設問からもわかります。それが何についての調査なのかは最初の一文 a study into the health effects of nuts.「ナッツが健康に及ぼす影響についての研究」がストレートに伝えています。その分正解は選びやすいのですが、その代わりにこの部分を聞き逃すと正解できる確率がグッと下がってしまいます。Study about ではなく、study into となっていますが、どちらも「〜についての研究」という表現です。トークでは何度も「ナッツ」という表現が登場したので、つい (A) How to package nuts を選んでしまいそうになりますが、正解は (C) The health effects of a particular food です。nuts が a particular food と言い換えになっている点に注意しましょう。

音読のポイント

- two months は、音声では「テューマンツ」と言っています。複数形だからといって「マンシーズ」とは濁りません。
- volunteers は日本語で発音するときとアクセントが異なりますので、自分で声に出して英語の音を耳に入れておきましょう。

◆ PART 4 ストラテジー編

4. 正解 (D)　　音読トレーニング　▶ 073

> Question 4 refers to the following telephone message.
> Good afternoon, Mr. Kelly. / This is Katie Jones in Customer Service / at FirstDirect Mobile. / I note that you contacted us regarding your concerns about our forthcoming merger with LK Telecom. / I'm calling to reassure you that / your call plan and contract will remain completely unchanged / after the merger. / None of our customers will experience any interruption to their service whatsoever. / For any other concerns, / please visit our Web site, / where we have just posted answers to frequently asked questions / for our customers' reference. / Thank you for getting in touch, / and we look forward to continuing to provide you with first-rate services. /
>
> ケリーさん、こんにちは。私はファーストダイレクト・モバイル社の顧客サービス部のケイティ・ジョーンズと申します。お客様は、当社とLKテレコム社との今度の合併に関して懸念がおありということでご連絡をいただいたものと承っております。私がこの電話を差し上げましたのは、今回の合併後も、お客様の通話プランと契約内容が変わることはまったくないと安心していただくためです。当社のお客様はどなたも、現在お使いのサービスが中断されることは決してありません。何かほかに懸念されていることがございましたら、当社のウェブサイトをご覧ください。そこには、お客様のご参考のために、よくあるお問い合わせに対する回答を掲載したばかりです。ご連絡いただき感謝いたします。今後も引き続きお客様に最高のサービスを提供させていただきたいと思います。
>
> 設問: このメッセージの目的は何ですか。
> 　(A) 企業合併を準備すること　　(C) 受注を確認すること
> 　(B) 新規サービスを宣伝すること　(D) 顧客の懸念に対応すること

【解説】

メッセージが誰から誰に向けたものであるかをきちんと理解できるかがポイントです。話し手は Katie Jones in Customer Service「カスタマーサービスのケイティ・ジョーンズ」さんです。そして、you contacted us regarding... とありますが、この you はサービスを利用している人、つまりお客様になります。話し手の女性は、I'm calling to reassure you that... と電話の目的を伝えています。reassure「安心させる」の内容は that 以下にあるように「合併後も通話プランと契約内容が変わることはない」ということです。正解は (D) To address a customer's concerns「顧客の懸念に対応すること」ですが、reassure が address「問題に取り組む、対応する」と言い換えられていますので、この表現を知らないと正解は選べません。

音読のポイント

1文1文が長めのトークです。ナレーターの特徴かもしれませんが、すべての単語がつながっているように聞こえますね。音読の際にはすべてをつなげようとするのではなく、徐々にスラッシュ（/）のタイミングで息継ぎができるようにしていきましょう。

5. 正解 (D)

音読トレーニング ▶ 074

Question 5 refers to the following radio broadcast.
If you're heading to the Morton Center today, / don't miss the opportunity to check out the newly opened International Office Space Exhibition / in Hall 3. / The theme this year is "The Office of the Future," / and the curator is well-known Italian architect Vincenzo Rossi. / Rossi's vision brings dramatic change to the traditional office workplace. / In one exhibit, / sliding panels do away with the need for pre-defined spaces, / allowing the environment to change fluidly / according to business need. / Various visions of the future are presented in the exhibition, / and visitors are asked to vote for the one they like best. / This is an exhibition that should not be missed. /

今日、あなたがモートン・センターにお出かけになるなら、第3ホールでに新たに始まった国際オフィス・スペース展を訪れる機会を逃さないでください。今年のテーマは「未来のオフィス」で、そのキュレーターを務めるのは著名なイタリア人建築家のビンチェンツォ・ロッシ氏です。ロッシ氏のビジョンは、従来の職場環境に劇的な変化をもたらすものです。ある展示では、スライド式のパネルを利用することで、あらかじめ空間を分割する必要性がなくなり、ビジネスの用途に応じて環境を柔軟に変化させることができるようになっています。この展示会では未来のさまざまな構想が提示されており、来場者は自分が最も気に入ったものに投票することになっています。これは見逃すことのできない展示会です。

設問：ラジオ放送の目的はなんですか。
　　　(A) 新しいオフィス家具の宣伝
　　　(B) 商品のアップグレードについてのアナウンス
　　　(C) イタリア人建築家による講座のお知らせ
　　　(D) 新しい展示会についてのお知らせ

【解説】
このトークは全体的に難易度の高い問題ですが、設問で問われているアナウンスの目的には冒頭で述べられています。トークの前半に ...don't miss the opportunity to check out the newly opened International Office Space Exhibition とありますので、新しい展示会についてのお知らせだとわかります。exhibition「展示会」がキーワードですね。そしてすぐに、The theme this year is "The Office of the Future", and the curator is well-known... と、展示会のテーマについて触れています。選択肢にはこのテーマの内容を使ったひっかけ (A) がありますので注意してください。また、展示会では著名なイタリア人の建築家がキュレーターを務めることが伝えられていますが、彼が講座を開くことについては本文で触れられていませんので (C) も不正解です。そして他の選択肢を見てみると、(B) についても言及がありませんので、(D) 新しい展示会についてのお知らせが正解となります。

◆ PART 4 ストラテジー編

> **音読のポイント**
> - theme は文字と音が一致しにくい単語のひとつです。日本語では「テーマ」として知られているため余計に紛らわしいですが、英語の theme の音はしっかり耳に入れておきましょう。
> - やや長めの単語をちゃんと読めるようにしておきましょう。例えば、opportunity、exhibition、environment などの単語は耳でよく音を聞きこんで、文字を再現するのではなく音をそっくりそのまま再現するとよいです。

　これで、Part 4 の「全体を問う問題」のトレーニングは終了です。次は、「個別の情報を問う問題」について見ていきましょう。

Chapter 5

個別の情報を問う問題　解法のストラテジー

　Chapter 2～4 までは「全体を問う問題」について解説しましたが、ここからは「個別の情報を問う問題」について説明していきます。

　まず、「個別の情報を問う問題」に頻出する設問文の例を見ておきましょう。

■行動／予定の内容を問う設問文

What does the speaker advise the listeners to do?
話し手は聞き手に何をアドバイスしていますか。

What will happen at the end of the month?
月末には何が起きますか。

What does Mr. Park want to do?
パーク氏がしたいことは何ですか？

■次の行動を問う設問文

What are the listeners asked to do next?
聞き手は次に何をするように求められていますか。

What most likely will the speaker be doing this afternoon?
話し手は今日の午後はおそらく何をしていますか。

What will listeners hear next?
聞き手は次に何を聞きますか。

■時間、期間を問う設問文

When will the business open again?
仕事が再開するのはいつですか。

How long will the research last?
調査はどれくらいの期間続きますか。

■理由を問う設問文

Why is the business closed?
お店はなぜ閉まっているのですか。

◆ PART 4 ストラテジー編

Why are the listeners asked to call?
聞き手はなぜ電話するように求められているのですか。

■ 手段を問う設問文
How has the newspaper achieved success?
この新聞はどのように成功を成し遂げたのですか。

How can customers receive a free gift?
顧客はどのように無料ギフトを受け取ることができますか。

■ 人物を問う設問文
Who is Fredy Jackson?
フレディ・ジャクソンは誰ですか。

　これらは頻出する設問文の一部ですが、このような設問を解くためのストラテジーを以下、3つの手順で解説します。基本的には Part 3 と同じ流れです。

解法の手順

解法1　疑問詞とキーワードを CHECK!
設問文を読んだ際、疑問詞、主語、動詞、目的語を確認し、何が問われているのかを素早く確認する。

解法2　設問に関する情報を聞き取る
設問文で問われている内容をしっかりおさえ、必要な情報をトークから聞き取る。

解法3　選択肢と問題の言い換え表現に注意して正解を選ぶ
選択肢における情報の言い換え、表現の言い換え、に注意して正解を選ぶ。トークの表現がそのまま選択肢にあるとは限らないので、「この内容はこの表現に相当する」という語彙力、知識を養っておく。

実践

　ここではわかりやすく解説するために、実践形式の問題を使って解法の手順を確認してみることにしましょう。

■ 設問 75 の解法

解法 1　疑問詞とキーワードを CHECK!

まず、音声を聞く前に設問を確認します。（先読み）

75. Why is the business closed?

　　(A) Renovations are being made.
　　(B) A staff member is ill.
　　(C) A holiday is being observed.
　　(D) An inventory is being taken.

　Why=「なぜ？」、そしてそれに続く is the business closed「業務が行われていない」をまとめて、「なぜ？　業務が休み」と日本語で頭に入れます。すると、リスニングの最中に聞き取るべき情報、ここでは「事業所が行われていない理由」をキャッチしやすくなります。この設問はトーク全体についての情報を問う問題ではなく、「業務が行われていない理由」という個別の情報についての設問です。会話の大まかな展開を理解すること、そして設問で問われている情報を聞き逃さないように集中して聞きましょう。

解法 2　設問に関する情報を聞き取る

　ここで会話の音声を聞いてみてください。

▶ 075

＊この問題は p.86 Chapter 2 の「全体を問う問題の解法ストラテジー」で取り上げた設問 74 の続きです。

◆ PART 4 ストラテジー編

「業務が行われていない理由」はなんでしょう。会話は録音されたメッセージで、you have reached Dr. Kandai's office と言っていますから、ケンダイ医師の診療所が応答していることがわかります。続けて、We are currently closed for today's national holiday. という 1 文がありますね。この 1 文が閉まっている理由を述べています。主語の We は office のことです。つまり Office is currently... という意味ですから、closed for national holiday「祝日のためお休み」となり、理由が祝日であることがわかります。national holiday は単語として耳に残りやすいかもしれませんが、これが「閉まっている理由」だと判断するためには、それより前の部分 we are currently closed を聞けていないといけません。

解法3　選択肢と問題の言い換え表現に注意して正解を選ぶ

TOEIC では本文で登場した表現がそのまま選択肢にある場合と、別の表現に言い換えられている場合があります。むしろ、言い換えられていることのほうが多いとも言えます。

(A) Renovations are being made.
(B) A staff member is ill.
(C) A holiday is being observed.
(D) An inventory is being taken.

この中から We are currently closed for today's national holiday. に合う選択肢を選びましょう。会話で holiday を聞き逃してしまうと、(A)、(B)、(D) を選んでしまいかねません。また holiday を聞き取れていたとしても、選択肢で正しい内容を選べなくては意味がありません。本文には observe という表現は出てきませんが、選択肢では observe が使われています。observe には「観察する」や「従う」という意味のほかに「(祝日を)祝う」という意味もありますので、(C) A holiday is being observed.「祝日を迎えている」が正解です。会話で national holiday を聞き取れても、最後の選択肢を間違えてしまい、点数を落とす受験者はたくさんいます。ぜひ、単語の意味や表現は正確に理解しておきましょう。

■ 設問 76 の解法

解法1　疑問詞とキーワードを CHECK!

まず、設問を確認します。（先読み）

76. When will the business open again?

(A) On Monday
(B) On Tuesday
(C) On Wednesday
(D) On Thursday

設問は When で始まりますから、時間もしくは日程が問われる問題です。選択肢には曜日が並んでいますね。設問で問われているのは「いつ業務は再開するのか」です。When で問われていますので、当然具体的な日時が述べられるはずです。

解法2　会話から設問に関する情報を聞き取る

ここでもう一度音声を聞いてみてください。
設問 76 で問われている内容は「いつ」です。日時に関するキーワードに集中しましょう。

▶ 076

＊会話は設問 75 と同じ内容です。

最後の部分で please call again tomorrow, Wednesday, during regular business hours. と言っています。「明日、水曜日に再度お電話ください」「通常の営業時間内に」という情報を聞き取れたでしょうか。この部分から、水曜日は通常営業しているとわかりますね。We will open on Wednesday.「水曜日に営業します」のように設問に対する回答がストレートに述べられることもありますが、今回の問題のように複数の情報から正解を導きださなくてはならない場合もあります。一度にたくさんの情報を把握できるように、これまでのトレーニングなどを活用して、普段からリスニング力向上に努めるようにしましょう。

◆ PART 4 ストラテジー編

解法3　選択肢と問題の言い換え表現に注意して正解を選ぶ

　選択肢は前問と比べるといずれも曜日のみで短いので素早くチェックします。聞き取りの途中で選択肢を読みすぎると、読むことに集中してしまってリスニングがおろそかになってしまう場合があります。そのようなときは、リスニング中は選択肢を読まない、と自分の方針を作っておくのもひとつの攻略法です。正解は先ほど解法2で確認した「明日、水曜日に再度お電話ください」「通常の営業時間内に」といった個別の情報から、(C) On Wednesday「水曜日」となります。

　このように、設問文に着目して問われている内容をしっかりと確認することで、会話で出てくる情報や表現からヒントを得られることがわかったと思います。

　最後に、スクリプトを読んで目で確認してみましょう。また、トークを音声にあわせて音読し、音声と同じスピード、発音で読めるようにしておきましょう。

スクリプトと訳

Question 75 (76) refers to the following telephone message.

Good morning, / you have reached Dr. Kandai's office. / We are currently closed for today's national holiday. / In the event of an emergency, / please call the doctor directly / at 555-2883. / Alternatively, / to make an appointment for another day / or to speak with one of our receptionists, / please call again tomorrow, / Wednesday, / during regular business hours. / Thank you. /

おはようございます。こちらは、ケンダイ医師の診療所でございます。本日が祝日のため、当診療所はただ今休診となっております。急病の際は、ケンダイ医師に555-2883で直接お電話ください。また、別の日に予約をお取りになりたい場合や、受付担当者とお話をされたい場合は、明日、水曜日の通常の開業時間内に再度お電話ください。よろしくお願いいたします。

115

Chapter 6

個別の情報を問う問題 学習のストラテジー

「解法のストラテジー」では個別の情報を問う設問文の種類や、設問文において着目するポイント、選択肢における言い換え表現などがあることを確認しました。ここではそれらを攻略するための「学習のストラテジー」に取り組みます。

個別情報を探すトレーニング

設問をすばやく理解し情報を聞き取るトレーニングをしましょう。まず、①設問を聞いて問われている内容を頭に入れる。②次に音声を聞いて設問を解くために必要な情報をキャッチする。もし聞き取りが難しいようなら、何回か聞き直してもかまいません。③その後、設問に対する正解をイラストつきの選択肢から選び、答え合わせをする。④最後に音声を流しながら音読し、同じスピード、発音で読めるようにする。

〈手順〉
①設問を読む。(先読み)
②音声を聞く。
③答えを選ぶ。
④音読トレーニング

例題 ▶ 077

What does the speaker advise the listeners to do?

(A) ガイドブックを買う　　(B) 写真を撮る 　　(C) 山に登る

◆ PART 4 ストラテジー編

解説

以下の手順で正解が選べましたか？

①設問のチェック

Part 3 同様、疑問詞を確認することで問われている主題、「何」や「なぜ」が把握できます。また、主語が聞き手なのか話し手なのかを確認することで聞き取る情報の対象を明確にすることもできます。

⬇

②音声を聞く

⬇

③答えを選ぶ

出だしで ...look far into the distance「遠くを見てみると」、...see the top of Mount...「山の頂上が見える」とあるので「山」が話題であることがわかります。そして、It's quite rare「かなり珍しい」ので、take a snap「写真を撮る」if you have a camera on you「カメラをお持ちなら」と最後までしっかり聞ければ、正解の（B）「写真を撮る」を選べるでしょう。

⬇

④音読トレーニング

スクリプトと訳

The sample question refers to the following announcement.

If you look far into the distance, / you can also see the top of Mount Azteca, / one of the most spectacular mountains in the range. / It's quite rare to be able to see the mountain so clearly from here, / so be sure to take a snap if you have a camera on you.

さらに遠くを見ると、この山脈の中で最も壮大な山のひとつ、アステカ山もご覧になれるでしょう。ここからその山がこれほどはっきり見えるのは極めて珍しいことですので、カメラをお持ちの方は、ぜひ写真をお撮りください。

では以下、トレーニングをしてみましょう。　▶ 078

1 What will happen at the end of this month?

1. (A) (B) (C)

(A) 割引期間の終了　(B) お店が閉店 　(C) 申し込みの終了

2 What should the listener do when he calls back?

2. (A) (B) (C)

(A) 価格の交渉　(B) 友人を紹介 　(C) 予約のキャンセル

◆ PART 4 ストラテジー編

3 What will the volunteers have to do regularly?

3. Ⓐ Ⓑ Ⓒ

(A) ナッツの購入　(B) ウェブのチェック 　(C) 研究室への訪問

4 According to the speaker, what has this company just done?

4. Ⓐ Ⓑ Ⓒ

(A) 記者会見　(B) ウェブでの情報公開 　(C) 海外企業と合併

5 According to the speaker, what are visitors to the exhibition asked to do?

5. Ⓐ Ⓑ Ⓒ

(A) 美術品の購入　(B) 投票 　(C) 写真撮影

解答・解説／個別情報を探すトレーニング

1 正解 (A) 割引期間の終了　　　音読トレーニング ▶ 079

> Question 1 refers to the following advertisement.
> And if you need any replacement parts, / we're offering a 30% discount / to all new customers for this month only. / So call today / and let us start saving you money. /
>
> また、部品の交換が必要な場合は、今月に限り新規のお客様には30パーセントの割引をさせていただきます。ですから、今すぐ電話をかけて、私どもにお客様の経費節減のお手伝いをさせてください。

「今月末に何が起こる？」が問われています。会話の中では、時間に関する情報として this month only「今月のみ」が登場しています。今月のみ 30％割引がある、ということです。つまり、今月末にはその割引が終わる、ということで (A) を選びます。本文では割引が終了するタイミングについては直接触れていませんが、このように全体の事情を理解したうえで正解を選ぶ問題に少しずつ慣れていきましょう。

― 音読のポイント ―

replacement や discount のような単語は最後の t が弱めに、あまり聞こえないくらいに読まれています。後続の単語とくっつく感じで、replacement parts「りぷれいすめんぱーつ」や discount to all「でぃすかうんとゅおーる」のように読まれます。

2 正解 (A) 価格の交渉　　　音読トレーニング ▶ 080

> Question 2 refers to the following telephone message.
> I'm following up on your enquiry about selling us your used guitar. / We are certainly interested in purchasing it from you, / though, / due to its condition, I'm afraid we aren't able to meet the valuation you placed on it. / We would value your guitar at approximately 400 dollars, / and we wouldn't be able to pay much more than this. / We are willing to work with you on a mutually acceptable figure. / Please give me a call back and we can discuss this. /
>
> お客様がお持ちの中古ギターを当店に売却することに関するお問い合わせの件で、再度ご連絡いたします。当店はもちろん、お客様のギターを買い取りたいと思っておりますが、その状態ではお客様が付けた評価額に応じることはできそうにありません。当店はお客様のギターを約400ドルと見積もっており、それ以上の額をお支払いすることはできないでしょう。当店は、お互いが納得できる価格を、ご相談する心づもりでおります。私に折り返しお電話をいただき、この件について話し合いましょう。

◆ PART 4 ストラテジー編

　聞き手が電話をかけ直したら何をするのか、が問われています。話し手は「購入には興味があるがあなたが付けた値段には応じられない」「最大で 400 ドルでそれ以上は出せない」と現状を告げています。そして、We are willing to work with you on a mutually acceptable figure.「お互いに受け入れられる価格について努力したい」と申し出ていることから、価格に関する交渉ということになります。(A) が正解です。

音読のポイント

やや長いので、まず個別の単語の発音を確認しましょう。purchasing、valuation、approximately、mutually など、アクセントの位置を含め、音声にあわせて発音してみてください。発音できるようになったら、今度はこれらの後を前後の流れの中でつっかからないように読めるか確認しましょう。また、on it は「おーにってゅ」と「お」の部分を強めて読むと音声に近くなります。

---

3 正解 (C) 研究室への訪問　　　　　　　　　　　　音読トレーニング ▶ 081

> Question 3 refers to the following announcement.
> **Head researcher Dr. Bill Terry / will request that volunteers consume 100 grams of mixed nuts every day / for a period of two months. / Nuts will be provided. / Volunteers will be required to visit the laboratory / at regular intervals / to have their health monitored / by the research team. / Those interested in becoming a participant / should visit our institute's Web site / at nutritionAndYouLab.com / to fill out an online application form. /**
>
> 研究主任のビル・テリー博士は、ボランティアの皆様に 2 カ月にわたってミックスナッツを毎日 100 グラム食べることをお願いすることにしています。ナッツはこちらで支給いたします。ボランティアの皆様には、研究チームが健康状態を観察させていただくために定期的に研究所まで来ていただく必要があります。参加ご希望の方は、当研究所のウェブサイト nutritionAndYouLab.com にアクセスいただき、オンライン申込書に必要事項をご記入ください。

　設問では、volunteers「ボランティア」が do regularly「定期的にすること」は what「何」、つまり「ボランティアが定期的にすべきことは何か」が問われています。設問を頭に入れて問題を聞くと、トークでは volunteers will be required とはじまる文でその内容が紹介されているのがわかると思います。内容は、to visit the laboratory「研究所を訪ねる」、at regular intervals「定期的な間隔で」ですので、(C) が正解です。ナッツの話題ですので、ナッツが登場する選択肢を選びたくなってしまいますが、nuts will be provided.「ナッツは提供いたします」とありますので、購入の必要がないと理解できていると選択も楽になります。

121

音読のポイント

ピリオドのあとに気持ちひと呼吸ある感じで音声は読まれているので、まとまりとしては聞きやすいかと思います。しかし、最後の一文は文そのものがやや長いのと、使われている単語も長いものが多いので（例えば participant、institute、application など）、発音に心がけつつも文そのものの意味を見失わないよう注意しましょう。

---

4 正解 （B）ウェブでの情報公開　　　音読トレーニング　▶ 082

> Question 4 refers to the following telephone message.
> None of our customers will experience / any interruption to their service whatsoever. / For any other concerns, / please visit our Web site, / where we have just posted answers to frequently asked questions / for our customers' reference. /
>
> 当社のお客様はどなたも、現在お使いのサービスが中断されることは決してありません。何かほかに懸念されていることがございましたら、当社のウェブサイトをご覧ください。そこには、お客様のご参考のために、よくあるお問い合わせに対する回答を掲載したばかりです。

　「この会社が行ったことは何か」という設問です。設問には what has this company just done? と just「〜をしたばかり、たったいま」という表現がありますが、ここまでしっかり頭に入れておけると必要な情報を聞くうえでのヒントになります。トークでは、we have just posted answers to frequently asked questions とありますね。post は日本語でも使われますが、「（web などに）情報を掲載する、投稿する」という意味です。設問にもあった just を使って「FAQ を掲載したところです」と言っていますので、正解は、(B) ウェブでの情報公開となります。

音読のポイント

出だしの none of our「なんのぶあわー」、スムーズに読みたい箇所ですね。None は後続の any とセットでの否定表現ですので、発音の際にも気に留めておくとよいと思います。interruption、whatsoever はやや長いので冗漫になったり、つかえたりしないためにも音声をよく聞いて、まねして練習しておきましょう。また、frequently も頻出語なのでチェックしておきたい単語です。

◆ PART 4 ストラテジー編

5 正解　(B)　投票　　　　　　　　　　　音読トレーニング　▶ 083

> Question 5 refers to the following news report.
> **Various visions of the future are presented in the exhibition, / and visitors are asked to vote for the one they like best. / This is an exhibition that should not be missed. /**
>
> この展示会では未来のさまざまな構想が提示されており、来訪者は自分が最も気に入ったものに投票することになっています。これは見逃すことのできない展示会です。

　設問の内容はすぐに頭に入りましたか。「展示会に訪れた人に求められていること」が問われています。設問の疑問文 what are visitors to the exhibition asked to do をほぼそのまま肯定文で表現した1文が会話に登場しています。visitors are asked to... です。この後ろの部分が聞き取れれば正解が選べますね。vote は聞き取れましたか？　つまり投票することが求められています。正解は (B) 投票です。

── 音読のポイント ──
and の前と後は、それぞれ切れ目なく一続きで読まれていますね。ですので、発音の際も various から exhibition まで、visitors から best まで、を途中止まらずに一息で読めるように練習してみましょう。個々の単語の発音ももちろん大切ですが、今回の場合のように文単位で一息に読むという練習も、文単位で聞く意識を作るためにも重要ですので、取り組んでみてください。

Chapter 7

個別の情報を問う問題　トレーニング

　では、個別の情報を問う問題のトレーニング演習を行います。ひとつのトークに対して、ふたつの設問が設けられています。ここでは全体を問う問題は含まれていませんので、設問をよく聞いて、設問に対応する情報をキャッチするために会話を聞いてみてください。問題を解き終えたら、音声に合わせて音読してみましょう。

＊音読の効果とトレーニングの方法は p.25 を参照してください。

練習問題

▶ 084

1. How can people take an audio tour?

(A) Write their name on the list
(B) Visit the desk on the left
(C) Ask the tour guide
(D) Pay a fee

2. What are the visitors asked to do?

(A) Stay close to their tour group
(B) Move at a fast pace
(C) Take out their earphones
(D) Avoid damaging exhibits

3. What will Tina do?

(A) Approve stationery purchases
(B) Discuss some measures
(C) Make a report on spending
(D) Sign an official document

4. Why is the change being made?

(A) To procure new material
(B) To hire new staff
(C) To increase the budget
(D) To reduce costs

5. What has happened at Silver Motors over the past year?

(A) Sales continued to grow.
(B) There was a drop in profits.
(C) Job losses were announced.
(D) A new factory has opened.

6. According to the report, what is the reason for Silver Motors's recent success?

(A) Reduced labor costs
(B) Growth in the auto industry
(C) Cheap, imaginative, clean designs
(D) Strong international sales

7. What kinds of animals are popular with children?

(A) Elephants
(B) Giraffes
(C) Insects
(D) Sea lions

8. Where is the zoo located?

(A) Near an expressway
(B) In the town center
(C) On the waterfront
(D) Two hours from the city

9. When did Chris become a full-time member of the staff?

(A) Yesterday
(B) Last week
(C) Last month
(D) This afternoon

10. What will Chris do this afternoon?

(A) Start work on the company Web site
(B) Meet his new coworkers individually
(C) Talk about his work experience
(D) Take charge of his team

1.	Ⓐ Ⓑ Ⓒ Ⓓ	6.	Ⓐ Ⓑ Ⓒ Ⓓ
2.	Ⓐ Ⓑ Ⓒ Ⓓ	7.	Ⓐ Ⓑ Ⓒ Ⓓ
3.	Ⓐ Ⓑ Ⓒ Ⓓ	8.	Ⓐ Ⓑ Ⓒ Ⓓ
4.	Ⓐ Ⓑ Ⓒ Ⓓ	9.	Ⓐ Ⓑ Ⓒ Ⓓ
5.	Ⓐ Ⓑ Ⓒ Ⓓ	10.	Ⓐ Ⓑ Ⓒ Ⓓ

解答・解説／練習問題

音読トレーニング ▶ 085

Questions 1 and 2 refer to the following announcement.

Welcome to the State Museum / of Natural History. / For those of you wishing to join a guided tour, / please have a word with one of my colleagues / over at that booth there. / Alternatively, / if you wish to take an audio tour, / you can get some earphones and a map from the desk over to your left. / Of course, you are free to explore at your own pace as well. / I must remind you / that some of these exhibits are millions of years old / and they are very fragile, / so please take care. / I hope you enjoy our museum. /

設問と訳

1. How can people take an audio tour?

(A) Write their name on the list
(B) Visit the desk on the left
(C) Ask the tour guide
(D) Pay a fee

オーディオツアーにはどうすれば参加できますか。

(A) リストに名前を書き込む
(B) 左手にあるデスクに行く
(C) ツアーガイドに尋ねる
(D) 料金を支払う

2. What are the visitors asked to do?

(A) Stay close to their tour group
(B) Move at a fast pace
(C) Take out their earphones
(D) Avoid damaging exhibits

来館者が求められていることは何ですか。

(A) ツアーグループから離れないこと
(B) 速いペースで移動すること
(C) イヤホンを持ち出すこと
(D) 展示品を傷つけないようにすること

◆ PART 4 ストラテジー編

> 問題 1-2 は、次のアナウンスに関する問題です。
>
> 州立自然史博物館へようこそ。ガイドツアーに参加希望の方は、あちらのブースにいる職員に声をかけてください。あるいはオーディオツアーをご希望の方は、みなさんの左側の向こうにあるデスクでイヤホンとマップを受け取れます。もちろん自分のペースで自由に見学していただいてもかまいません。ご注意いただきたいのは、展示品のなかには数百万年も前のものがあることです。とても破損しやすいのでご注意ください。それでは博物館の展示をお楽しみください。
>
> 【語注】join ／参加する　guided tour ／ガイドツアー　booth ／ブース　alternatively ／あるいは　audio tour ／音声ツアー　explore ／探索する、見学する　pace ／ペース　exhibit ／展示　millions of... ／数百万年もの　fragile ／壊れやすい

解説

1. 正解 (B)

How can people take an audio tour?「人々はどのようにしてオーディオツアーに参加するのか？」と方法が問われています。個別の情報に関する言及は、トークに一度しか出てこないことがほとんどです。トークでは、if you wish to take an audio tour の部分で、最初に設問のキーワード audio tour が登場します。ということはこの後に設問に関する情報が出てくる可能性が高いと推測できますね。すると、you can get some earphones and a map from the desk over to your left.「左側の机からイヤホンと地図を受け取れますよ」との指示があります。選択肢を見てみると、(B) Visit the desk on the left「左側の机に立ち寄る」とあり、これが正解となります。

2. 正解 (D)

設問の意味は、きちんと把握できたでしょうか。the visitors（訪問者＝聞き手が）are asked to do something（何かを求められている）という関係で、something を what に変えて疑問文にした形が設問文です。会話には、...that some of these exhibits are millions of years old and they are very fragile, so please take care. という 1 文があります。依頼だからと言って、必ずしも Could you...? や Would you... ? が使われるとは限りません。今回は please がありますが、please take care.「注意してください」が訪問者に求めていることだとわからないと正解は選べません。同じ文で they are very fragile「展示物は壊れやすい」と言っていますので、注意の内容は「壊れやすいので注意してください」となります。選択肢では (D) Avoid damaging exhibits「展示品を傷つけないようにする」と、fragile を avoiding damaging で言い換えています。

音読のポイント

colleagues、alternatively、explore、exhibits、fragile などはおさえておきたい単語です。単語を見ただけですぐに発音が浮かばない場合は、音声をよく聞いて繰り返し発音しましょう。また、guided tour は目で見るとすぐに「ガイドツアー」とわかりますが、音声だけだと「がいでっとあー」のように聞こえます。

音読トレーニング ▶086

Questions 3 and 4 refer to the following excerpt from a meeting.

Next, / I would like to discuss some new changes to cut stationery costs / in the office. / Starting from today, / Tina will be in charge of procurement / and any new orders for office supplies / must be approved by her / before purchases can be made. / We are currently almost $1,000 over budget on stationery for this month, / and we need to cut down on wasteful spending. /

設問と訳

3. What will Tina do?

(A) Approve stationery purchases
(B) Discuss some measures
(C) Make a report on spending
(D) Sign an official document

ティナは何をすることになりますか。

(A) 事務用品の購入を承認する
(B) 手段について討議する
(C) 支出の報告書を作る
(D) 公式の書類にサインする

4. Why is the change being made?

(A) To procure new material
(B) To hire new staff
(C) To increase the budget
(D) To reduce costs

どうして変更が行われているのですか。

(A) 新素材を生産するため
(B) 新しいスタッフを採用するため
(C) 予算を増額するため
(D) コストを削減するため

◆ PART 4 ストラテジー編

問題 3-4 は、次のミーティングからの抜粋に関する問題です。

次に、オフィス内の事務用品費削減に向けた新たな変更について討議したいと思います。本日よりティナが調達責任者となります。オフィス用品を新たに購入するときは、事前にティナの承認を得なければなりません。すでに今月の事務用品購入予算を 1000 ドル超過した状態で、無駄な出費を削減する必要があります。

【語注】discuss ／討議する　cut ／削減する　stationery ／事務用品　in charge of ／〜の担当となる　procurement ／調達、入手　office supply ／オフィス用品　be approved ／承認を受ける　budget ／予算　wasteful ／無駄な

解説

3. 正解 (A)

ティナについての行動が問われていますので、ティナに関する情報に注意して会話を聞きます。Tina will be in charge of procurement「ティナが商品購入の責任者となる」とありますが、procurement の意味がわからなくても、続く部分にヒントがないかと聞く姿勢が大切です。すると、any new orders for office supplies must be approved by her before purchases can be made.「オフィス用品の新しい注文は購入前に彼女の承認を得る必要があります」とあり、ティナの役割が具体的に説明されます。選択肢では office supplies が stationery で言い換えられている (A) が正解となります。procurement「調達」は聞きなれない単語かもしれませんが、ビジネスや流通関係のシーンでよく使われている単語ですので、ぜひ覚えておきましょう。

4. 正解 (D)

Why is the change being made?「なぜ変更が行われているのでしょうか？」と、理由が問われています。最初に discuss new changes to cut stationery costs「事務用品のコスト削減についての変更を話し合う」とキーワードの change が出てくるので、change の内容は不明ですが、コスト削減のために何かが変更されたということがわかります。その先の会話でも ...we need to cut down on wasteful spending.「無駄遣いを減らす必要がある」と述べられています。変更の目的に合う選択肢を探すと、(D) To reduce costs「費用を減らすため」がぴったりですね。予算関連のキーワード budget、spend などが本文に登場しますが (C)To increase the budget にひっかからないように注意しましょう。

音読のポイント

ここでも注意したい単語がいくつかあります。話の中心でもある stationery や procurement、supplies、purchases、budget などは聞いた瞬間に意味がわかるようにしておきましょう。例えば budget「ばじぇっと」を間違って「ばどげっと」などと覚えていたならば、理解も聞き取りも困難です。音声と合わせて何度も発音しましょう。

音読トレーニング ▶ 087

Questions 5 and 6 refer to the following news report.

Good morning, / and now it's time for The Business Report. / Local auto manufacturer Silver Motors reported a drop in profits this past year, / ending a period of rapid growth for the company. / The firm has promised that there will be no job losses / and said it is working hard to return quickly to growth. / Despite a national slump in car manufacturing, / Silver Motors has been a rare success story with its innovative, eco-friendly and affordably priced designs. / The company is looking to expand its business overseas / by opening a new factory in Malaysia this summer. /

設問と訳

5. What has happened at Silver Motors over the past year?

(A) Sales continued to grow.
(B) There was a drop in profits.
(C) Job losses were announced.
(D) A new factory has opened.

シルバーモーターズでこの一年に起きたことは何ですか。

(A) 売り上げの伸びが続いた。
(B) 利益が減少した。
(C) 人員削減が発表された。
(D) 新工場がオープンした。

6. According to the report, what is the reason for Silver Motors's recent success?

(A) Reduced labor costs
(B) Growth in the auto industry
(C) Cheap, imaginative, clean designs
(D) Strong international sales

報道が伝えるシルバーモーターズの最近の成功の理由は何ですか。

(A) 人件費の削減
(B) 自動車業界の成長
(C) 安く、創造性に富み、環境にやさしいデザイン
(D) 強力な国際営業力

◆ PART 4 ストラテジー編

問題 5-6 は、次のニュースに関する問題です。

おはようございます。「ビジネスレポート」の時間です。地元の自動車会社、シルバーモーターズ社が、急成長の期間が終わりをつげ、この1年減益となったと報告しました。同社は雇用の削減は行わないことを言明し、早期に成長を回復するために力をつくすとのことです。わが国の自動車産業の全体的な不振のなかで、シルバーモーターズ社は革新性と環境へのやさしさ、低価格志向のデザインで、これまで例外的に成功を収めてきました。同社は今夏マレーシアで新工場を稼働させ、海外市場の開拓を目指しています。

【語注】local ／地元の、この地域の　auto ／車、乗用車　manufacturer ／製造業者、メーカー　profit ／利益　rapid ／早期に、急速に　growth ／成長、増加　despite ／〜にもかかわらず　slump ／下落　rare ／珍しく、例外的に　innovative ／革新的な　eco-friendly ／環境にやさしい　affordably ／お手頃な、低価格の　expand ／拡大する

解説

5. 正解 (B)

設問文の over the past year は「この1年で」という定番表現で、これがキーワードになっています。「シルバーモーターズに何が起きたのか」ということも念頭に入れてトークを聞きましょう。Silver Motors reported a drop in profits this past year「この1年で利益が落ちた」、この1文が聞き取れれば正解を選ぶのは難しくないはずですが、しかしこの1文以外に正解を明確に伝えてくれる箇所はありません。会話の後半では、利益降下からどのように利益回復を図ったのかというところまで話が展開しています。つまり、長い時間軸で起きた出来事のほんの一瞬の情報が求められているのです。この1年で起きた出来事として正しい選択肢は (B) There was a drop in profits.「利益の下降があった」となります。

6. 正解 (C)

設問の内容を簡単にまとめると「シルバーモーターズの成功の理由」が問われています。... Silver Motors has been a rare success story with its innovative, eco-friendly and affordably priced designs.「革新的で、環境にやさしく、手ごろな値段のデザインで」と具体的に成功の理由を説明しています。同じ内容を選択肢から探しましょう。(C) cheap, imaginative, clean designs「安く、創造性に富み、環境にやさしいデザイン」が正解です。3つの要件すべてが言い換えられています。それぞれの要件を伝える単語をそのまま頭に保持するのは難しいですが、単語ではなくイメージとして頭に残すと記憶に残りやすくなります。また clean は「きれい」ではなく、「環境にやさしい」という意味でも使われます。

音読のポイント

音のつながりを意識しておきたい箇所があります。drop in は「どろっぴん」、has been は「はずびん」と、それぞれの音は聞こえるものの、読み方も速く、くっついているかのように読まれています。また、manufacturer、innovative、affordably なども頻出なので、発音を確認しておきたい単語です。

音読トレーニング ▶ 088

Questions 7 and 8 refer to the following advertisement.

If you're looking for a fun day out for the whole family, / why not come for an exciting visit / to Fillmore Zoo? / Join us for a fascinating journey into the exotic world of animals, / from elephants and giraffes / to tiny insects. / Young children will love our sea lion shows / in the Water World Zone, / and visitors of all ages can experience the wide range of wildlife habitats we have on display. / With easy access from exit 13 of the freeway, / Fillmore Zoo is a fun and convenient way / to spend your day. /

設問と訳

7. What kinds of animals are popular with children?

(A) Elephants
(B) Giraffes
(C) Insects
(D) Sea lions

子どもたちに人気の動物は何ですか。

(A) ゾウ
(B) キリン
(C) 昆虫
(D) アシカ

8. Where is the zoo located?

(A) Near an expressway
(B) In the town center
(C) On the waterfront
(D) Two hours from the city

動物園はどこにありますか。

(A) 高速道路の近く
(B) 町の中心部
(C) 海辺
(D) 町から2時間のところ

◆ PART 4 ストラテジー編

問題 7-8 は、次の宣伝に関する問題です。

家族みんなで楽しめるおでかけ先を探しているなら、わくわくがいっぱいのフィルモア動物園を訪れてはいかがですか。象やキリンから小さな昆虫までが集う、エキゾチックな動物の世界へ向かう魅力的な旅に参加しませんか。小さなお子さんはウォーター・ワールド・ゾーンで行われるアシカのショーに夢中になるでしょう。そして展示では、年齢に関わらず、さまざまな種類の野生生物の生息地を体験することができます。フリーウェイ 13 番出口を降りてすぐ。フィルモア動物園なら、快適に楽しく 1 日をお過ごしいただけます。

【語注】fascinate 〜を魅了する／journey／旅　exotic／エキゾチックな　giraffe／キリン　tiny／とても小さな　insect／昆虫　sea loin／アシカ　wide／幅広い　range／範囲　wildlife／野生生物　habitat／生息地　freeway／高速道路、フリーウェイ　convenient／便利な　spend／過ごす

解説

7. 正解 (D)

選択肢を見てもわかるように、聞き取る対象は動物の名前です。対象が明確なので聞き取りやすいはずですが、トークには何種類もの動物が登場します。popular with children「子どもに人気」の動物については、Young children will love our sea lion shows「子どもたちはアシカショーが大好き」の文で触れられています。正解は (D) Sea lions です。...from elephants and giraffes to tiny insects. は動物園にいる動物の種類を全般的に述べているだけですが、耳に残る動物名が登場しますので、これに惑わされて選択肢 (A) Elephants や (B) Giraffes を選ばないようにしましょう。

8. 正解 (A)

動物園の場所に関する情報は、With easy access from exit 13 of the freeway...「高速道路の 13 番出口から容易にアクセスできる」の 1 文のみです。場所に関する設問なので住所や通りの名称などを想像してしまいそうですが、本文では with easy access from... とひねりを聞かせた表現で登場しています。この 1 文が正解を示しているとわかるのはおそらく選択肢のラインナップを見てからでしょう。選択肢 (B) 〜 (D) については本文で触れていない内容なので、easy access=near、freeway=expressway で言い換えられている (A) Near an expressway が正解となります。

音読のポイント

今回は単語のアクセントに注意を払ってみましょう。fascinating、exotic、giraffes、habitats、exit、これらの単語を正しいアクセントで読めますか？　アクセントに注意することでより正確に発音できますし、文中での音読、リスニングともにスムーズにできるはずです。音声をよく聞いて、アクセントの位置を確認、練習しておきましょう。

音読トレーニング ▶ 089

Questions 9 and 10 refer to the following announcement.

Good morning, everyone. / Today I'd like to introduce a new member of our staff. / Chris Dupont joined our Web team on a full-time basis last week, / and since some of you haven't had a chance to meet him yet, / I'd like to take this opportunity to extend a warm welcome to him. / Chris has lots of experience with Web design, / but he's new to our company, / so I hope you'll give him all the assistance he needs / to help him feel like a member of the team. / I'll be taking him round the offices this afternoon to meet all of you personally. /

設問と訳

9. When did Chris become a full-time member of the staff?

(A) Yesterday
(B) Last week
(C) Last month
(D) This afternoon

クリスがフルタイムのスタッフになったのはいつですか。

(A) 昨日
(B) 先週
(C) 先月
(D) 今日の午後

10. What will Chris do this afternoon?

(A) Start work on the company Web site
(B) Meet his new coworkers individually
(C) Talk about his work experience
(D) Take charge of his team

クリスは今日の午後何をしますか。

(A) 会社のウェブサイトの制作を始める
(B) 新しい同僚たちと個別に会う
(C) 自分の仕事体験を話す
(D) 自分のチームを率いる

◆ PART 4 ストラテジー編

問題 9-10 は、次のアナウンスに関する問題です。

みなさん、おはようございます。今日は私たちの新しいメンバーを紹介します。先週フルタイムのスタッフとしてウェブ・チームに加わったクリス・デュポンです。まだ会う機会のなかった人も中にはいると思いますので、この機会を利用して歓迎の輪を広げたいと思います。クリスはウェブデザインで豊富な経験がありますが、当社での仕事は初めてです。ですからチームの一員としての実感が得られるよう、必要なサポートは何でもしてあげてください。今日の午後には、私が彼を連れて社内をまわり、みなさんに直接会ってもらいます。

【語注】introduce／紹介する　full-time／常勤の、フルタイムの　basis／原則、基準　opportunity／機会　extend／広げる　experience／経験　assistance／支援、力添え　personally／個人的に

解説

9. 正解 (B)
When と full-time member が設問からキャッチしておくべき情報です。「クリスが正社員になったのはいつか」が問われているので、日時に関する表現に気を配ります。Chris Dupont joined our Web team on a full-time basis last week「先週」という情報があります。この部分さえ聞き取れれば、(B) Last week「先週」が選べるでしょう。この問題は設問も選択肢も素直な内容ですので、やさしい問題と言えます。

10. 正解 (B)
設問からキャッチしておくべき情報は this afternoon という具体的な日時の情報です。「今日の午後」については、I'll be taking him round the offices this afternoon to meet all of you personally. と this afternoon が登場する文がありますね。時間に関する情報はセンテンスの後半に来る場合が多いので、this afternoon だけ聞き取れても正解は選べませんが、「今日の午後起きること」について注意を払って聞くことができれば、I'll be taking him... の文はそれほど難しいものではないでしょう。正解は、(B) Meet his new coworkers individually「彼の新しい同僚に個別に会う」です。personally と individually の言い換えに注意しましょう。

音読のポイント
haven't had a chance が言いにくいかもしれません。「はぶんはだちゃんす」のようにくっついているので、途切れてしまわないように練習しておきたいですね。また、最後の一文、I'll be taking him round the offices this afternoon to meet all of you personally. はやや長いですが切らずに読まれています。音声に合わせて、途切れずに読めるように練習してみましょう。

135

column

頻出言い換え表現リスト②

言い換え表現リスト（p.76）の続きです。学習の参考にしてください。

out of order　故障した	➡ not working　作動できない
post… on the Web site　ウェブに〜を掲載する	➡ update the Web site　ウェブを更新する
prefer to do　〜を好んでする	➡ would like to do　〜をしたい
responsible for　〜に責任がある	➡ in charge of　〜を担当する
run out　売り切れる、完売になる	➡ out of stock　品切れ、在庫切れ
set up a savings account　銀行口座を開設する	➡ open an account　銀行口座を開設する
show you around　お見せする、案内する	➡ give the man a tour　男性にツアーをする、男性を案内する
stay away from the city center　都心部から離れる	➡ avoid the city center　都心部を避ける
take a part in…　〜に参加する	➡ participate in…　〜に参加す
take place　開かれる	➡ be held　開催される
take the survey　調査票を記入する	➡ complete a form　フォームを記入する
the name and phone number　名前と電話番号	➡ contact information　連絡先
work overtime　超過勤務する	➡ work extended/extra/additional hours　延長勤務する
worried about　〜について心配する	➡ concerned about　〜について心配する

■ 時間・日時に関する表現

two weeks away　2週後	➡ in two weeks　2週後
every other week　隔週に	➡ every two weeks　〜2週ごとに
after work today　今日の就業後	➡ this evening　今晩

PART 3

問題演習編

TEST 1 から TEST 4 まで、合計 4 回分の PART 3 の模擬試験が掲載されています。各設問について、空所に入る最も適切な選択肢を (A) ～ (D) から 1 つを選んでください。
●解答には巻末の Answer Sheet をご利用ください。
●解答・解説は p.161 にあります。

TEST 1 ……………………………………………………………… 138
TEST 2 ……………………………………………………………… 144
TEST 3 ……………………………………………………………… 150
TEST 4 ……………………………………………………………… 156

PART 3

Directions: You will hear some conversations between two people. You will be asked to answer three questions about what the speakers say in each conversation. Select the best response to each question and mark the letter (A), (B), (C), or (D) on your answer sheet. The conversations will not be printed in your test book and will be spoken only one time.

▶ 090

41. Where are the speakers?

(A) At a store
(B) At a hotel
(C) In a museum
(D) In an apartment building

42. What does the woman recommend the man do?

(A) Have food delivered
(B) Visit a gift shop
(C) Fill out a form
(D) Drive to a restaurant

43. What does the woman say she will give the man?

(A) A takeout menu
(B) A local map
(C) A phone card
(D) A discount coupon

44. Who most likely is the man?

(A) A former client
(B) A job applicant
(C) A call center worker
(D) A magazine journalist

45. What does the man inquire about?

(A) Forms he will need to fill out
(B) A product identifier
(C) Information in an e-mail
(D) The contact details of a manager

46. According to the woman, what will happen on Monday?

(A) Documents will be reviewed.
(B) Orders will be dispatched.
(C) Training will be given.
(D) Two interviews will be conducted.

47. Where is the conversation happening?

(A) At a tourist information office
(B) At a car dealership
(C) At a vehicle repair shop
(D) At a clothing store

48. What is the man worried about?

(A) He spends too much on fuel.
(B) His tire is losing air.
(C) He is unable to find a size that fits.
(D) He is lost.

49. What will the woman most likely do next?

(A) Call a repair worker
(B) Provide an address
(C) Contact another branch
(D) Place an order

50. What has been written about the company?

(A) It has moved to a different location.
(B) It is planning an event.
(C) It is growing quickly.
(D) It won a prize.

51. What do the speakers say the news article will help to do?

(A) Attract more businesses
(B) Improve community relations
(C) Promote financial education
(D) Increase job applications

52. What will the man probably do next?

(A) Update a Web site
(B) Issue a press statement
(C) Change a work order
(D) Pay for an advertisement

GO ON TO THE NEXT PAGE

53. What are the speakers talking about?

(A) Opening a new business
(B) Hosting an outdoor event
(C) Expanding a dining area
(D) Ordering cooking ingredients

54. What problem does the woman highlight?

(A) Weather problems
(B) Construction costs
(C) Canceled reservations
(D) Ingredient availability

55. What will the man do in the afternoon?

(A) Obtain some estimates
(B) Promote an event
(C) Meet with staff
(D) Visit a wholesaler

56. Why is the woman calling?

(A) To give some advice
(B) To order an item
(C) To confirm a price
(D) To ask for assistance

57. What does the man ask the woman to do?

(A) Arrange a photo shoot
(B) Send a photograph
(C) Edit a document
(D) Give a presentation

58. What does the woman say about her coworker?

(A) He is busy.
(B) He was promoted.
(C) He knows a photographer.
(D) He arranged a meeting.

59. Where do the speakers probably work?

(A) At a print shop
(B) At an appliance store
(C) At an advertising agency
(D) At an educational institute

60. What does the client want the speakers to do?

(A) Send a document
(B) Change the color
(C) Repair a printer
(D) Give a discount

61. Why will a task take longer than expected?

(A) A senior manager is away.
(B) A document has been lost.
(C) Some designs are delayed.
(D) Some machines are being repaired.

62. What did the man do at lunchtime?

(A) He sent an order.
(B) He wrote an e-mail.
(C) He met a customer.
(D) He bought a magazine.

63. Why does the woman want the man to wait?

(A) To give him a file
(B) To get his views
(C) To introduce him to a coworker
(D) To buy him a coffee

64. How does the woman intend to save money?

(A) By getting a loyalty card
(B) By moving to a smaller office space
(C) By purchasing a subscription
(D) By negotiating with a newsstand owner

GO ON TO THE NEXT PAGE

141

65. What is the woman's company preparing for?

   (A) A product presentation
   (B) A company audit
   (C) A meeting with investors
   (D) A business trip to South Korea

66. What is the woman calling about?

   (A) Weekly updates
   (B) Hotel bookings
   (C) Meeting room facilities
   (D) Translation services

67. What does the man offer to do?

   (A) Change a schedule
   (B) Refer an acquaintance
   (C) Recommend a hotel
   (D) Examine a report

68. Where is the conversation most likely taking place?

   (A) At a law firm
   (B) At a moving company
   (C) At a real estate firm
   (D) At an employment agency

69. What does the man say he prefers?

   (A) A special service
   (B) A weekday meeting
   (C) A short-term contract
   (D) A job in the neighborhood

70. What will the woman probably do next?

   (A) Look for some information
   (B) Call a property owner
   (C) Amend a contract
   (D) Send an e-mail

NO TEST MATERIAL ON THIS PAGE

PART 3

Directions: You will hear some conversations between two people. You will be asked to answer three questions about what the speakers say in each conversation. Select the best response to each question and mark the letter (A), (B), (C), or (D) on your answer sheet. The conversations will not be printed in your test book and will be spoken only one time.

▶ 091

41. What are the speakers doing?

(A) Purchasing supplies
(B) Working on a fence
(C) Repairing a vehicle
(D) Painting a truck

42. What do the speakers need?

(A) Wooden planks
(B) Spare parts
(C) Paint
(D) Brushes

43. When will the task probably be completed?

(A) This morning
(B) This afternoon
(C) Tomorrow morning
(D) The day after tomorrow

44. Where is Dr. Tarleton?

(A) At the hospital
(B) At a conference
(C) In another office
(D) On vacation

45. Why is the woman calling Dr. Tarleton's office?

(A) To ask for a prescription
(B) To book an appointment
(C) To talk about a medicine
(D) To arrange an interview

46. What will the man probably do next?

(A) Transfer a call
(B) Telephone Dr. Tarleton
(C) Schedule an appointment
(D) Meet with a pharmacist

47. Where are the speakers?

(A) In an office
(B) In a train station
(C) In a lecture theater
(D) In a museum

48. Why is the man in New York?

(A) He is starting a new job.
(B) He is buying an apartment.
(C) He is studying art.
(D) He is on a vacation.

49. What does the woman offer the man?

(A) A performance ticket
(B) A building floor plan
(C) A discount coupon
(D) Some lecture notes

50. What job are the candidates applying for?

(A) Executive secretary
(B) Applications specialist
(C) Events organizer
(D) Editorial assistant

51. How many candidates will be interviewed?

(A) One
(B) Two
(C) Three
(D) Four

52. What does the woman say about Wednesday?

(A) She is free all day.
(B) She has an interview.
(C) She is leaving the office early.
(D) She is not available.

GO ON TO THE NEXT PAGE

53. Why did the man get to work late?

(A) His car broke down.
(B) He woke up late.
(C) The weather was bad.
(D) A road was busy.

54. What is the man worried about?

(A) Using public transportation
(B) Driving in unknown areas
(C) Being charged for driving on the highway
(D) Driving in bad weather

55. What does the woman offer to help the man do?

(A) Create a company Web site
(B) Choose a new car
(C) Find an alternate route
(D) Check a bus timetable

56. Where are the speakers?

(A) At a clothing store
(B) At a courier company
(C) At a dry cleaner
(D) At a café

57. What is the man's problem?

(A) He needs a service completed quickly.
(B) He will miss a party.
(C) He needs to find directions to a wedding.
(D) He will be late for a business meeting.

58. What will the man probably do next?

(A) Cancel an appointment
(B) Buy some new clothing
(C) Return to his home
(D) Visit another location

59. What does the man intend to do?

(A) Hire new employees
(B) Produce some documents
(C) Take a vacation
(D) Arrange a conference

60. What is scheduled to take place in May?

(A) An order will be fulfilled.
(B) A training event will be held.
(C) A sale will end.
(D) A new branch will be opened.

61. What concern does the woman mention?

(A) A cancelled trip
(B) A lack of staff
(C) A delay to orders
(D) A late flight

62. Where most likely are the speakers?

(A) In an airport
(B) In a mall
(C) In a hotel
(D) In a conference

63. Why did Mia Inc. call?

(A) To change a schedule
(B) To cancel a booking
(C) To confirm a reservation
(D) To place an order

64. What will the man do next?

(A) Send a confirmation e-mail
(B) Check flight details
(C) Make a reservation
(D) Print out a revised schedule

GO ON TO THE NEXT PAGE

65. What are the speakers discussing?

(A) A billboard advertisement
(B) A marketing campaign
(C) A client's presentation
(D) A company dinner

66. What does the man advise?

(A) Making copies of some materials
(B) Moving to another department
(C) Asking coworkers for suggestions
(D) Starting a project earlier than planned

67. What will the woman most likely do next?

(A) Create an agenda
(B) Order some supplies
(C) Contact her supervisor
(D) Visit a client

68. What are the speakers discussing?

(A) An urgent order
(B) A missing invoice
(C) An electrical repair
(D) A damaged item

69. What will the man do immediately?

(A) Deliver a message
(B) Ship some merchandise
(C) Make a payment
(D) Repair some equipment

70. What does the woman decide to do?

(A) Change an order
(B) Make an extra payment
(C) Return an item
(D) Replace a machine part

NO TEST MATERIAL ON THIS PAGE

PART 3

Directions: You will hear some conversations between two people. You will be asked to answer three questions about what the speakers say in each conversation. Select the best response to each question and mark the letter (A), (B), (C), or (D) on your answer sheet. The conversations will not be printed in your test book and will be spoken only one time.

▶ 092

41. Why is the woman calling?

(A) To inquire about a product
(B) To rent some electronic equipment
(C) To report an error in a catalog
(D) To amend some contact details

42. What does the man say will happen next week?

(A) A database will be finalized.
(B) A model will be sold out.
(C) A shipment will arrive.
(D) A sale will start.

43. What does the woman want the man to do?

(A) Refund a payment
(B) Set aside an item
(C) Send a revised document
(D) Visit her at her office

44. What are the speakers discussing?

(A) Organizing an open day
(B) Planting a garden
(C) Cleaning up a park
(D) Repairing a playground

45. What is the woman doing on Sunday afternoon?

(A) Working from home
(B) Going to a party
(C) Meeting some clients
(D) Taking a course

46. What will the man probably do next?

(A) Make a schedule of events
(B) Prepare a map of a park
(C) Organize a party
(D) Add the woman's name to a list

47. Who most likely is the woman?

(A) A restaurant owner
(B) A graphic designer
(C) A company director
(D) A university lecturer

48. What did the man study?

(A) Interior design
(B) Catering
(C) Computer science
(D) Photography

49. What does the woman suggest to the man?

(A) Updating a list
(B) Writing a paper
(C) Visiting a business
(D) Trying some food

50. What are the speakers discussing?

(A) A staff workshop
(B) A promotion celebration
(C) A relocation plan
(D) A training schedule

51. What is the man happy about?

(A) A budget being increased
(B) A consultant being available
(C) A deadline being changed
(D) A room being reserved

52. What does the woman say she will do?

(A) Book a larger room
(B) Choose a different date
(C) Meet with a consultant
(D) Contact team managers

GO ON TO THE NEXT PAGE

53. What is the purpose of the call?

(A) To promote a company picnic
(B) To reserve space for an event
(C) To volunteer to mentor new staff
(D) To highlight the strengths of a new firm

54. What does the woman ask about?

(A) The location of a park
(B) The events in a schedule
(C) The date and time of an event
(D) The number of people attending

55. What does the woman suggest?

(A) Renting additional items
(B) Bringing more food
(C) Using an alternative venue
(D) Contacting previous clients

56. Who is the woman?

(A) A customer
(B) A supplier
(C) A temporary employee
(D) A security expert

57. Why isn't Mr. Yoon available?

(A) He is in a meeting.
(B) He is out of town.
(C) He is at the security office.
(D) He is conducting an interview.

58. What will the woman probably do after lunch?

(A) Submit some documents
(B) Obtain a badge
(C) Review a proposal
(D) Make a hiring decision

59. What does the man want the woman to prioritize?

(A) Contacting some directors
(B) Completing a report
(C) Shipping some items
(D) Changing some prices

60. Why couldn't the woman finish her work?

(A) She misplaced some files.
(B) She was away on business.
(C) She was busy with other assignments.
(D) She did not receive enough funding.

61. What is the man going to do?

(A) Change a process
(B) Extend a deadline
(C) Rearrange a meeting
(D) Reassign some work

62. What problem has the woman observed?

(A) A delivery is delayed.
(B) A file has been corrupted.
(C) Some equipment is not working.
(D) A light is broken.

63. What will the man do?

(A) Send a repairperson
(B) Repair a file
(C) Contact a customer
(D) Prepare a shipment

64. What does the man recommend the woman do?

(A) Talk to her manager
(B) Switch off a machine
(C) Work a different shift
(D) Remove a faulty part

GO ON TO THE NEXT PAGE

65. What does the woman need to do?

(A) Photocopy a document
(B) Find a new house
(C) Have some keys duplicated
(D) Purchase some tools

66. What does the woman say about the Cubs Hardware store?

(A) It is nearby.
(B) It is cheap.
(C) It is new.
(D) It is closed.

67. What does the man say he will do?

(A) Ask his supervisor for information
(B) Move out of the neighborhood
(C) Open a door
(D) Visit a local firm

68. Who probably is the woman?

(A) A travel agent
(B) A school librarian
(C) A museum employee
(D) A university lecturer

69. What does the man intend to do?

(A) Research ancient history
(B) Study overseas
(C) Purchase some artifacts
(D) Register for a course

70. What does the woman recommend?

(A) Paying by credit card
(B) Taking a tour
(C) Reading a book
(D) Coming back another day

NO TEST MATERIAL ON THIS PAGE

PART 3

Directions: You will hear some conversations between two people. You will be asked to answer three questions about what the speakers say in each conversation. Select the best response to each question and mark the letter (A), (B), (C), or (D) on your answer sheet. The conversations will not be printed in your test book and will be spoken only one time.

▶ 093

41. What does the woman want to know?

(A) When to attend a meeting
(B) How to get to an office
(C) How to enter a building
(D) When some rental properties are available

42. What does the man offer to do?

(A) Receiving a delivery
(B) Looking up some details
(C) Sending a fax
(D) Opening a door

43. According to the woman, what will Ms. Bauer need to do?

(A) Find an address
(B) Book a meeting room
(C) Sign for some files
(D) Delay a vacation

44. What is the purpose of the call?

(A) To inquire about a water bill
(B) To purchase a bathroom suite
(C) To request repair services
(D) To order a new dishwasher

45. What does the man apologize for?

(A) Employees not being available
(B) A business being closed for the day
(C) An item not being in stock
(D) An order being delayed

46. Why will the woman ask her neighbor to help her?

(A) She has lost her house keys.
(B) She has forgotten to turn off the water.
(C) She wants an introduction to a client.
(D) She cannot be home at a certain time.

47. What problem does the man mention?

(A) A vehicle is unsuitable.
(B) An office closed for the day.
(C) A client is late.
(D) An extra charge will be added.

48. What does the woman suggest?

(A) Paying a deposit
(B) Waiting for a while
(C) Saving an invoice
(D) Speaking with a customer

49. What does the man say he will do?

(A) Take a cab
(B) Return later on
(C) Make a complaint
(D) Visit another business

50. What is the reason for the man's call?

(A) To make a job offer
(B) To promote a Web site
(C) To change a work shift
(D) To describe a compensation package

51. What does the woman ask about?

(A) A repayment
(B) A Web site address
(C) A start date
(D) A customer's name

52. According to the man, what will happen today?

(A) An interview will take place.
(B) A meeting will be arranged.
(C) A Web site will be down.
(D) A document will be mailed.

GO ON TO THE NEXT PAGE

53. What are the speakers discussing?

(A) A magazine cover
(B) A television advertisement
(C) A newsletter
(D) A product design

54. What is the problem?

(A) Some text is difficult to read.
(B) A page will not print.
(C) Some pictures are too dark.
(D) There is a factual error.

55. What will the man do to fix the problem?

(A) Purchase some better ink
(B) Change some printer settings
(C) Hire a photographer
(D) Use some software

56. What are the speakers each going to do in the afternoon?

(A) Attend a conference
(B) Give a presentation
(C) Install a new projector
(D) Go to a meeting

57. What does the woman agree to do?

(A) Contact a management committee
(B) Purchase another laptop
(C) Leave some equipment turned on
(D) Confirm a reservation

58. What does the woman give the man?

(A) A conference schedule
(B) A list of participants
(C) A meeting agenda
(D) A door key

59. Where most likely are the speakers?

(A) In a high school
(B) In a store
(C) At a pharmaceutical firm
(D) At a factory

60. What does the man say will happen this afternoon?

(A) A Web site will be launched.
(B) Inventory will be counted.
(C) A shipment will be delivered.
(D) Tickets will be sold.

61. What will the woman most likely do next?

(A) Show a customer some merchandise
(B) Restock a store
(C) Watch a presentation
(D) Measure a display unit

62. What does the man want to do?

(A) Setting up a display
(B) Compiling a list of customers
(C) Replacing a damaged product
(D) Discounting items for young people

63. What does the woman say about her customers?

(A) They prefer to buy things with coupons.
(B) They want later store hours.
(C) They are interested in products for children.
(D) They respond well to promotions.

64. According to the man, what is unique about the products?

(A) They are locally produced.
(B) They are for professionals.
(C) They are recycled.
(D) They are natural.

GO ON TO THE NEXT PAGE

65. What are the speakers discussing?

(A) A divisional budget
(B) A user manual
(C) A product design
(D) A promotional campaign

66. What does the man need to do?

(A) Attend a product demonstration
(B) Change a proposal
(C) Reschedule an appointment
(D) Arrange for an examination

67. What does the woman request?

(A) The name of a co-worker
(B) The size of a group
(C) Product plans
(D) Pricing information

68. Where does this conversation probably take place?

(A) In an arts theater
(B) In a library
(C) In a book store
(D) In a gallery

69. What does the man say he is studying?

(A) Performing arts
(B) Library science
(C) Global marketing
(D) Foreign languages

70. What does the woman recommend?

(A) Some international movies
(B) Some guided tours
(C) Some language courses
(D) A lecture series

PART 3

問題演習編 解答・解説

p.138～の問題の正解および解説が掲載されています。また、問題の難易度が★の数で示されています（★★★★★が最高難度です）。間違えた問題は、解説をしっかりと読み、「ストラテジー編」とあわせて復習してください。

TEST 1 ……………………………………………………………… 164

TEST 2 ……………………………………………………………… 184

TEST 3 ……………………………………………………………… 204

TEST 4 ……………………………………………………………… 224

PART 3 問題演習　正解一覧

● TEST 1

No.	正解	No.	正解	No.	正解	No.	正解	No.	正解
41	B	47	B	53	C	59	C	65	C
42	A	48	A	54	B	60	B	66	D
43	D	49	B	55	A	61	D	67	B
44	B	50	C	56	D	62	D	68	C
45	C	51	D	57	B	63	A	69	C
46	D	52	A	58	A	64	C	70	A

● TEST 2

No.	正解	No.	正解	No.	正解	No.	正解	No.	正解
41	B	47	D	53	D	59	C	65	B
42	D	48	D	54	B	60	B	66	C
43	B	49	B	55	C	61	B	67	A
44	B	50	D	56	C	62	C	68	A
45	C	51	C	57	A	63	C	69	B
46	A	52	D	58	D	64	D	70	B

◆ PART 3 問題演習編 解答・解説

● TEST 3

No.	正解	No.	正解	No.	正解	No.	正解	No.	正解
41	A	47	A	53	B	59	B	65	C
42	C	48	D	54	D	60	C	66	D
43	B	49	C	55	A	61	D	67	A
44	C	50	A	56	C	62	C	68	C
45	B	51	B	57	A	63	A	69	A
46	D	52	D	58	B	64	B	70	B

● TEST 4

No.	正解	No.	正解	No.	正解	No.	正解	No.	正解
41	B	47	A	53	C	59	B	65	A
42	A	48	B	54	C	60	C	66	B
43	C	49	D	55	D	61	A	67	D
44	C	50	A	56	B	62	A	68	B
45	A	51	A	57	C	63	C	69	D
46	D	52	D	58	D	64	D	70	A

PART 3 TEST 1 解答・解説

トランスクリプション

Questions 41- 43 refer to the following conversation.

M: ㊶I'm in room 306 and I was wondering if you'd be able to suggest a good restaurant close to the hotel. Somewhere local that I can get to without using transportation would be good.
W: ㊷Well, there isn't anythiing nearby. However, there is a good Chinese takeout place that delivers. You could order from them.
M: Oh, that sounds good. Do you happen to have their phone number?
W: Of course. It's 555-8922. ㊸I believe they offer a special discount for our guests if you have one of their special vouchers. I have some here so I'll get one sent up to your room right away.

設問と訳

41. Where are the speakers?

(A) At a store
(B) At a hotel
(C) In a museum
(D) In an apartment building

話し手はどこにいますか。

(A) 商店
(B) ホテル
(C) 博物館
(D) アパート

42. What does the woman recommend the man do?

(A) Have food delivered
(B) Visit a gift shop
(C) Fill out a form
(D) Drive to a restaurant

女性は、男性に何をするように勧めていますか。

(A) 食べ物を配達してもらう
(B) ギフトショップを訪ねる
(C) 用紙に必要事項を書き込む
(D) レストランまで車で行く

43. What does the woman say she will give the man?

(A) A takeout menu
(B) A local map
(C) A phone card
(D) A discount coupon

女性は、男性に何を渡すと言っていますか。

(A) 持ち帰り料理のメニュー
(B) 周辺地図
(C) テレホンカード
(D) 割引クーポン

PART 3　TEST 1　解答・解説

会話の訳と語注

問題 41-43 は、次の会話に関する問題です。

男性：私は 306 号室に泊まっているのですが、このホテルの近くにあるよいレストランを教えてもらえませんか。どこかこの近所で、乗り物に乗らずに行けるところがいいんですが。
女性：そうですねえ、この近くには 1 軒もありませんね。でも、おいしい中華料理を持ち帰れる店があって、出前もしてくれます。そこに注文することができますよ。
男性：ああ、それはいいですね。もしかして、そこの電話番号はわかりますか。
女性：ええ、もちろん。555-8922 です。このホテルのお客様は、その店の特別クーポンをお持ちなら、特別割引をしてくれるはずです。ここにいくつかクーポンがありますから、今すぐお客様のお部屋まで届けさせましょう。

【語注】suggest　勧める、提案する／close to　〜に近い／local　近所の、地元の／transportation　交通機関／nearby　近くの／takeout　料理の持ち帰りができる店、持ち帰り料理／deliver　配達する／order　注文する／offer　提供する／special discount　特別割引／voucher　割引券、クーポン券／museum　博物館／apartment　アパート／recommend　勧める／gift shop　ギフトショップ／fill out a form　用紙に必要事項を書き込む／coupon　クーポン、割引券

解説

41. 正解 (B)　■全体を問う問題　　❓難度 ★★☆☆☆

設問のキーワードは Where と speakers です。話し手がどこにいるのかを聞いています。冒頭 ㊶ ではまず I'm in room 306「306 号室にいる」と始まりますが、この情報だけではホテルなのかアパートなのかはっきりしません。306 号室の人が「誰に」「どういったこと」を話しているのか、会話の展開も意識して聞きましょう。I was wondering if... が、「〜してもらえないでしょうか」という依頼表現だと知っていれば、依頼の内容に集中して聞くことができますね。男性の要求は「ホテルのそばのレストランを紹介してほしい」ということですので、選択肢 (B) が正解となります。

42. 正解 (A)　■個別情報を問う問題　　❓難度 ★★★☆☆

男性の要求が「レストランを紹介してほしい」であることを理解している必要があります。その上で、「女性は男性に何を勧めているか」を聞いているので、女性のセリフに注意すると ㊷ there isn't anything nearby. とあります。この anything は前の内容より restaurant を指しており、「近くにレストランはない」ことを意味しています。However... の部分で there is a good Chinese takeout place that delivers. と代替案を提示し、You could order from them. と続きます。この内容と一致するのは選択肢 (A) の「食べ物を配達してもらう」だと判断できます。

43. 正解 (D)　■個別情報を問う問題　　❓難度 ★★★★★

設問には「女性が男性に渡すものは何か」とありますので、渡す行為と渡すものに注目します。女性のセリフ ㊸ に I have some here so I'll get one... とありますが、この代名詞 some と one の指している内容が大きなポイントです。これを導き出すにはそれより前に何を言っているかを聞き取れていないといけません。They offer a special discount「割引をしてくれる」、if you have one of their special vouchers「特別クーポンを持っていれば」と言っていますから、some が指している内容が特別クーポンであることがわかります。よって正解は (D) です。vouchers と coupon の言い換えに注意しましょう。

PART 3 TEST 1 解答・解説

トランスクリプション

Questions 44- 46 refer to the following conversation.

W: Good morning. ㊹This is Alice Kim calling from Human Resources at King and Associates. I'm responding to your message in which you said you'd like to ask a question relating to your job interview next Monday. What can I do for you?

M: Thank you for calling me back. ㊺I received confirmation by e-mail that my interview is scheduled for 11 o'clock, but I was previously told that it would start at 2 o'clock. Could you tell me which is correct so that I don't come at the wrong time?

W: ㊻Actually, both are correct. The interview process consists of two interviews. Your first interview is at 11 o'clock with Human Resources, and then you'll be meeting the firm's manager at 2 o'clock.

設問と訳

44. Who most likely is the man?

(A) A former client
(B) A job applicant
(C) A call center worker
(D) A magazine journalist

男性は、どのような人物である可能性が最も高いですか。

(A) 以前の顧客
(B) 求職者
(C) コールセンターの従業員
(D) 雑誌記者

45. What does the man inquire about?

(A) Forms he will need to fill out
(B) A product identifier
(C) Information in an e-mail
(D) The contact details of a manager

男性は何について問い合わせていますか。

(A) 記入する必要のある用紙
(B) ある製品の識別コード
(C) Eメールに書いてあった情報
(D) ある部長の詳しい連絡先

46. According to the woman, what will happen on Monday?

(A) Documents will be reviewed.
(B) Orders will be dispatched.
(C) Training will be given.
(D) Two interviews will be conducted.

女性によると、月曜日に何が行われるのですか。

(A) 書類が見直される。
(B) 注文の品が発送される。
(C) 研修が行われる。
(D) ふたつの面接が実施される。

会話の訳と語注

問題44-46は、次の会話に関する問題です。

女性：おはようございます。キング・アンド・アソシエイツ社人事部のアリス・キムと申します。来週月曜日の面接についてご質問があるというあなたのメッセージを聞いて、折り返し電話を差し上げています。どのようなご質問でしょうか。
男性：お返事をいただき、ありがとうございます。私の面接が11時に予定されているという確認のEメールを受け取ったのですが、以前に2時から始まると言われたのです。私が間違った時間に到着しないように、どちらが正しいのか教えてもらえますか。
女性：実は両方とも正しいのです。面接全体は、ふたつの面接からなるのです。最初の面接は11時に人事部と行い、そのあと2時に当社の部長たちと会っていただくことになっています。

【語注】**human resources** 人事部／**respond to** ～に応答する／**relating to** ～について／**job interview** 就職面接／**confirmation** 確認／**previously** 以前に／**correct** 正しい／**actually** 実は／**process** 一連の行為／**consist of** ～で構成される／**firm** 会社／**former** 前の／**client** 顧客／**job applicant** 求職者／**inquire** 問い合わせる／**fill out a form** 用紙に（必要事項を）記入する／**product identifier** 製品の識別コード／**contact details**【通例複数形】詳しい連絡先／**according to** ～によると、／**review** 見直す／**order** 注文（の品）／**dispatch** （急いで）発送する／**training** 研修、教育／**conduct** 実施する

解説

44. 正解 (B) ！全体を問う問題　　難度 ★★★☆☆

男性についての設問なので、男性のセリフにヒントがありそうですが、実は最初の女性のセリフにヒントがあります。㊹This is Alice Kim from Human Resourcesとありますから、女性は人事部の人間であることがわかります。続けて冒頭のThis is... の出だし、responding（返事をする）、message（留守電）のキーワードより電話の会話だとわかります。そして、question relating to your job interview next Monday「来週月曜日の面接についてご質問」の部分から、男性が面接に関する質問をした、つまり男性は求職者であるとわかります。これをもとに(B)だと判断します。

---

45. 正解 (C) ！個別情報を問う問題　　難度 ★★★☆☆

男性が質問している理由をくみ取る問題です。㊺I received confirmation by e-mail...「面接は11時に予定されているという確認メールを受け取った」とあります。しかし、but I was previously told以下で「以前に2時に始まるとも言われた」と言っており、受け取ったメールの内容と以前伝えられた内容が違う、ということがポイントとなります。よって、「メールの情報について確認したい」が質問の理由となり、これに合致する(C)を正解とします。

---

46. 正解 (D) ！個別情報を問う問題　　難度 ★★★☆☆

設問はAccording to... で始まりますが、おさえるべきキーワードはいつもと同じです。今回はとくにMondayに注意です。㊹ですでに月曜日には面接があること、㊺で面接の時間が11時と2時と知らされていること、がつかめていれば㊻の女性のセリフにヒントがあるだろうと予測できます。すると、both are correct「どちらも正しい」に続いて、11時と2時とに2回面接があることが説明されます。よって(D)を選びます。「一日に2回も面接があるはずがない」といったような常識で判断しようとすると間違うことがTOEICにはよくありますので注意しましょう。

PART 3 TEST 1 解答・解説

トランスクリプション

Questions 47-49 refer to the following conversation.

W: ㊼Hello, and welcome to Jameson's World of Cars. Are you in the market for a used vehicle or a new one?
M: I'm looking for a new one. ㊽These days I'm spending so much on fuel; I'd really like to get a hybrid that uses electricity as well as gasoline. Do you have any here?
W: ㊾Not at this location, but we have a large range at our location down on Route 23. That's about 15 miles south from here. With the models we have there, you would dramatically reduce your spending on gas.
M: ㊾On Route 23? Do you have the precise address? I'm not sure exactly where it is, but I'd like to go there today.

設問と訳

47. Where is the conversation happening?

(A) At a tourist information office
(B) At a car dealership
(C) At a vehicle repair shop
(D) At a clothing store

この会話は、どこで行われていますか。

(A) 観光案内所で
(B) 車の販売代理店で
(C) 車の修理工場で
(D) 衣料品店で

48. What is the man worried about?

(A) He spends too much on fuel.
(B) His tire is losing air.
(C) He is unable to find a size that fits.
(D) He is lost.

男性は何を心配していますか。

(A) 燃料代がかかりすぎる。
(B) タイヤの空気が漏れている。
(C) 自分に合うサイズのものが見つからない。
(D) 道に迷っている。

49. What will the woman most likely do next?

(A) Call a repair worker
(B) Provide an address
(C) Contact another branch
(D) Place an order

女性は、次に何をする可能性が最も高いでしょうか。

(A) 修理工に電話をかける
(B) 住所を教える
(C) 別の支店に連絡する
(D) 注文をする

PART 3 TEST 1 解答・解説

会話の訳と語注

問題 47-49 は、次の会話に関する問題です。

女性：いらっしゃいませ。ジェイムソンズ・ワールド・オブ・カーズにようこそ。お買い求めになりたいのは中古車でしょうか、それとも新車でしょうか。

男性：私は、新車を探しているんです。最近は、燃料代がばかにならなくてね。ガソリンだけでなく、電力も使うハイブリッドカーをぜひ買いたいと思っているのです。ここにもそうした車が置いてありますか？

女性：この店にはありませんが、ルート 23 号線まで行ったところにある弊社の店にはいろいろと取り揃えています。ここから南に 15 マイルほどの距離です。そこに置いてあるモデルだと、ガソリン代を劇的に節約できるでしょう。

男性：ルート 23 号線？ 正確な所在地がわかりますか。それがどこなのかよく知らないのですが、今日にもそこに行ってみたいと思います。

【語注】in the market for ～を買いたいと思って／used vehicle 中古車／these days 最近は／fuel 燃料／hybrid ハイブリッド（車）／electricity 電気／as well as ～も／location 店舗、場所／range 在庫商品、範囲／dramatically 劇的に／reduce 減らす／precise 正確な／car dealership 自動車販売代理店／repair shop 修理工場／fit （サイズが）合う／repair worker 修理工／provide 提供する／contact 連絡する／branch 支店／place an order 注文をする

解説

47. 正解 (B) ❗全体を問う問題 　　　　　　　　　　　　　　　❓難度 ★★★☆☆

設問は会話が行われている場所が問われています。女性のセリフ㊼ welcome to Jameson's World of Cars から、車関連の場所だろうと推測できます。そして女性が店員だということも同時に読み取れます。女性は Are you in the market for a used vehicle or a new one?「中古車と新車のどちらをお探しですか？」と応対していますので、車を買う場所ですね。正解は (B) です。be in the market for... は「～を買おうと思っている」という定型表現です。なお、vehicle は car と同義語で、TOEIC には必須の単語です。しかし、それにつられて (C) を選ばないよう注意しましょう。

---

48. 正解 (A) ❗個別情報を問う問題 　　　　　　　　　　　　　❓難度 ★★★☆☆

設問 What is the man worried about? を読むと、思わず worry の単語を手掛かりに回答を探してしまいがちですが、この worry は「心配していること」より「気になっていること」ととらえるべきです。男性が気にしていることは ㊽ These days I'm spending so much on fuel... にあるように、「最近燃料費がかさんできている」ことですので、つまり「燃料費が高い」ということです。正解は (A) です。fuel「燃料」はぜひ覚えておいてください。

---

49. 正解 (B) ❗個別情報を問う問題 　　　　　　　　　　　　　❓難度 ★★★☆☆

男性が求めている車種について女性は Not at this location, but we have a large range at our location down on Route 23.「ここにはないが、ルート 23 号線沿いの店に品揃えのよい店舗がある」と別の場所を示唆しています。これを受けて男性は ㊾ On Route 23? Do you have the precise address?「23 号線？　正確な場所がわかりますか？」と聞いています。もし precise の意味がわからなくても、会話の流れから正解を選ぶことはそんなに難しくはないでしょう。女性は男性に、その場所（address）に関する情報を提供すると考えられます。よって (B) が正解となります。

169

PART 3 TEST 1 解答・解説

トランスクリプション

Questions 50-52 refer to the following conversation.

M: Hello, Christine. ❺⓿Did you notice the article on start-up companies in the *Business Gazette*? We are featured as one of the fastest-expanding companies in the area.

W: Yes, I saw it yesterday. ❺❶I've been meaning to ask you to add a link to the article on our Web site. We should highlight that kind of positive media coverage, as it will help our recruitment campaign attract new employees.

M: Sure, it'll certainly make a good impression. ❺❷I'll add a link right away.

設問と訳

50. What has been written about the company?

(A) It has moved to a different location.
(B) It is planning an event.
(C) It is growing quickly.
(D) It won a prize.

この会社について、どのようなことが書かれたのですか。

(A) 別の場所に移転した。
(B) イベントを企画している。
(C) 急速に成長している。
(D) 賞を獲得した。

51. What do the speakers say the news article will help to do?

(A) Attract more businesses
(B) Improve community relations
(C) Promote financial education
(D) Increase job applications

ふたりは、ニュースの記事が何をするのに役に立つと言っていますか。

(A) さらに企業を呼び寄せる
(B) 地域社会との関係を改善する
(C) お金に関する教育を促進する
(D) 求人への応募を増やす

52. What will the man probably do next?

(A) Update a Web site
(B) Issue a press statement
(C) Change a work order
(D) Pay for an advertisement

男性はおそらく次に何をするでしょうか。

(A) ウェブサイトを更新する
(B) マスコミに声明を発表する
(C) 作業の手順を変更する
(D) 広告費を支払う

PART 3 TEST 1 解答・解説

会話の訳と語注

問題 50-52 は、次の会話に関する問題です。

男性：もしもし、クリスティン。『ビジネス・ガゼット』に出ている新興企業についての記事を見たかい？ うちの会社がこの地域で最も急成長している会社のひとつとして大きく取り上げられているよ。

女性：ええ、昨日見たわ。うちの会社のウェブサイトに、この記事へのリンクを追加するようにあなたに頼もうと思っていたのよ。こういう好意的なマスコミ報道は強くアピールするべきだわ。なぜって、それが新入社員を引き付けるための人材募集キャンペーンに役立つでしょうから。

男性：そうだね、きっといい印象を与えるだろう。今すぐリンクを追加するよ。

【語注】article 記事／start-up company 新興企業／feature 大きく取り上げる／expand 拡大する／highlight 強調する／positive 好意的な、肯定的な／media coverage マスコミ報道／recruitment 人材募集、求人／campaign キャンペーン、宣伝／attract 引き付ける／employee 社員／certainly きっと、明らかに／make a good impression よい印象を与える／location 場所、位置／win a prize 賞を受ける／improve 向上させる／community 地域社会、コミュニティ／relation 関係／promote 促進する／financial education お金教育／job application 求人への応募／issue 発表する／press statement マスコミへの声明／order 手順／advertisement 広告

解説

50. 正解 (C) 　全体を問う問題　　　難度 ★★★★☆

「会社について書かれていること」が問いの内容です。❺⓿で Did you notice the article「記事を見た？」とあります。We are featured as... は「（記事として）取り上げられている、紹介されている」という意味です。出版や番組関連の話題では頻繁に登場します。どのように紹介されているかというと、one of the fastest-expanding companies in the area.「地域で最も急成長している会社のひとつ」ですので、(C) が正解となります。選択肢では fastest-expanding が growing quickly と言い換えられています。

51. 正解 (D) 　個別情報を問う問題　　　難度 ★★★★☆

ニュースの記事が何に役立つのかは、❺❶の女性のセリフにあります。女性は男性に ask you to add a link to the article on our Web site「会社のウェブに記事のリンクを貼ってほしい」と言い、その理由として as it will help our recruitment campaign to attract new employees「新入社員を引き寄せる人材募集キャンペーンに役立つ」と言っています。人材募集に役立つ→求人への応募が増えることになるので、(D) が正解です。as は「〜として」という意味のほかに、理由を述べたり、前後の文章を補足説明する役割がありますので、前後との関係を意識して聞き取りましょう。

52. 正解 (A) 　個別情報を問う問題　　　難度 ★★☆☆☆

男性の次の行動が問われている問題です。男性のセリフ、❺❷に注意します。I'll add a link right away.「すぐにリンクを追加します」と先の❺❶の女性のセリフを受けて返答しています。選択肢を確認すると (A) の update a Web site「サイトを更新する」がそれにあたります。add a link と update が言い換えとなっていますが、話題の中心がウェブサイトの更新だと理解できていれば比較的わかりやすい問題だと言えます。

PART 3 TEST 1 解答・解説

トランスクリプション

Questions 53-55 refer to the following conversation.

W: Look how busy the restaurant is! Isn't it fantastic?! It's never been so busy.
M: I know! ㊼It's too bad though that we don't have additional space to seat more customers. What do you think about adding a patio at the side of the building? Then we could have some seating outside.
W: ㊼It's a nice idea, but I'm sure it'd cost a fortune to have that kind of remodeling work done.
M: That's true, but with the increased business, it will pay for itself and then some. ㊼I'm meeting some contractors this afternoon to get some estimates. We'll see how much they could do it for.

設問と訳

53. What are the speakers talking about?

(A) Opening a new business
(B) Hosting an outdoor event
(C) Expanding a dining area
(D) Ordering cooking ingredients

ふたりは何について話をしていますか。

(A) 新しい事業を始めること
(B) 野外イベントを主催すること
(C) 食事をするスペースを広げること
(D) 料理の材料を注文すること

54. What problem does the woman highlight?

(A) Weather problems
(B) Construction costs
(C) Canceled reservations
(D) Ingredient availability

女性はどのような問題を強調していますか。

(A) 天気の問題
(B) 工事の費用
(C) キャンセルされた予約
(D) 材料が手に入る可能性

55. What will the man do in the afternoon?

(A) Obtain some estimates
(B) Promote an event
(C) Meet with staff
(D) Visit a wholesaler

男性は午後に何をするのでしょうか。

(A) 見積もりを手に入れる
(B) イベントを宣伝する
(C) 従業員と打ち合わせをする
(D) 卸売業者を訪問する

PART 3 TEST 1 解答・解説

会話の訳と語注

問題 53-55 は、次の会話に関する問題です。

女性：まあ、このレストランの混雑を見て！　すごいじゃない？　今までこんなに混み合ったことってなかったわ。

男性：本当だね。でも残念なことに、これ以上のお客を入れるスペースはもうないんだ。この建物の横にテラスを付け加えるのはどうだい？　そうすれば、外にもいくつか席が作れるよ。

女性：それはいい考えだけど、そういう改装工事をしてもらうと、きっと大金ががかかるはずよ。

男性：それはそうだけど、売上が増えればすぐに元が取れて、さらに利益が出るだろう。今日の午後、請負業者に会って見積もりをもらうことになっているんだ。いくらで工事ができるかわかるだろう。

【語注】fantastic　すごい、素晴らしい／though　でも、だが／additional　追加の／patio　テラス／seating　座席／cost　（費用が）かかる／fortune　大金／increase　増加する／pay for itself　（費やしたお金の）元が取れる／contractor　請負業者／estimate　見積もり（もる）／host　主催する／expand　広げる／dining area　食事をするスペース／order　注文する／cooking ingredient　料理の材料／highlight　強調する／construction　工事、建設／reservation　予約／availability　入手可能性／obtain　手に入れる／promote　宣伝する／staff　従業員／wholesaler　卸売業者

解説

53. 正解 (C)　❗全体を問う問題　　　　　　　　　　　　　　　　❓難度 ★★★★☆

会話の冒頭のセリフから「レストランの話題＝話者はレストランの顧客」と推測してしまう人が多いかもしれません。しかし、男性のセリフ❺❸ ...we don't have additional space to seat more customers.「これ以上お客さんが座るスペースがない」から、話者は顧客ではなくレストランの経営者だと理解する必要があります。男性は what do you think about adding a patio「テラスを加えることをどう思う？」と言っていますので、「場所を広げる」という内容に合致する (C) が正解です。patio「テラス」は日本語とはずいぶん違う響きで、聞きなれない単語ですが覚えておきましょう。

54. 正解 (B)　❗個別情報を問う問題　　　　　　　　　　　　　　　❓難度 ★★★★☆

設問の highlight は日本語でも「ハイライトする」などの意味で使われていますので、問いの内容は「女性が強調している問題は何か」だとわかりますね。女性のセリフ❺❹では、It's a nice idea, but と「いい案だと思うんだけれど」と but 以下で問題の内容を伝えています。it'd cost a fortune「大金がかかる」と言っていますね。fortune は「運、運命」のほかに「大金」という意味があり、特に cost a fortune は定番表現としてよく使われます。テラスの増設にかかる費用を具体的に表現している選択肢 (B) が正解となります。

55. 正解 (A)　❗個別情報を問う問題　　　　　　　　　　　　　　　❓難度 ★★★☆☆

具体的な日時「午後」に関する情報に注意を払います。❺❺ I'm meeting some contractors this afternoon to get some estimates「今日の午後請負業者に会って見積もりをもらう」とありますね。contractor が「請負業者、建設業者」は難易度の高い単語ですので、この単語がわからなくてもその先の to get some estimates「見積もりを得るために」がしっかり理解できれば正解 (A) を選ぶことができるでしょう。見積もりを出してくれるのは contractor であって、staff ではないので (C) は適切ではありません。obtain「入手する」は get と同義語ですのでぜひ覚えてください。

173

PART 3 TEST 1 解答・解説

トランスクリプション

Questions 56-58 refer to the following conversation.

W: Hi, Kenji. ㊎You know how to edit digital photos, don't you? I need to ask you for a favor. I've got a photo that I want to use for my Web site, but there are some people in the background who I don't want to appear. Do you think they could be removed?

M: ㊐It should be possible, though it does depend on the photo. Could you send it to me and I'll take a look?

W: Of course, great! Thank you so much. I'll send it over to you right now. ㊑Normally I'd ask my coworker to help me out with things like this, but he's working on a presentation at the moment and doesn't have the time.

設問と訳

56. Why is the woman calling?

(A) To give some advice
(B) To order an item
(C) To confirm a price
(D) To ask for assistance

女性は、なぜ電話しているのですか。

(A) アドバイスを与えるため
(B) 品物を注文するため
(C) 価格を確認するため
(D) 手助けを求めるため

57. What does the man ask the woman to do?

(A) Arrange a photo shoot
(B) Send a photograph
(C) Edit a document
(D) Give a presentation

男性は、女性に何をするように頼んでいますか。

(A) 写真撮影の手配をする
(B) 写真を送信する
(C) 文書を編集する
(D) プレゼンテーションをする

58. What does the woman say about her coworker?

(A) He is busy.
(B) He was promoted.
(C) He knows a photographer.
(D) He arranged a meeting.

女性は自分の同僚について何と言っていますか。

(A) 彼は忙しい。
(B) 彼は昇進した。
(C) 彼はカメラマンを知っている。
(D) 彼は会議を準備した。

PART 3 TEST 1 解答・解説

会話の訳と語注

問題 56-58 は、次の会話に関する問題です。

女性：ねえ、ケンジ。デジタル写真の編集の仕方を知っているわよね。あなたにお願いがあるの。私のウェブサイトに使いたい写真があるんだけど、写ってほしくない人たちが背景に写っているのよ。その人たちを写真から消すことができると思う？

男性：できるはずだよ。どんな写真かによるけれどもね。僕に送ってくれたら見てあげるよ。

女性：ええぜひ。よかったわ。どうもありがとう。今すぐ送るわね。普段なら、こういうことは私の同僚に手助けを頼むのだけれど、彼は今、プレゼンテーションの準備をしていて時間がないのよ。

【語注】edit 編集する／ask 人 for a favor ～に頼みごとをする／background 背景／appear 現れる／remove 削除する／depend on ～次第である／normally 普段は、普通は／coworker 同僚／presentation プレゼンテーション／at the moment 今は／advice アドバイス／order 注文する／item 商品／confirm 確認する／ask for ～を求める／assistance 手助け／arrange 手配する、準備する／photo shoot 写真撮影／photograph 写真／document 文書、書類／coworker 同僚／promote 昇進させる／photographer カメラマン／meeting 会議

解説

56. 正解 (D) 全体を問う問題　難度 ★★★☆☆

女性は、❺❻で男性に「写真のデジタル編集に詳しいのよね？」と確認をしてから、I need to ask you for a favor.「お願いがあるの」と言っています。ask someone for a favor は依頼の定番表現です。具体的には写真の背景に写っている人を消すことができるかどうかを男性に聞いています。つまり、女性は男性に自分のわからないことを教えてほしいと思っているわけです。正解は (D)「手助けを求める」です。(A) To give some advice は「女性が男性にアドバイスする」という意味になってしまうので、うっかり選ばないように注意しましょう。

57. 正解 (B) 個別情報を問う問題　難度 ★★★☆☆

この設問では女性が求めているものではなく、「男性が求めていること」が問われます。先の❺❻を受けての男性のセリフに具体的な行動が情報としてあると推測できますね。❺❼に Could you send it to me and I'll take a look?「送ってくれれば見ますよ」とあります。この it は the photo を指しています。つまり、「写真を送ってくれる？」ということです。これに相当するのは (B) しかありません。

58. 正解 (A) 個別情報を問う問題　難度 ★★★☆☆

女性が同僚（coworker）について触れているのは会話の後半です。写真の編集について、❺❽ Normally I'd ask my coworker to help me out「普段は同僚にお願いする」と言ってますが、but 以下で今回はお願いできない理由を伝えています。he's working on a presentation at the moment and doesn't have the time.「彼は今プレゼンの準備で時間がない」とのことです。これに相当する正解は (A) です。don't have the time「時間がない」つまり busy「忙しい」が意味としてすぐに理解できるようにしましょう。

175

PART 3 TEST 1 解答・解説

トランスクリプション

Questions 59-61 refer to the following conversation.

M: ⑲Could we touch base on the new advertising campaign for Express Coffee's new machine? As you know, Express Coffee is a really important client, so I want to make sure we get everything done right.
W: Sure. ⑳They've signed off on all our plans so far except the background color for the billboard ads. They don't want us to use the bright yellow color. We're going to suggest a lighter shade of yellow. We have the print shop producing some high-resolution samples right now. I'm expecting them today.
M: OK, it sounds like everything is under control. ㉑Unfortunately, I just heard that there are some problems in the print shop. Some of their equipment has been sent out for repair, so we won't have those samples for a few days.

設問と訳

59. Where do the speakers probably work?

(A) At a print shop
(B) At an appliance store
(C) At an advertising agency
(D) At an educational institute

ふたりは、おそらくどこで働いているのでしょうか。

(A) 印刷所で
(B) 家電販売店で
(C) 広告代理店で
(D) 教育機関で

60. What does the client want the speakers to do?

(A) Send a document
(B) Change the color
(C) Repair a printer
(D) Give a discount

クライアントは、ふたりにどうすることを望んでいますか。

(A) 文書を送信する
(B) 色を変更する
(C) プリンターを修理する
(D) 料金を割り引く

61. Why will a task take longer than expected?

(A) A senior manager is away.
(B) A document has been lost.
(C) Some designs are delayed.
(D) Some machines are being repaired.

なぜ、ある作業に予想よりも長い時間かかるのでしょうか。

(A) 部長が不在である。
(B) 書類を紛失した。
(C) 一部のデザインが遅れている。
(D) 一部の機器が修理中である。

176

PART 3 TEST 1 解答・解説

会話の訳と語注

問題 59-61 は、次の会話に関する問題です。

男性：エキスプレス・コーヒー社の新機種の新しい広告キャンペーンについて、現状を確認させてもらえるかな。エキスプレス・コーヒー社はとても大事なクライアントだから、すべてに漏れがないようにしたいんだ。

女性：もちろんです。これまでのところ、広告看板の背景色以外は、私たちの計画に同意してくれています。先方は、派手な黄色は使ってほしくないんです。私たちは、もう少し薄い黄色を提案することにしています。ちょうど今、印刷所で高解像度のサンプルを印刷してもらっているところです。それは、今日中に完成するはずです。

男性：よし、すべて順調なようだね。でも、残念なことに、その印刷所でいくつか問題が起きていると聞いたよ。何かの装置が修理に出されたから、そのサンプルは、あと数日は手に入らないだろうね。

【語注】touch base （現状を）確認する、協議する／ advertising 広告／ client クライアント、顧客／ make sure 確実に〜する／ sign off （署名をして）〜を承認する／ billboard （屋外の大きな）看板／ ad 広告／ light （色が）薄い／ shade 色調／ print shop 印刷所／ high-resolution 高解像度（の）／ under control うまく処理して、管理下にある／ equipment 装置／ repair 修理（する）／ appliance store 家電販売店／ advertising agency 広告代理店／ educational institute 教育機関／ discount 割引、割り引く／ senior manager 部長、上級支配人

解説

59. 正解 (C) 全体を問う問題　　難度 ★★★★☆

この会話は全体的に難易度が高いと言えます。1問目の設問では、話し手の職場が問われていますが、会話全体の流れを理解できないと確信を持って正解が選べません。❺❾ Could we touch base on the new advertising campaign にある touch base「現状を確認する」はやや難しい表現です。しかし、それがわからなくても advertising を聞き取ることができれば広告関連の話だと予測が立つでしょう。その後の会話の全体的な展開から、コーヒーショップがクライアントであり、広告看板について相談していることから (C) At an advertising agency が最も近い正解となります。

60. 正解 (B) 個別情報を問う問題　　難度 ★★★☆☆

❻⓿ They've signed off all our plans「彼らは私たちの計画に同意してくれている」とありますが、それに続いて except the background color for the billboard ads.「広告看板の背景色以外は」という情報が追加されています。signed off「〜を承認する」がわからないと、その後の except に続く内容がスムーズに理解できないかもしれません。ですが、They don't want us to use the bright yellow color.「派手な黄色は使ってほしくない」という詳細な情報が強調されていますので、色に関しての注文がなされていると判断できますね。正解は (B) です。

61. 正解 (D) 個別情報を問う問題　　難度 ★★★★☆

設問はなぜあるタスクが予想よりも長い時間がかかるのかと聞いていますので、タスクの内容が理解できていないといけません。タスクの内容は女性のセリフ❻⓿から、顧客にサンプルを提示することだとわかります。しかしこのタスクに関して、男性のセリフは❻❶ Unfortunately, I just heard that there are some problems「残念なことに問題がある」言います。unfortunately は「残念なことに、不運にも」という意味の頻出語です。そして Some of their equipment has been sent out for repair「何かの装置が修理に出された」、結果として「時間がかかる」となります。この repair を含む (D) が正解です。equipment と machine の言い換えも確認しておきましょう。

177

PART 3 TEST 1 解答・解説

トランスクリプション

Questions 62- 64 refer to the following conversation.

M: Hi, Joanna. ㊷I was passing by the newsstand on Jacobs Avenue at lunchtime so I picked up the copy of *Electronics Monthly* that you asked for.
W: Oh, thanks! ㊷Could you wait a second? I will give you the Yoon file while you're here. I'll just go and get it from Cecilia's desk. By the way, how much do I owe you for the magazine? Four dollars, isn't it?
M: Actually, it's now four fifty. It just went up, according to the guy at the newsstand.
W: Hmm. ㊷I really should get a yearly subscription. It must be cheaper than buying it every month from the newsstand. I'll have to take a look at their Web site.

設問と訳

62. What did the man do at lunchtime?

(A) He sent an order.
(B) He wrote an e-mail.
(C) He met a customer.
(D) He bought a magazine.

男性は昼休みに何をしましたか。

(A) 注文を出した。
(B) Eメールを書いた。
(C) 顧客と会った。
(D) 雑誌を買った。

63. Why does the woman want the man to wait?

(A) To give him a file
(B) To get his views
(C) To introduce him to a coworker
(D) To buy him a coffee

女性は、なぜ男性に待っていてほしいのですか。

(A) 彼にファイルを渡すため
(B) 彼の意見を聞くため
(C) 彼を同僚に紹介するため
(D) 彼にコーヒーをおごるため

64. How does the woman intend to save money?

(A) By getting a loyalty card
(B) By moving to a smaller office space
(C) By purchasing a subscription
(D) By negotiating with a newsstand owner

女性は、どのようにしてお金を節約するつもりですか。

(A) ポイントカードを入手することで
(B) 小さなオフィスに引っ越すことで
(C) 予約購読を申し込むことで
(D) 売店の所有者と交渉することで

PART 3　TEST 1 解答・解説

会話の訳と語注

問題 62-64 は、次の会話に関する問題です。

男性：やあ、ジョアンナ。昼休みにジェイコブス通りの雑誌売場の前を通ったから、君に頼まれていた『エレクトロニクス・マンスリー』を買ってきたよ。

女性：まあ、ありがとう。ちょっと待っていてくれる？ あなたがここにいる間に、ユンのファイルを渡すから。セシリアの机から持ってくるわね。それで、雑誌代はあなたにいくら払えばいいの？ 4ドルかしら？

男性：実は、今は4ドル50セントなんだ。売店の男性によると、値上がりしたばかりだそうだよ。

女性：うーん。本当に年間購読を申し込むべきね。毎月、売店で買うよりも安いはずだわ。雑誌のウェブサイトを見ておかなくちゃ。

【語注】**pass by** 〜のそばを通る／**newsstand** 新聞雑誌売り場、ニューススタンド／**pick up** 〜を買う、手に入れる／**copy**（新聞・雑誌の）一部／**ask for** 〜を頼む、求める／**owe**（お金の）借りがある／**actually** 実は、実際には／**according to** 〜によると、／**yearly** 年間の／**subscription** 予約購読／**order** 注文（する）／**customer** 顧客／**view** 意見、視点／**coworker** 同僚／**intend** 〜するつもりである／**loyalty card**（商店の）ポイントカード／**purchase** 購入する／**negotiate** 交渉する／**owner** 所有者

解説

62. 正解 (D) ❗全体を問う問題　❓難度 ★★★★☆

設問のキーワードは lunchtime です。男性がお昼休みに何をしたかを聞き取ります。❷で I was passing by the newsstand「雑誌売り場のそばを通った」、at lunchtime「ランチタイムに」と言っています。newsstand と聞くと新聞売場を思い浮かべてしまいそうですが、「雑誌売り場」の意味も含まれます。I picked up the copy の copy は書籍や雑誌の媒体そのものを指す名称です。pick up は「拾いあげる」というイメージを持つかもしれませんが、「買う」という意味もあります。つまり、選択肢 (D) の bought と言い換えになっており、これが正解です。

63. 正解 (A) ❗個別情報を問う問題　❓難度 ★★★★☆

女性は雑誌を買ってきてくれた男性に❸で Could you wait a second?「ちょっと待ってくれる？」と言っていますね。何か用事があるから待ってほしいわけで、I will give you the Yoon file「ユンのファイルを渡す」、これがその理由です。男性の雑誌を買ってきたという話から、すぐに仕事の話になるので展開はかなり追いにくいといえるでしょう。しかも、Yoon「ユン」という人の名称が付属しているため戸惑うかもしれませんが、file が聞き取れれば正解を選ぶことができます。give him a file とある (A) が正解です。

64. 正解 (C) ❗個別情報を問う問題　❓難度 ★★☆☆☆

設問に登場する save money は「お金を節約する」という意味で、この設問では女性がどのように節約しようとしているのか手段を聞いています。金額に関する情報が登場するのは会話の後半です。雑誌の値段を確認したところ、女性は❹ I really should get a yearly subscription.「年間購読を申し込むべき」と言います。subscription は「予約購読」の意味ですが、これに yearly がついて「年間購読」となります。また cheaper than buying it every month という情報がありますので、年間購読のほうがお得だということがわかります。幸い、選択肢にも同じ単語が使われている正解 (C) があります。ぜひ subscription を覚えておきましょう。

PART 3 TEST 1 解答・解説

トランスクリプション

Questions 65-67 refer to the following conversation.

W: Good afternoon. My name is Veronica Garcia, and ❻❺I'm calling from Expo Mining. We're scheduled to host a group of investors from South Korea and we require some documents to be translated into Korean before they arrive. ❻❻I heard that your agency can handle English to Korean technical and financial translations. Is that right?

M: Yes, that's correct. But both our Korean translators are away at the moment interpreting at a trade fair. They won't be back until next week. Would that work with your schedule?

W: I'm afraid our meeting begins Monday, so we'd need the work done this week. We particularly need our audit report translated for Monday.

M: ❻❼Although we can't handle this ourselves at such short notice, I can recommend a contact of mine who specializes in financial translation into Korean. If you tell me your contact details, I'll put you in touch.

設問と訳

65. What is the woman's company preparing for?

(A) A product presentation
(B) A company audit
(C) A meeting with investors
(D) A business trip to South Korea

女性の会社は、何の準備をしているのですか。

(A) 製品のプレゼン
(B) 会社の会計監査
(C) 投資家との会議
(D) 韓国への出張

66. What is the woman calling about?

(A) Weekly updates
(B) Hotel bookings
(C) Meeting room facilities
(D) Translation services

女性は何について電話しているのですか。

(A) 週ごとの更新情報
(B) ホテルの予約
(C) 会議室の設備
(D) 翻訳サービス

67. What does the man offer to do?

(A) Change a schedule
(B) Refer an acquaintance
(C) Recommend a hotel
(D) Examine a report

男性は何をしようと申し出ていますか。

(A) スケジュールを変更する
(B) 知人を紹介する
(C) ホテルをすすめる
(D) レポートを精査する

PART 3 TEST 1 解答・解説

会話の訳と語注

問題 65-67 は、次の会話に関する問題です。

女性：こんにちは。私はベロニカ・ガルシアという者です。エキスポ・マイニング社から電話をかけています。当社は、韓国から投資家グループをお迎えする予定なのですが、このグループが到着する前に書類を韓国語に翻訳する必要があります。御社は英語から韓国語への技術翻訳と財務翻訳ができるとお聞きしました。その通りでしょうか。

男性：はい、その通りです。ただし、こちらの韓国語翻訳者は現在、ふたりとも見本市での通訳をするために出かけております。そちらのスケジュールには問題ありませんか。

女性：あいにく、当社の会議は月曜日に始まるので、今週中にこの作業を終わらせておく必要があります。特に監査報告書は月曜日までに翻訳しておかなければなりません。

男性：そのような急なご依頼ですと、当社ではこの仕事をお引き受けできないのですが、私の知人で、韓国語への財務翻訳を専門にしている方をおすすめできます。そちらの連絡先を教えていただければ、先方にご紹介させていただきます。

【語注】host 受け入れる、接待する／investor 投資家／agency 会社、事務所／handle 処理する、扱う／financial 財務の／translator 翻訳者、通訳者／interpret 通訳する／trade fair 見本市／particularly 特に／audit report 監査報告書／at short notice 急な通知で／put ～ in touch ～を紹介する／audit （会計）監査／facility 施設／acquaintance 知人／examine 精査する、調べる

解説

65. 正解 (C) ❗個別情報を問う問題   ❓難度 ★★★★☆

⑥⑤で女性は「Expo Mining から電話をかけている」と言い、次の文は We で始めています。この We は「当社」の意味で、「当社は韓国から投資グループをお迎えする予定」とのことですので、問われている準備の内容は investors（投資家たち）に関することと判断できます。しかしこの段階では投資家をお迎えして何をするのか詳細が明らかになっていません。2 回目の女性のセリフで、I'm afraid our meeting begins Monday, とあり、その内容が meeting であるとここで判断できます。すなわち選択肢 (C) が正解です。会話にも選択肢にも登場する audit は「（会計）監査」という意味です。

---

66. 正解 (D) ❗全体を問う問題   ❓難度 ★★★☆☆

女性が電話で問い合わせている内容のヒントは、会話全体にちりばめられているので比較的やさしい問題です。⑥⑥ I heard that your agency can handle English to Korean technical and financial translations. で英語から韓国語への翻訳委託について触れています。また、それに対する男性のセリフにも translator「翻訳者」、interpreting「通訳している」などのキーワードが登場しますので、男性の会社は翻訳サービスを提供しているとわかります。正解は (D)「翻訳サービス」ですね。

---

67. 正解 (B) ❗個別情報を問う問題   ❓難度 ★★★★☆

⑥⑦ Although we can't handle の although は「～だけれども」の意味です。当社では引き受けられないが、I can recommend a contact of mine「知人のひとりを紹介できる」と男性が言います。contact は「コンタクトをとる」の意味のほかに「知人」の意味もあります。また、If you tell me your contact details の contact は「連絡先」の意味で使われています。選択肢ではこれらが言い換えられている (B) が正解です。refer にもいろいろな意味がありますが、refer + 人で「～を紹介する」となります。

PART 3 TEST 1 解答・解説

トランスクリプション

Questions 68-70 refer to the following conversation.

M: Hi there. ⑱I'm looking for a place to rent close to the Shard building. I see from your ads that you offer furnished apartments in the vicinity.
W: Indeed. We have quite a few apartments available in that area at the moment. Are you looking for a short- or long-term lease?
M: ⑲I'd prefer a short-term contract if that's possible. I'd like to get to know the neighborhood before making a long-term commitment.
W: Well, there is lower availability of short-term leases. ⑳I'll take a look at what we have on the rental listing network. Please take a seat.

設問と訳

68. Where is the conversation most likely taking place?

(A) At a law firm
(B) At a moving company
(C) At a real estate firm
(D) At an employment agency

この会話は、どこで行われている可能性が最も高いでしょうか。

(A) 法律事務所で
(B) 引っ越し業者で
(C) 不動産業者で
(D) 人材紹介会社で

69. What does the man say he prefers?

(A) A special service
(B) A weekday meeting
(C) A short-term contract
(D) A job in the neighborhood

男性は何を希望すると言っていますか。

(A) 特別サービス
(B) 平日の会議
(C) 短期契約
(D) 近所での仕事

70. What will the woman probably do next?

(A) Look for some information
(B) Call a property owner
(C) Amend a contract
(D) Send an e-mail

女性は、この後で何をするでしょうか。

(A) 情報を探す
(B) 不動産の所有者に電話をする
(C) 契約書を修正する
(D) Eメールを送る

PART 3 TEST 1 解答・解説

会話の訳と語注

問題 68-70 は、次の会話に関する問題です。

男性：こんにちは。私は、シャード・ビルに近い場所にある賃貸物件を探しています。こちらの広告を見ると、その近くに家具付きアパートがあるようですね。

女性：その通りです。当社は今、その地域にかなりの数のアパートをご用意しています。短期契約をお望みですか、それとも長期契約をお望みですか。

男性：できれば短期契約のほうがいいです。長期契約をする前に、その近所のことを知りたいですから。

女性：実は、短期契約の物件のほうが空きが少ないんです。賃貸物件情報ネットワークにどのようなものがあるか見てみましょう。どうぞお座りください。

【語注】rent 賃貸する／ad 広告／offer 提供する／furnished apartment 家具付きアパート／in the vicinity 近くで／indeed 確かに、いかにも／quite a few かなり多くの／available （部屋が）空いている、利用可能な／at the moment 今、現在／long-term 長期的な／lease 賃貸借契約／contract 契約（書）／neighborhood 近所、近隣／commitment 契約、約束／availability （入手）可能性／law firm 法律事務所／moving company 引っ越し業者／real estate 不動産／firm 会社／employment agency 人材紹介会社／property 不動産／owner 所有者／amend 修正する

解説

68. 正解 (C) 　全体を問う問題　　　難度 ★★☆☆☆

会話はどこで行われているか、という頻出の「場所」を問う問題です。❻❽ I'm looking for a place to rent が最大のヒントです。ほかにも I see from your ads、you offer furnished apartments など賃貸物件に関するキーワードが登場しています。選択肢を確認すると (C) がそれにあたります。real estate が「不動産」という言い換えがわかるかどうかが問われる問題です。

69. 正解 (C) 　個別情報を問う問題　　　難度 ★★☆☆☆

設問のキーワード prefer は「〜をより好む」の意味です。つまり何かふたつ以上の選択肢について男性がどちらを好むのか問われている状況だと判断できます。❻❾で男性は I'd prefer と始めており、設問にも prefer がありますのでこの部分をしっかり聞き取れるかどうかがポイントです。男性の希望は、a short-term contract if that's possible「できれば短期契約」です。選択肢 (C) は言い換えもなく、会話の内容がそのまま使われています。このようなストレートな問題は確実に正解できるようにしましょう。

70. 正解 (A) 　個別情報を問う問題　　　難度 ★★★☆☆

設問の主語は woman ですので、女性のセリフに正解のヒントがあります。❼⓿ I'll take a look at what we have on the rental listing network. とありますが、rental listing network はなじみのない表現ですので、すぐにこの具体的な内容を理解するのは難しいかもしれません。ここでは、「賃貸物件情報データベース」のようなもの指しています。しかし I'll take a look at... と言っていますから、「何かを見る」もしくは「何かを探す」という行動を示唆していることがわかれば、男性のために情報を探す、ということで選択肢 (A) を選ぶことができるでしょう。なお、(C) の amend は「修正する」という意味ですが、やや難しめの単語ですので惑わされないようにしましょう。

183

PART 3 TEST 2 解答・解説

トランスクリプション

Questions 41-43 refer to the following conversation.

M1: ㊶I'm almost finished with the fence. Then just needs to be painted. Once I've nailed these final few planks of wood, we can get on with the painting. ㊷Did you pick up all the supplies we need?
M2: ㊷Yes, although I wasn't able to find any paintbrushes in the truck. I might have left them at the store. I'm going to give them a call to ask them.
M1: OK. ㊸Once we've got the brushes, we should be able to get the whole fence done this afternoon. Painting it shouldn't take much more than a couple of hours.

設問と訳

41. What are the speakers doing?

(A) Purchasing supplies
(B) Working on a fence
(C) Repairing a vehicle
(D) Painting a truck

ふたりは何をしているのですか。

(A) 資材を購入している
(B) フェンスを設置している
(C) 車を修理している
(D) トラックに塗装をしている

42. What do the speakers need?

(A) Wooden planks
(B) Spare parts
(C) Paint
(D) Brushes

ふたりには何が必要なのですか。

(A) 木の板
(B) スペア部品
(C) ペンキ
(D) ブラシ

43. When will the task probably be completed?

(A) This morning
(B) This afternoon
(C) Tomorrow morning
(D) The day after tomorrow

この作業は、いつ完了するのでしょうか。

(A) この日の午前中
(B) この日の午後
(C) 翌朝
(D) 明後日

PART 3　TEST 2 解答・解説

会話の訳と語注

問題 41-43 は、次の会話に関する問題です。

男性 1：フェンスはだいたい作り終わったよ。あとはペンキを塗るだけだ。僕がこの最後の板にくぎを打ったら、ペンキを塗り始めることができる。必要な資材はみんな買ってきたかい？

男性 2：ええ、でもトラックの中にはペンキ用のブラシが見あたりませんでした。店に置き忘れてきたのかもしれません。店に電話して聞いてみます。

男性 1：わかった。ブラシさえあれば、今日の午後のうちにフェンスはすっかり完成だ。ペンキ塗りには 2 時間もかからないだろう。

【語注】fence　フェンス／ paint　ペンキを塗る／ nail　くぎを打つ／ plank　（厚）板／ pick up　～を買う、手に入れる／ supply　資材、備品／ paintbrush　ペンキ用ブラシ／ a couple of hours　2～3時間／ purchase　購入する／ work on　～に取り組む、従事する／ repair　修理する／ vehicle　車（両）／ spare parts【通例複数形】　スペア部品／ complete　完了させる

解説

41. 正解 (B)　【!】全体を問う問題　　難度 ★☆☆☆☆

話し手が行っていることに関するキーワードは会話に何度も登場しますが、重要なキーワード fence は聞き取れたでしょう。㊶で I'm almost finished with the fence. と始まります。finished with... は「～の作業を終える」という意味です。Then just needs to be painted. の it は fence で、「フェンスにペンキを塗る必要がある」となります。選択肢 (B) は working on a fence ですので「フェンスの作業をしている」となり、これが正解です。その他の選択肢には painting や wood、supplies がありますが、これらに惑わされないように場面と状況を把握しましょう。

42. 正解 (D)　【!】個別情報を問う問題　　難度 ★★★★☆

TOEIC の会話では、作業や状況などの最中に何かしら問題が起きるというのが定番です。この会話も例外ではなく、㊷のセリフで、最初の男性が「必要な資材は全部買ってきたか？」と聞いたのに対し、もう 1 名の男性は yes と答えるものの、although 以下で状況を説明しています。I wasn't able to find any paintbrushes「ペンキ用のブラシが見当たらなかった」と伝えています。つまり、ブラシがないということですので (D) が正解となります。

43. 正解 (B)　【!】個別情報を問う問題　　難度 ★★★☆☆

設問は When で聞かれていますので、具体的な時間やタイミングが問われています。先読みで設問に目を通しておくと、時間に関する表現に注意して会話を聞くことができます。㊸ ...we should be able to get the whole fence done this afternoon. の this afternoon が聞き取れれば正解が選べるでしょう。「今日の午後には完成できる」と言っていますので、(B) が正解です。その後で、paiting it (=the fence) shouldn't take much more than a couple of hours. 「ペンキ塗りには 2 時間もかからない」と補足されていますが、午後に作業が終わることに変わりはありません。

PART 3 TEST 2 解答・解説

トランスクリプション

Questions 44-46 refer to the following conversation.

W: Hello. Could I speak with Dr. Tarleton, please? My name's Betty Rodriguez. I'm one of Dr. Tarleton's patients.
M: ㊹I'm afraid Dr. Tarleton is out of town at the moment at a medical conference. Is it urgent?
W: ㊺Well, I just have a question about the medicine he prescribed for me. I think it might give me some side effects.
M: I see. ㊻Then I'll connect you to Dr. Paulson's office. She's taking care of Dr. Tarleton's patients while he's away.

設問と訳

44. Where is Dr. Tarleton?

(A) At the hospital
(B) At a conference
(C) In another office
(D) On vacation

タールトン医師は、どこにいるのですか。

(A) 病院
(B) 会議
(C) 別のオフィス
(D) 休暇中

45. Why is the woman calling Dr. Tarleton's office?

(A) To ask for a prescription
(B) To book an appointment
(C) To talk about a medicine
(D) To arrange an interview

女性は、なぜタールトン医師の診察室に電話をかけているのですか。

(A) 処方せんをもらうため
(B) 診察の予約を取るため
(C) 薬について話をするため
(D) インタビューを手配するため

46. What will the man probably do next?

(A) Transfer a call
(B) Telephone Dr. Tarleton
(C) Schedule an appointment
(D) Meet with a pharmacist

男性は、おそらく次に何をするでしょうか。

(A) 電話を転送する
(B) タールトン医師に電話をかける
(C) 診察の予定を入れる
(D) 薬剤師と会う

PART 3 TEST 2 解答・解説

会話の訳と語注

問題 44-46 は、次の会話に関する問題です。

女性：もしもし、タールトン先生とお話できるでしょうか。ベティ・ロドリゲスと申します。タールトン先生の患者です。

男性：申し訳ありませんが、タールトン先生はただ今、医学会議に出席していて不在なのです。緊急のご要件ですか。

女性：いえ、ただ先生に処方していただいた薬について質問があるだけです。それが私には副作用があるかもしれないと思うのです。

男性：わかりました。それでしたら、ポールソン先生の診察室におつなぎいたします。タールトン先生の不在中は、彼女が先生の患者に対応しておりますので。

【語注】out of town 留守にして、出張中で／ medical 医学の／ conference 会議／ urgent 緊急な／ medicine 薬／ prescribe 処方する／ side effect 副作用／ connect つなげる、接続する／ on vacation 休暇中で／ ask for ～を求める、依頼する／ prescription 処方（せん）／ book 予約する／ appointment （面談の）約束、予約／ arrange 手配する、準備する／ interview インタビュー、面接／ transfer a call 電話を転送する／ telephone 電話（をかける）／ schedule 予定に入れる／ pharmacist 薬剤師

解説

44. 正解 (B) ❗個別情報を問う問題　　❓難度 ★★★☆☆

タールトン先生はどこにいるのか、と設問を先読みしておくと問題に集中して聞くことができますね。㊹で男性が I'm afraid Dr. Tarleton is out of town at the moment「申し訳ありませんが、タールトン先生はただ今、不在です」と言っています。ではどこにいるのかと言うと、at a medical conference.「医学会議」という情報がありますね。at the moment は定番フレーズとしてまとまりで覚えておきましょう。medical「医学の」、conference「会議」は TOEIC に頻出の単語ですのでぜひ覚えてください。正解は (B) At a conference です。

45. 正解 (C) ❗個別情報を問う問題　　❓難度 ★★★★☆

女性が電話をかけている理由をくみとるには、会話の展開を常に頭に描きながら会話を聞き取れるようにしましょう。女性は、㊺ I just have a question「質問があります」、about the medicine he prescribed for me.「先生に処方してもらった薬について」と言っています。さらに …it might give some side effects. と副作用のことを心配しています。選択肢には、病院関連のキーワードが並んでいますが、prescription や book に惑わされないようにしましょう。正解は (C)To talk about a medicine です。talk は「相談する」というニュアンスでもよく使われます。

46. 正解 (A) ❗個別情報を問う問題　　❓難度 ★★★★☆

男性は次に何するのか、と次の行動を問う問題です。電話を受けている男性はおそらく病院のスタッフですね。先生や薬について質問してくる女性に対して応対しています。その男性は、㊻で I'll connect you to Dr. Paulson's office. と言っています。connect は「つなげる」の意味です。つまり、「男性は女性を先生のオフィスにつなぐ」、電話を転送する、ということです。connect は電話関連のキーワードとしてなじみがあるかもしれませんが、選択肢では transfer が「電話をつなぐ」の意味として使われています。言い換えに注意して選択肢 (A) を選びましょう。(B) は Tarleton 先生に連絡するわけではないので選んではいけません。

PART 3 TEST 2 解答・解説

トランスクリプション

Questions 47-49 refer to the following conversation.

M: ㊼Excuse me, do you know where the watercolor exhibit is?
W: Sure. It's up the stairs over there. Is this your first time at the museum?
M: Yes. In fact, it's my first time in New York. ㊽I'm just here for a short holiday. A friend of mine just bought an apartment here.
W: Well, I hope you have a great time. ㊾Here, why don't you take this floor plan? It shows you where all the exhibits are.

設問と訳

47. Where are the speakers?

(A) In an office
(B) In a train station
(C) In a lecture theater
(D) In a museum

ふたりはどこにいるのですか。

(A) オフィス
(B) 駅の構内
(C) 講堂
(D) 美術館

48. Why is the man in New York?

(A) He is starting a new job.
(B) He is buying an apartment.
(C) He is studying art.
(D) He is on a vacation.

男性は、なぜニューヨークにいるのですか。

(A) 新しい仕事を始める。
(B) アパートを購入する。
(C) 美術を勉強している。
(D) 休暇をとっている

49. What does the woman offer the man?

(A) A performance ticket
(B) A building floor plan
(C) A discount coupon
(D) Some lecture notes

女性は男性に何を渡していますか。

(A) 公演のチケット
(B) 建物の案内図
(C) 割引クーポン
(D) 講義ノート

PART 3　TEST 2 解答・解説

会話の訳と語注

問題 47-49 は、次の会話に関する問題です。

男性：すみません、水彩画展はどこで開かれているかご存じですか。
女性：ええ。あちらの階段を上がったところです。この美術館にいらしたのは初めてですか。
男性：はい。実は、ニューヨークに来たのも初めてなんです。短い休暇で来ているだけなので。友人がここでアパートを買ったものですから。
女性：では、楽しいご滞在になりますように。どうぞ、この館内の案内図をお持ちください。これを見れば、すべての展示物がどこにあるかわかりますよ。

【語注】watercolor　水彩／ exhibit　展覧会、展示品／ holiday　休暇、休日／ floor plan　（建物の）案内図、見取り図／ lecture theater　講堂／ on a vacation　休暇中で／ offer　差し出す、提供する／ performance　公演／ discount coupon　割引クーポン／ lecture note　講義ノート

解説

47. 正解 (D)　[!] 全体を問う問題　　　　　　　　　　　　　　　? 難度 ★★★★☆

会話が行われている場所を選ぶには、会話に登場するキーワードに注意しましょう。㊼にある the watercolor exhibit を聞き取りたいですね。「水彩画展」という意味です。exhibit は美術館やギャラリーなどで開かれている個展や展覧会のことです。このキーワードが登場したら会話の場所は「美術館」や「ギャラリー」の可能性が高いと思って会話を聞きましょう。また最初の女性のセリフの中で Is this... at the museum? と、具体的な場所が登場していますので、正解は (D) です。

48. 正解 (D)　[!] 個別情報を問う問題　　　　　　　　　　　　　? 難度 ★★★★☆

この問題の場合、設問が教えてくれる具体的なキーワードは New York ですから、会話では New York の前後をしっかり聞きましょう。正解に必要な情報は「なぜニューヨークにいるのか」という理由です。男性は、㊽ I'm just here for a short holiday.「たんに短い休暇で来ているんです」と答え、さらに「友だちがここにアパートを購入した」という情報も追加しています。休暇中に具体的な予定があればそれが正解となりそうですが、この会話では具体的な予定は告げられていないため、選択肢から正解として選ぶことができるのは (D) となります。

49. 正解 (B)　[!] 個別情報を問う問題　　　　　　　　　　　　　? 難度 ★★☆☆☆

男性が女性に話しかけている会話の目的が理解できれば、大まかな状況は推測できるでしょう。女性は、水彩画展の場所を尋ねている男性に対し、㊾ Here, why don't you take this floor plan?「どうぞ、この館内の案内図をお持ちください」と言っていますね。floor plan は「plan = 計画」ではなくフロアマップのようなものだと覚えてください。選択肢 (B) に同じ表現がありますので、これが正解です。

PART 3 TEST 2 解答・解説

トランスクリプション

Questions 50-52 refer to the following conversation.

W: Hello, Nick. ㊿I was wondering if you've had any success finding someone for the editorial assistant position yet.

M: ㊱We've had a lot of applications, and three of the candidates seem really well qualified for the job. I'm going to arrange interviews with them next week. Does Wednesday work for you?

W: ㊲No, I can't make it then. Could we plan it for Friday? I'm free all day then.

M: OK, that's fine for me. I'll try to schedule the interviews for then.

設問と訳

50. What job are the candidates applying for?

(A) Executive secretary
(B) Applications specialist
(C) Events organizer
(D) Editorial assistant

志望者は、どのような仕事に応募していますか。

(A) 重役秘書
(B) アプリケーション開発の専門家
(C) イベントの主宰者
(D) 編集アシスタント

51. How many candidates will be interviewed?

(A) One
(B) Two
(C) Three
(D) Four

何人の志望者が面接を受ける予定ですか。

(A) ひとり
(B) ふたり
(C) 3人
(D) 4人

52. What does the woman say about Wednesday?

(A) She is free all day.
(B) She has an interview.
(C) She is leaving the office early.
(D) She is not available.

女性は水曜日について何と言っていますか。

(A) 1日中、時間が空いている。
(B) 面接がある。
(C) 会社を早退する。
(D) 時間がとれない。

PART 3 TEST 2 解答・解説

会話の訳と語注

問題 50-52 は、次の会話に関する問題です。

女性：もしもし、ニック。編集アシスタントの仕事に、うまく誰かを見つけられたかしら。
男性：ずいぶん応募があって、志望者のうち 3 人はこの仕事に適任のようなんだ。彼らとの面接を来週できるように手配するつもりだよ。君は水曜日で大丈夫かな。
女性：いえ、その日だと都合が悪いわ。金曜日に予定できないかしら。それなら 1 日中空いているわ。
男性：わかった。それなら僕も大丈夫だ。その日に面接のスケジュールを組むようにするよ。

【語注】success 成功／editorial 編集の／assistant アシスタント、助手／position 仕事 (口)、職／application 応募、申請／candidate 志望者、候補者／qualified 適任である、資格がある／arrange 手配する、準備する／interview 面接／plan 予定する、計画する／try to ～しようと (努力) する／schedule スケジュールを組む／apply for ～に応募する／executive secretary 重役秘書／application アプリケーション／specialist 専門家／organizer 主催者／available 時間がとれる、手が空いている

解説

50. 正解 (D) ❗個別情報を問う問題　　❓難度 ★☆☆☆☆

志願者 (candidates) は何の仕事に応募しているのか、が問われています。ここから面接や仕事の応募に関する会話だとわかります。女性のセリフ ⓾ I was wondering if you've had any success finding someone では「いい適任者を見つけることができたかどうか」を尋ねています。重要なのはこの次の情報で、for the editorial assistant position「編集アシスタントの仕事に」と詳細を言っているのでこれが正解です。(D) 以外の選択肢については会話で触れられていないので、正解を選びやすい問題です。

51. 正解 (C) ❗個別情報を問う問題　　❓難度 ★★☆☆☆

設問は How many... で聞かれていますので、具体的な数を答える問題です。面接を受ける人数が確認できるのは ⓿ のセリフです。We've had a lot of applications,「応募者はたくさんいました」、そして three of the candidates seem really well qualified「そのうちの 3 人が適切だ」と述べています。そして I'm going to arrange interviews「面接の手配をする」とのことから、面接するのは 3 人であるとはっきりわかりますので (C) が正解です。

52. 正解 (D) ❗個別情報を問う問題　　❓難度 ★★☆☆☆

設問に具体的な曜日のキーワード Wednesday が登場しています。男性が Does Wednesday work for you?「水曜日は大丈夫？」と聞いていますが、この work は「仕事をする」という意味ではなく、水曜日が女性にとって都合がよいかどうかという意味で、こういった work の使い方は会話には非常に多く登場します。その男性の問いに対し、女性は❷で No, I can't make it then.「都合が悪い」と答えていますので、これをもとに正解を選びます。(D) She is not available が正解です。available は「入手可能な、利用できる」という意味と同時に「都合がよい」と言った意味でもよく使われます。

PART 3 TEST 2 解答・解説

トランスクリプション

Questions 53-55 refer to the following conversation.

M: ㊼The traffic on Highway 89 was so bad this morning. I was stuck for two hours and got to work late.
W: Oh, that sounds awful. I heard there is construction work taking place on Highway 89 all week. You should have taken a different route.
M: I know, but Highway 89 is the only way I know of getting to the office. ㊽I was worried that I'd get lost if I tried taking roads that I don't know. But I guess I won't have any choice but to find an alternate route to work.
W: ㊾Let's take a look at some maps on the Internet. I'll show you a better way to and from work.

設問と訳

53. Why did the man get to work late?

(A) His car broke down.
(B) He woke up late.
(C) The weather was bad.
(D) A road was busy.

男性は、なぜ仕事に遅れたのですか。

(A) 彼の車が故障した。
(B) 寝坊した。
(C) 天候が悪かった。
(D) 道路が渋滞していた。

54. What is the man worried about?

(A) Using public transportation
(B) Driving in unknown areas
(C) Being charged for driving on the highway
(D) Driving in bad weather

男性は何を心配しているのですか。

(A) 公共の交通機関を利用すること
(B) 知らない地区で運転すること
(C) 幹線道路を走行して料金を請求されること
(D) 悪天候の中を運転すること

55. What does the woman offer to help the man do?

(A) Create a company Web site
(B) Choose a new car
(C) Find an alternate route
(D) Check a bus timetable

女性は、男性が何をするのを手伝うと申し出ていますか。

(A) 会社のウェブサイトを作る
(B) 新しい車を選ぶ
(C) 代わりの経路を探す
(D) バスの時刻表を確認する

PART 3 TEST 2 解答・解説

会話の訳と語注

問題 53-55 は、次の会話に関する問題です。

男性：今朝はハイウェイ 89 号線の渋滞がひどくてね。僕は、2 時間も身動きができずに仕事に遅れたんだ。

女性：まあ、ひどいわね。今週はずっとハイウェイ 89 号線で工事があると聞いたわ。あなたは別の道を通って来るべきだったのよ。

男性：わかっているけど、ハイウェイ 89 号線は、会社まで来るのに僕が知っている唯一の道なのさ。知らない道を走ったら、迷ってしまいそうで心配だったんだ。でも、たぶん会社に来る別の道を見つけるしか方法はないだろうね。

女性：インターネットでいくつか地図を見てみましょうよ。私が会社への行き来にもっといい道を教えてあげるわ。

【語注】traffic　交通（量）／ stuck　身動きがとれない、行き詰まった／ awful　ひどい／ construction　工事／ take place　行われる、起こる／ route　道、経路／ get lost　道に迷う／ not have any choice but to　～するしか選択の余地がない／ alternate　別の、代わりの／ way to and from work　会社への行き来に使う道／ break down　故障する／ public transportation　公共交通機関／ unknown　知られていない、未知の／ area　土地、地域／ charge　（料金を）請求する／ offer　申し出る／ create　作る／ check　確認する／ timetable　時刻表

解説

53. 正解 (D) ❗個別情報を問う問題　　❓難度 ★☆☆☆☆

設問を読むだけで男性は仕事に遅刻したのだということがわかりますね。設問の情報も会話の展開を追ううえで重要なヒントになります。冒頭のセリフ ㊳ で男性は The traffic on Highway 89 was so bad「渋滞がひどい」と始め、I was stuck for two hours「2 時間も（渋滞に）はまってしまった」と状況を説明しています。つまり遅刻の原因は交通渋滞で got to work late「仕事に遅れた」とわかります。stuck は「詰まる、動きが取れない」などの意味があります。選択肢では交通渋滞を表す traffic was bad が road was busy に言い換えられている (D) が正解です。

54. 正解 (B) ❗個別情報を問う問題　　❓難度 ★★★☆☆

会社に遅刻してしまったという出だしから、男性が心配していることはいくつかありそうですが、設問文のキーワード worried about と選択肢のリストから最もマッチする内容を選びましょう。男性は ㊴ で I was worried that I'd get lost と「道に迷うこと」を心配しています。特に、if I tried taking roads that I don't know.「知らない道を通ったら」と言っているので、知らない道を使うことで道に迷ってしまわないかが心配の原因です。(B) が正解です。(A)Using public transportation もあり得そうですが、公共の交通機関については会話で触れられていません。

55. 正解 (C) ❗個別情報を問う問題　　❓難度 ★★★☆☆

女性は男性に何を手伝うと申し出ているのか、が問われています。女性のセリフ、㊵ の情報が重要です。Let's take a look at some maps on the Internet.「ネットで地図を見てみよう」と言い、さらに I'll show you a better way to and from work.「会社の行き来によりよい道を見つけましょう」と申し出ています。選択肢 (C) に alternate route「代わりの経路」という表現があるのでこれを選びます。Internet につられて (A) を選ばないように気をつけましょう。

193

PART 3 TEST 2 解答・解説

トランスクリプション

Questions 56-58 refer to the following conversation.

M: ⑤⑥Hello, I need to get this jacket cleaned for a party I'm attending tonight. Would you be able to take care of it today?

W: ⑤⑦I'm sorry, but that won't be possible, sir. We have a lot of orders to be done today. We'd need until tomorrow afternoon.

M: Oh, that's a shame. Do you happen to know of any other dry cleaner in the area who could help me?

W: ⑤⑧There's a place just across the street. I'm pretty sure they have an express service there.

設問と訳

56. Where are the speakers?

(A) At a clothing store
(B) At a courier company
(C) At a dry cleaner
(D) At a café

ふたりはどこにいますか。

(A) 衣料品店
(B) 宅配会社
(C) ドライクリーニング店
(D) カフェ

57. What is the man's problem?

(A) He needs a service completed quickly.
(B) He will miss a party.
(C) He needs to find directions to a wedding.
(D) He will be late for a business meeting.

男性の抱えている問題は何ですか。

(A) 作業を急いで終わらせてもらう必要がある。
(B) パーティーに遅れる。
(C) 結婚式場への道順を調べる必要がある。
(D) ビジネス会議に遅れる。

58. What will the man probably do next?

(A) Cancel an appointment
(B) Buy some new clothing
(C) Return to his home
(D) Visit another location

男性は、この後、おそらく何をするのでしょうか。

(A) 予約をキャンセルする
(B) 新しい服を買う
(C) 自宅に戻る
(D) 別の店に行く

PART 3 TEST 2 解答・解説

会話の訳と語注

問題 56-58 は、次の会話に関する問題です。

男性：こんにちは。私が今夜行くパーティーのために、このジャケットをクリーニングしてもらいたいのですが。今日中に仕上げていただくことはできますか。

女性：申し訳ありませんが、お客様、それは無理ですね。今日は、処理しなければならないかなりの注文があるので。明日の午後までお待ちいただくことになります。

男性：ああ、それは残念だ。もしかして、このあたりで、ほかに私のことをなんとかしてくれそうなドライクリーニング店をどこかご存じありませんか。

女性：この通りを渡ったところに 1 軒ありますよ。そこはきっと、特急サービスがあるはずです。

【語注】attend 出席する／take care of ～を処理する／order 注文／that's a shame それは残念だ／dry cleaner ドライクリーニング店／pretty かなり、非常に／express 特急（の）／clothing store 衣料品店／courier company 宅配会社／complete 終わらせる、完了する／directions【通例複数形】 道順、道案内／cancel キャンセルする／appointment （面談の）予約、約束／clothing 服、衣類／location 店舗、場所

解説

56. 正解 (C) 全体を問う問題　難度 ★★★★☆

会話の場所を特定するためには、まずキーワードを捉えましょう。jacket、clean、dry cleaner が登場しています。これだけでも選択肢から正解が選べそうですが、❺⓺の get this jacket cleaned「この上着をクリーニングしてほしい」とお願いしていますので、ジャケットをクリーニングできる場所はどこかと考えると、選択肢 (C)「ドライクリーニング店」を選ぶのが自然です。

57. 正解 (A) 個別情報を問う問題　難度 ★★★★☆

男性にとって何が問題なのかを聞き取ります。男性は女性に今日中にクリーニングをお願いしていますが、❺⓻ I'm sorry, but that won't be possible からそれはできないということがわかります。男性は a party I'm attending tonight があり、そのためにジャケットのクリーニングが今日中に必要なのです。つまり問題は今日中にクリーニングしてもらえないことですが、選択肢にそのような回答はありません。最も近い状況を説明している選択肢 (A) が正解です。はっきり述べられていない (B) を選んではいけません。

58. 正解 (D) 個別情報を問う問題　難度 ★★★★☆

男性は次に何をするのか、と次の行動が問われています。今回は男性、女性、両方のセリフにヒントがあります。まず男性は Do you happen to know of any other dry cleaner...? と違う店を知らないか尋ねます。これに対し女性は❺⓼で across the street （通りの向こう）の店を紹介し、そこで express service（特急サービス）があることを伝えています。これらを言い表したのが、選択肢 (D) になります。なお、location はこの場合「店」を意味しています。

PART 3 TEST 2 解答・解説

トランスクリプション

Questions 59-61 refer to the following conversation.

M: (59)Danny, could I speak with you about taking some vacation time? I'd like to take off the last two weeks in May if possible.

W: (60)I just heard that there's going to be a week of training for all managers at the end of May. (61)We'll all be away at the main office so our branch will be understaffed. Would you mind taking your vacation at the beginning of June instead?

M: OK, no problem. I'll look into going away in June and I'll get back to you to confirm.

設問と訳

59. What does the man intend to do?

(A) Hire new employees
(B) Produce some documents
(C) Take a vacation
(D) Arrange a conference

男性は何をするつもりですか。

(A) 新しい従業員を雇う
(B) 書類を作成する
(C) 休暇を取る
(D) 会議の準備をする

---

60. What is scheduled to take place in May?

(A) An order will be fulfilled.
(B) A training event will be held.
(C) A sale will end.
(D) A new branch will be opened.

5月に何が行われることになっていますか。

(A) 注文が履行される
(B) 研修会が実施される
(C) バーゲンセールが終了する。
(D) 新しい支社が開設される。

---

61. What concern does the woman mention?

(A) A cancelled trip
(B) A lack of staff
(C) A delay to orders
(D) A late flight

女性はどのような懸念を述べていますか。

(A) 中止になった旅行
(B) 人員の不足
(C) 注文品の遅れ
(D) 時間帯の遅い航空便

会話の訳と語注

問題 59-61 は、次の会話に関する問題です。

男性：ダニー、休暇を取ることで相談をさせてもらっていいですか。できれば、5 月の後半の 2 週間を休みたいのです。
女性：さっき聞いたばかりだけど、5 月下旬に管理職全員のために 1 週間の社員研修があるそうよ。私たち全員が本社に行っているから、この支社は人手不足になるでしょう。あなたの休暇は 6 月の初めに取るようにしてもらえないかしら。
男性：ええ、問題ありません。 6 月に休みを取ることを検討してから、確認の連絡をします。

【語注】**vacation** 休暇／**take off** （～の期間）休む、休暇にする／**training** 研修／**manager** 管理職／**main office** 本社／**branch** 支社、支店／**understaffed** 人員が不足している／**look into** ～を検討する、注意深く見る／**confirm** 確認する／**intend to** ～をするつもりである／**hire** 雇う／**employee** 社員／**produce** 作成する／**document** 書類、文書／**arrange** 準備する／**conference** 会議／**be scheduled to** ～することを予定する／**order** 注文（する）／**fulfill** 履行する、実行する／**cancel** 中止する、キャンセルする／**lack** 不足／**staff** 人員、スタッフ／**delay** 遅れ／**flight** 航空便

解説

59. 正解 **(C)** 個別情報を問う問題　　難度 ★★★★☆

設問の intend to... の意味がわかればやさしい問題ですね。intend to... は「～しようとする」という意味ですので、男性は何をするつもりか、が問われています。(59)で男性は could I speak... と話を切り出し、taking some vacation time「休暇を取ることについて」と要件を述べます。さらに、I'd like to take off the last two weeks off in May「5 月の後半 2 週間休みたい」と具体的な内容にも触れています。vacation と take off がしっかり聞き取れれば (C) が選べるでしょう。

---

60. 正解 **(B)** 個別情報を問う問題　　難度 ★★★★☆

設問には具体的な日時 May がありますので、会話から May に関する内容をすぐに引き出せるようにしておきましょう。すでに(59)で「男性が休暇を取りたい」と言っていましたが、それを受けて女性は(60) a week of training「1 週間の研修」が at the end of May「5 月の終わりに」ある、と言っています。training と May というキーワードから (B) が妥当であると判断できます。

---

61. 正解 **(B)** 個別情報を問う問題　　難度 ★★☆☆☆

設問には concern「懸念」が登場していますが、設問としてよく使われる単語です。concern ＝懸念ですので、何かしら不都合な事態があることがわかります。(61)の we は女性を含みますので、女性が管理職だということがわかります。そのために will be understaffed「人手不足になる」ということです。understaff という語を知らなかったとしても、staff が undrer な状態、つまり人員不足と連想することができたらベストです。これと同等な表現は (B) です。a lack of... で「～の不足」となります。

PART 3 TEST 2 解答・解説

トランスクリプション

Questions 62-64 refer to the following conversation.

W: Stephen, I have someone from Mia Inc. on the phone. ❷❸They're calling to confirm that their reservation for the conference next week is correct.
M: OK, let me take a look. Yes, they're booked for all of next week, Monday night through Friday. They have a block booking of 30 single rooms, and the main conference room is booked for them all week.
W: They said they also reserved the dining hall for dinner on Thursday evening.
M: Ah yes, I remember that they requested that after making their initial booking. ❹I must have the old schedule here. I'll print out the new version right now.

設問と訳

62. Where most likely are the speakers?

(A) In an airport
(B) In a mall
(C) In a hotel
(D) In a conference

ふたりはどこにいる可能性が最も高いですか。

(A) 空港
(B) ショッピングモール
(C) ホテル
(D) 会議

63. Why did Mia Inc. call?

(A) To change a schedule
(B) To cancel a booking
(C) To confirm a reservation
(D) To place an order

ミア社は、なぜ電話をかけてきたのですか。

(A) スケジュールを変更するため
(B) 予約をキャンセルするため
(C) 予約を確認するため
(D) 注文をするため

64. What will the man do next?

(A) Send a confirmation e-mail
(B) Check flight details
(C) Make a reservation
(D) Print out a revised schedule

男性は、この後で何をするでしょうか。

(A) 確認のEメールを送る
(B) 航空便の詳細を確認する
(C) 予約をする
(D) 修正した日程表を印刷する

PART 3 TEST 2 解答・解説

会話の訳と語注

問題 62-64 は、次の会話に関する問題です。

女性：スティーブン、ミア社の人からの電話がありました。来週の会議のための予約について確認したくて電話してきたのよ。

男性：わかった、どれどれ。うん、その会社なら、月曜の夜から金曜まで来週はずっと予約がある。シングルルーム 30 室の一括予約が入っていて、大会議場は 1 週間予約されているよ。

女性：木曜日の夜のディナーのために大食堂も予約したそうよ。

男性：ああ、そうだ、最初の予約をしたあとで、それも依頼してきたのを覚えているよ。ここにあるのは古い日程表に違いない。今すぐ新しいものを印刷するよ。

【語注】confirm 確認する／ reservation 予約／ conference 会議／ book 予約する／ block 一括（の）／ main 主な／ conference room 会議室／ reserve 予約する／ dining hall 大食堂／ request 依頼する、要求する／ initial 最初の、初めての／ schedule スケジュール（表）／ print out 印刷する／ version （最初のものを作り変えた）版、バージョン／ cancel キャンセルする／ reservation 予約／ place an order 注文する／ confirmation 確認／ check 確認する／ flight 航空便／ detail 詳細／ revise 修正する、改訂する

解説

62. 正解 (C) 全体を問う問題　　　　　　　　　　　　難度 ★★★★☆

女性が受けた電話について男性と会話をしていますが、その電話の内容は❷...to confirm that their reservation...「～の予約を確認するための」と伝えています。これだけでは何の予約なのか判然としません。すると男性は「見てみよう」と言います。この同じ男性のセリフから 30 singles rooms が聞き取れないと正解は選べません。single rooms はホテル特有の表現ですね。よってここを手がかりに (C) とします。会話全体に conference のキーワードが何度も登場していますので (D) を選びそうになってしまいますが場所を正確に把握しましょう。

63. 正解 (C) 個別情報を問う問題　　　　　　　　　　難度 ★★★★☆

ミア社が電話をかけてきた理由については　設問62で見たとおり、❸to confirm... reservation「予約を確認する」です。選択肢には言い換えなしで (C)To confirm a reservation がありますから、迷わずこれを選びましょう。設問としてはやさしい問題ですが、正解に関するセンテンスが会話に登場するのが早めなので、前の問題に気をとられて混乱しないように気を付けましょう。

64. 正解 (D) 個別情報を問う問題　　　　　　　　　　難度 ★★☆☆☆

男性は次に何するのか、と次の行動を問う設問です。男性のセリフに要注意です。女性からの情報を聞いた男性は、I remember that...「～を覚えている」と言い、❹I must have the old schedule.「今手元に持っている予定表は古いものにちがいない」、そして I'll print out the new version.「新しいのを印刷しよう」と言います。new version は「最新版」のことですね。よって、(D) が正解です。new と revised「修正された」が言い換えになっています。

PART 3 TEST 2 解答・解説

トランスクリプション

Questions 65-67 refer to the following conversation.

M: Good morning, Pam. (65)How are you getting on with the Murrayfield marketing campaign? Can I help out with anything?

W: I'm still in the process of reviewing the materials the client sent. I'm going to arrange a meeting for the whole marketing department as soon as I finish putting together a draft of the marketing plan.

M: (66)I'd recommend holding the meeting as soon as possible. That way you can get everyone's input from the start, before you make the marketing plan.

W: Yes, you're probably right. (67)I'll put together an agenda right away and then schedule the meeting for this week.

設問と訳

65. What are the speakers discussing?

(A) A billboard advertisement
(B) A marketing campaign
(C) A client's presentation
(D) A company dinner

ふたりは何について議論しているのですか。

(A) 大型看板での広告
(B) 販売キャンペーン
(C) 顧客のプレゼンテーション
(D) 会社主催の食事会

---

66. What does the man advise?

(A) Making copies of some materials
(B) Moving to another department
(C) Asking coworkers for suggestions
(D) Starting a project earlier than planned

男性は、どのようなアドバイスしていますか。

(A) 資料のコピーをとること
(B) 別の部署に移ること
(C) 同僚に提案を求めること
(D) 予定より早くプロジェクトを始めること

---

67. What will the woman most likely do next?

(A) Create an agenda
(B) Order some supplies
(C) Contact her supervisor
(D) Visit a client

女性は、この後で何をする可能性が最も高いですか。

(A) 議事日程を作成する
(B) 備品を注文する
(C) 上司に連絡する
(D) 顧客を訪問する

PART 3 　TEST 2 解答・解説

会話の訳と語注

問題 65-67 は、次の会話に関する問題です。

男性：おはよう、パム。マレイフィールドの販売キャンペーンの進み具合はどうだい。何か僕に手伝えることはないかい？

女性：私は、まだ顧客から送られてきた資料を見直しているところです。マーケティング計画の草案をまとめ上げ次第、マーケティング部全員での会議を手配するつもりです。

男性：その会議はできるだけ早く開いたほうがいいね。そうすれば、君がマーケティング計画を立てる前に、最初からみんなの意見を聞くことができるからね。

女性：ええ、たぶんそうでしょう。今すぐ議題をまとめて、今週中に会議を開くようにスケジュールを組みます。

【語注】get on with ～を進める／ marketing campaign 販売キャンペーン／ be in the process of ～している途中で／ material 資料、材料／ client 顧客／ arrange 手配する、準備する／ department 部、部門／ as soon as ～するとすぐに／ put together まとめる、作る／ draft 草案、下書き／ recommend ～（すること）を勧める、勧告する／ hold 開く、開催する／ as soon as possible できるだけ早く／ input 意見、アドバイス／ agenda 議題、議事日程／ billboard （屋外の大型）看板／ advertisement 広告／ coworker 同僚／ suggestion 提案／ supply 備品、用品／ contact 連絡する／ supervisor 上司、管理者

解説

65. 正解 (B)　⚠全体を問う問題　　❓難度 ★★★☆☆

何について会話がされているかを尋ねる設問です。❻❺で男性は How are you getting on with...「～の具合はどうですか？」と状況を尋ねています。これが何の状況かというと、marketing campaign「販売キャンペーン」とはっきり言っていますね。これに対し女性は I'm in the process of...「～している途中です」と答えています。その先の会話を聞いても主題が marketing campaign からずれることはなく、marketing campaign のキーワードも何度も登場していますので、そのまま (B) が正解となります。

66. 正解 (C)　⚠個別情報を問う問題　　❓難度 ★★★★★

女性のセリフは長く、複数の情報が 1 文で述べられています。まず「会議を開く予定です」と伝え、その後で ...as soon as I finished putting together a draft...「ドラフトができ上がってから」と言っています。すると男性は❻❻で I'd recommend holding the meeting as soon as possible.「すぐにでも会議を開くことを勧めるよ」と言い、その理由として you can get everyone's input「みんなの意見を聞ける」としています。input は「意見」としての意味で使われています。つまり、自分で意見をまとめる前に会議でほかの人の意見を聞いたほうがよいと勧めており、(C) が正解です。

67. 正解 (A)　⚠個別情報を問う問題　　❓難度 ★★★★★

この会話の後に女性がするであろうことを問われていますので、会話の後半に正解に結びつくセリフがあると予測できます。女性は❻❻の男性の提案を受け入れ、❻❼ I'll put together an agenda「議題をまとめましょう」と言い、schedule the meeting「会議の手筈を整える」と言います。「meeting の手配をする」という意味合いの選択肢はないので、選択肢の中から女性が行う行動として正解になるものは、(A) Create an agenda ですね。put together と create は必ずしも同等ではありませんが、議題を「まとめる」という意味では同じ範疇として考えられます。

PART 3 TEST 2 解答・解説

トランスクリプション

Questions 68-70 refer to the following conversation.

M: Hello there, this is Dave calling from Jessops Engineering. ㊅㊇We received your message regarding your concern about receiving your order before the end of the week.
W: ㊅㊇Ah, yes. We took delivery of most of the order yesterday, but the aluminum washers weren't included. We really need those this week.
M: We didn't have the aluminum washers in stock, so we shipped the other items without them. ㊅㊈We just received a new delivery of the washers so we'll get those sent out to you immediately. You should receive them Thursday morning at the very latest. ㊆⓪If you want them by tomorrow, we could ship them by express delivery, but we'd need to charge you an additional fee. Would that be OK?
W: ㊆⓪Yes, of course. The extra charge won't be a problem. We really need those washers as quickly as possible.

設問と訳

68. What are the speakers discussing?

(A) An urgent order
(B) A missing invoice
(C) An electrical repair
(D) A damaged item

ふたりは何について話していますか。

(A) 急ぎの注文
(B) 紛失した請求書
(C) 電気系統の修理
(D) 破損した商品

69. What will the man do immediately?

(A) Deliver a message
(B) Ship some merchandise
(C) Make a payment
(D) Repair some equipment

男性は、急いで何をするのでしょうか。

(A) メッセージを届ける
(B) 商品を発送する
(C) 支払いを行う
(D) 機器を修理する

70. What does the woman decide to do?

(A) Change an order
(B) Make an extra payment
(C) Return an item
(D) Replace a machine part

女性は、どうすることを決めていますか。

(A) 注文を変更する
(B) 追加料金を払う
(C) 品物を返品する
(D) 機械の部品を交換する

PART 3 TEST 2 解答・解説

会話の訳と語注

問題 68-70 は、次の会話に関する問題です。

男性：もしもし、ジェソップス・エンジニアリング社のデーヴと申します。今週末までに注文の品を受け取れるかどうか心配されているという、あなたからのメッセージを受け取りました。

女性：ええ、そうなんです。ほとんどの注文品は昨日、受け取ったのですが、アルミ製ワッシャーが含まれていなかったのです。それはどうしても今週に必要なんです。

男性：アルミ製ワッシャーは在庫がなかったため、それ以外の品物を先に発送いたしました。つい先ほど、ワッシャーが新たに納品されましたので、すぐに発送するようにいたします。どんなに遅くとも、木曜の午前中にはお受け取りになれるはずです。もし明日までに必要であれば、速達便で発送することもできますが、追加料金を請求させていただく必要があります。それでもよろしいでしょうか。

女性：ええ、もちろん。追加料金は問題ではありません。本当に、一刻も早くそのワッシャーが必要なんです。

【語注】regarding 〜に関しての／ concern 心配, 懸念／ aluminum アルミ (製の)／ washer ワッシャー／ immediately すぐに, 直ちに／ at the latest 遅くとも／ express delivery 速達便／ fee 料金／ urgent 急ぎの, 緊急の／ deliver 配信する, 届ける／ merchandise 商品／ equipment 機器／ extra 追加の／ replace 交換する

解説

68. 正解 (A) 　全体を問う問題　　難度 ★★★★☆

男性は商品を受注した側の人、女性は発注した人です。男性は❻❽で「メッセージを受け取った」と始め、regarding your concern about receiving your order「注文品の受け取りに関する懸念について」と話題に触れます。女性は続く❻❽で We took delivery of the most of the orders yesterday「ほとんどの商品は昨日受け取った」、しかし but 以下で「アルミ製ワッシャーが来ていない」と伝えます。さらに really need those this week「今週中にぜひ必要」と言っていることから、ある部品がすぐに欲しい、と判断できます。urgent「緊急の」という意味で (A) が正解です。

69. 正解 (B) 　個別情報を問う問題　　難度 ★★★★☆

設問のキーワード immediately は「すぐに」と言う意味で、男性はすぐに何する、が問われています。❻❾で男性はこの immediately を口にしていますが、その前のフレーズ、we'll get those sent out to you が聞き取れたでしょうか？ 話の流れから those は washers を指しています。選択肢には、緊急で必要な商品の名称 (washers) がありません。ship には「発送する」という意味があり、また merchandise は「商品」ですので、(B) が正解です。「配送」になじみのある (A) の delivery を選ばないようにしましょう。

70. 正解 (B) 　個別情報を問う問題　　難度 ★★★☆☆

女性は最終的に何をするのか、という女性についての設問です。この会話では、男性が提案した内容❼⓪について女性が Yes, of course.「そのようにします」と返事をしていますので、男性のセリフに正解があります。男性の提案では、we could ship them by express delivery「速達便で商品を送ることができます」が、additional fee (追加料金) が必要だと言っています。これに対して女性は won't be a problem「問題ありません」と言っているので、「追加料金を払う」ことになります。これを表現しているのが (B) です。make payment で「支払う」となります。

PART 3 TEST 3 解答・解説

トランスクリプション

Questions 41-43 refer to the following conversation.

W: Hello. ㊶I'd like to know if your store stocks the new SG cell phone. I want to buy the model that came out last month as a gift for my son's birthday next month.
M: ㊷We do stock that model, but I'm afraid it sold out this morning. We'll be getting another shipment next week.
W: Oh, I see. ㊸Do you think you could put one aside for me when they come in? I'll be able to drop by and pick it up next week. The name's Brown, Monica Brown, and my number is 555-9172.
M: That'll be no problem at all. I'll let you know as soon as they come in and will keep one for you at the register.

設問と訳

41. Why is the woman calling?

(A) To inquire about a product
(B) To rent some electronic equipment
(C) To report an error in a catalog
(D) To amend some contact details

女性は、なぜ電話をかけているのですか。

(A) 製品について問い合わせるため
(B) 電子機器を借りるため
(C) カタログの間違いを知らせるため
(D) 連絡先情報を修正するため

42. What does the man say will happen next week?

(A) A database will be finalized.
(B) A model will be sold out.
(C) A shipment will arrive.
(D) A sale will start.

男性は来週、どのようなことがあると言っていますか。

(A) データベースが完成する。
(B) あるモデルが完売になる。
(C) 出荷されたものが届く。
(D) セールが始まる。

43. What does the woman want the man to do?

(A) Refund a payment
(B) Set aside an item
(C) Send a revised document
(D) Visit her at her office

女性は、男性に何をしてほしいのですか。

(A) 支払ったお金を払い戻す
(B) ある品物を取り置いておく
(C) 修正された文書を送信する
(D) 彼女のオフィスを訪ねる

PART 3 TEST 3 解答・解説

会話の訳と語注

問題 41-43 は、次の会話に関する問題です。

女性：もしもし。そちらのお店には SG 社の新しい携帯電話の在庫がありますか。先月に出たこのモデルを、来月の息子の誕生日プレゼントとして買いたいのです。

男性：そのモデルなら扱っておりますが、残念ながら、今朝、完売してしまいました。来週また入荷する予定です。

女性：まあ、そうですか。それが入荷したら、1台を取り置きしてもらえないでしょうか。来週、立ち寄って受け取れます。私の名前はブラウン、モニカ・ブラウンで、電話番号は 555-9172 です。

男性：それでしたら、まったく問題ありませんよ。入荷があり次第お知らせして、1台をお客様用にレジに置いておきましょう。

【語注】stock （商品の）在庫を置いている／ cell phone 携帯電話／ sell out 完売する／ shipment 発送、出荷／ put ~ aside ～を取っておく／ drop by 立ち寄る／ pick ~ up ～を引き取る／ register レジ／ inquire about ～について問い合わせる／ rent 借りる／ electronic equipment 電子機器／ amend 修正する／ contact details【通例複数形】連絡先情報／ database データベース／ finalize 完成する、仕上げる／ refund 返金（する）／ payment 支払い／ set aside ～を取っておく／ item 商品／ revise 修正する、変更する

解説

41. 正解 (A) ❶全体を問う問題　　❓難度 ★★☆☆☆

一般的な店員と客の会話ですので、話の展開は比較的理解しやすいでしょう。女性が電話をしている理由は ❹ I'd like to know if「～かどうか知りたい」としたうえで、cell phone「携帯電話」の在庫があるかどうかを尋ねています。I'd like to know if... も I want to buy も基本表現で、かつ聞き取りやすく、女性が電話を買おうとしているということがわかりますね。会話がやさしい分、選択肢では言い換えがされており、I'd like to know if = inquire「尋ねる」と、携帯電話 =product「製品」と言い換えている (A) が正解です。

42. 正解 (C) ❶個別情報を問う問題　　❓難度 ★★★☆☆

設問にある next week をヒントに会話を聞きましょう。男性のセリフ❷で We do stock that model「当店でそのモデルは扱っている」と言った後で、but 以下で「今朝売り切れてしまった」と伝えます。We do stock... は「在庫がある」という意味でもありますので、一瞬在庫があるのかと思ってしまいますが、but の内容をきちんと理解できるかが重要です。その後で男性は、we'll be getting another shipment next week.「また来週入荷する」と言っていますので、正解は (C) です。get が arrive（到着する）と表現されています。

43. 正解 (B) ❶個別情報を問う問題　　❓難度 ★★★☆☆

女性は客、男性は店員ですので、客（女性）が店員（男性）に何をお願いしているのかを聞き取りましょう。お願いしているのは女性ですので、女性のセリフに注意します。❸ Do you think you could put one aside for me...「1台取り置きしてくれますか？」とあります。put... aside は「取り置きしておく」、one はこの場合、取り置きしておく対象、つまり携帯電話を指しています。選択肢では似たような表現 set aside が使われている (B) が正解です。単に似ているからではなく、意味としても同じように使われる表現ですので、put aside と set aside はセットで覚えておきましょう。また、携帯電話は item「品物」として言い換えられています。

205

PART 3 TEST 3 解答・解説

トランスクリプション

Questions 44-46 refer to the following conversation.

M: Hello, Vicky. ㊹Did you hear that some of us from the office are volunteering at the Riviera Park this Sunday? There's a lot of work that needs to be done clearing up the damage from the recent storm. Would you like to join us?
W: It'd be great if I could join you, ㊺but I have a birthday party to attend on Sunday afternoon. Is it likely that you'll be done by three o'clock?
M: Yes, we'll certainly be finished by then. ㊻So, I'll put your name down on the list of volunteers for Sunday. Look forward to seeing you there!

設問と訳

44. What are the speakers discussing?

(A) Organizing an open day
(B) Planting a garden
(C) Cleaning up a park
(D) Repairing a playground

ふたりは何について話していますか。

(A) 一般公開日を設けること
(B) 庭に草花を植えること
(C) 公園の清掃をすること
(D) 運動場を修復すること

45. What is the woman doing on Sunday afternoon?

(A) Working from home
(B) Going to a party
(C) Meeting some clients
(D) Taking a course

女性は日曜日の午後に何をするつもりですか。

(A) 家で仕事をする
(B) パーティに出かける
(C) 顧客に会う
(D) 講習に出席する

46. What will the man probably do next?

(A) Make a schedule of events
(B) Prepare a map of a park
(C) Organize a party
(D) Add the woman's name to a list

男性は、この後におそらく何をするでしょうか。

(A) イベントの日程表を作る
(B) 公園の案内図を準備する
(C) パーティーを計画する
(D) 女性の名前をリストに追加する

郵便はがき

151-8790

214

料金受取人払郵便

代々木局承認

9216

差出有効期間
平成29年7月
31日まで

■ 受取人 ■

東京都渋谷区代々木
4-36-4
コスモピア 株式会社

コスモピア・サポート登録書

CD使用中の事故時に対応します。

フリガナ 名　前		男　・　女
住　所 〒　　－		
電　話	携帯電話	
e-mail		
生年月日　　　　　　　歳 西暦　　　年　　月　　日	職　業	
英　検　　　　　　　　級	TOEIC　　　　　　　点	

■ ご記入いただいた個人情報は「プレゼント発送」「コスモピアからのご案内の送付」「読者層の分析」
　に利用いたします。ご回答の内容は、今後よりよい出版物を発行するための資料として活用させてい
　ただきます。ご感想は個人情報を除いた形で、ホームページ等に掲載させていただくことがあります。
■ 弊社からメールまたは郵送で、新刊・イベント・セミナーなどのご案内をお送りしてもよろしいでしょうか。
　□メルマガ不要　□DM不要

コスモピア・サポート登録書

CD使用中の事故時に対応します。サポート登録のみの場合、以下の記入は不要です。

愛読者カード

以下のアンケートにご協力いただいた方の中から、抽選で毎月10名様に、QUOカードまたは図書カード(1000円分)をプレゼントさせていただきます。

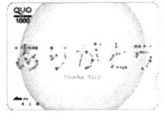

□QUOカード希望　　□図書カード希望

---

①ご購入いただいた書籍のタイトルをご記入ください。

②本書を何でお知りになりましたか。
　1. 書店店頭　2. メールマガジン　3. WEB　4. 知人から　5. その他(　　　　　)

③本書を購入された動機は何ですか。

④本書についてのご感想、また今後の出版物へのご要望がありましたらお聞かせください。

■通信講座「TOEICテスト目標スコア別4コース」の詳しい無料パンフレットをご希望の方はお知らせください。急送いたします。

□無料送付希望

ご協力、どうもありがとうございました。

PART 3　TEST 3 解答・解説

会話の訳と語注

問題 44-46 は、次の会話に関する問題です。

男性：もしもし、ヴィッキー、今度の日曜日に、うちの会社から何人かがリヴィエラ公園でボランティア活動をするって聞いたかい。この前の嵐がもたらした被害の後片づけのために、やらなければならない仕事がたくさんあるんだ。君も一緒に行かないか。

女性：私も参加できたらいいんだけど、日曜の午後には出席しなければならない誕生日パーティーがあるのよ。あなたの方は3時までに終わりそうかしら。

男性：ああ、それまでにはきっと終わるだろう。じゃあ、君の名前も、日曜日のボランティアのリストに記入しておくよ。現地で会えるのを楽しみにしているよ。

【語注】volunteer　ボランティア［奉仕］活動をする／ clear up　〜を片付ける／ damage　被害、損傷／ recent　最近の／ storm　嵐／ attend　出席する／ certainly　きっと、間違いなく／ put down　(文などを)書き留める／ look forward to　〜を楽しみにする／ organize　計画する、組織する／ open day　(学校、公共施設などの)一般公開日／ plant　(草花などを)植える／ clean up　〜を清掃する、片付ける／ repair　修復する／ playground　運動場／ client　顧客／ course　講習、講座／ probably　おそらく／ schedule　日程表、スケジュール／ prepare　準備する

解説

44. 正解 (C) 全体を問う問題　　　　　　　　　　　　　　難度 ★★★☆☆

会話の主題についての問いです。何について話をしているのかについては、ほとんどの場合、会話の冒頭に登場します。この会話でも冒頭㊹で男性が …volunteering at…Park this Sunday?「日曜日に公園でボランティアがある」と言っていますので、全体の主題はこの情報にまつわる話題だと予測できます。具体的には cleaning up the damage「被害の片づけ」で、Would you like to join us?「一緒に来ないか？」と誘っています。具体的な作業を指している (C) が正解です。

45. 正解 (B) 個別情報を問う問題　　　　　　　　　　　　　難度 ★☆☆☆☆

㊹での男性の誘いを受けてからの、女性の返答に正解があります。設問のキーワードは Sunday afternoon です。女性は㊺で I have a birthday party to attend on Sunday afternoon.「日曜日の午後は誕生日パーティーに参加する」とはっきり述べています。選択肢を見てみると、詳細は省いてありますが、パーティーに行くことを明示している (B) があり、これが正解です。

46. 正解 (D) 個別情報を問う問題　　　　　　　　　　　　　難度 ★★★☆☆

設問で問われているのは男性の次の行動です。男性は女性をボランティアに誘っている側ですので、女性が最終的にどのように決断して、その結果どのような展開になるのかを読み取りましょう。女性は㊺のセリフの後で「3時までに終わるかしら？」と尋ね、男性はそれに対し Yes. と答えます。つまり、3時までなら女性は参加できる、ということで男性は㊻ I'll put your name down on the list「リストに名前を加えておこう」と言っていますので、正解は (D) です。なお、add と put… down が言い換えになっています。

207

PART 3 TEST 3 解答・解説

トランスクリプション

Questions 47-49 refer to the following conversation.

M: **㊼**Hi, Tomoko. How's your restaurant doing these days? Your business just had its first-year anniversary, didn't it?
W: Business is going well. Thanks for asking, Ted. Actually, I wanted to get some new menus printed for the anniversary, but the photos I took came out terribly. I'm not satisfied with them.
M: I've got a good idea. **㊽**I just completed a digital photography course. I need to get more practice, and I have a few special program settings on my new camera that are ideal for taking pictures of food. **㊾**Why don't I take some photos for you for the menu?
W: Oh, that sounds great. **㊾**If you come by the restaurant tomorrow, we can give it a try together. I'm sure your photos will be a lot better than mine.

設問と訳

47. Who most likely is the woman?

(A) A restaurant owner
(B) A graphic designer
(C) A company director
(D) A university lecturer

女性はどのような人物である可能性が最も高いですか。

(A) レストランのオーナー
(B) グラフィックデザイナー
(C) 会社役員
(D) 大学講師

48. What did the man study?

(A) Interior design
(B) Catering
(C) Computer science
(D) Photography

男性は何を勉強しましたか。

(A) インテリアデザイン
(B) ケータリング
(C) コンピューターサイエンス
(D) 写真撮影術

49. What does the woman suggest to the man?

(A) Updating a list
(B) Writing a paper
(C) Visiting a business
(D) Trying some food

女性は男性に何をするように提案していますか。

(A) リストを更新する
(B) 論文を書く
(C) 店に来る
(D) 料理を試食する

PART 3 TEST 3 解答・解説

会話の訳と語注

問題47-49は、次の会話に関する問題です。

男性：やあ、トモコ。最近、君のレストランの調子はどうだい？　君の店はちょうど1周年を迎えたんだよね。

女性：店はうまくいっているわ。尋ねてくれてありがとう、テッド。実は、開店記念日のために、新しいメニューを印刷したかったけど、私が撮った写真の出来がひどかったの。私には満足がいかないのよ。

男性：いい考えがあるよ。僕はデジタル写真講座を受講し終わったばかりなんだ。僕はもっと練習が必要だし、僕の新しいカメラには、食べ物の写真を撮るのにぴったりの特別プログラムの設定がいくつかあるんだ。君の代わりに、そのメニューに使う写真を撮ってあげようか。

女性：まあ、それは素晴らしいわ。明日、レストランに立ち寄ってもらえれば、いっしょに試してみることができるわ。あなたの写真のほうが、きっと私のものよりずっといいはずよ。

【語注】anniversary　周年記念（日）／ actually　実は／ come out　現れる、〜という結果になる／ terribly　ひどく（悪く）／ complete　終える／ setting　設定／ ideal　理想的な／ come by　立ち寄る／ give it a try　試す、やってみる／ director　取締役／ lecturer　講師／ interior design　インテリアデザイン／ catering　ケータリング、パーティー出張サービス

解説

47. 正解 (A)　全体を問う問題　　難度 ★★☆☆☆

会話全体の流れから男性と女性の関係がわかれば、女性がどんな人物か特定できるでしょう。男性が冒頭で女性に対し、㊼で How's your restaurant doing... ?「君のレストランの調子はどう？」と尋ねています。「君の」から察するに、レストランを「所有している」とわかりますね。同様に、次のセリフでも Your business...「君の店は……」と言っていますので、選択肢 (A) が正解です。

48. 正解 (D)　個別情報を問う問題　　難度 ★★☆☆☆

前の設問が女性に関するものだったのに対し、今回は男性についての情報が問われています。男性が何を勉強しているのかについては、㊽で I just completed a digital photography course.「デジタル写真の講座を終えた」と言っているので、写真講座を受けた、ということがわかるでしょう。complete は「終える」の意味で、finish とも言い換えが可能です。ここでの選択肢は photography の一語だけですが、(D) が正解と判断できます。

49. 正解 (C)　個別情報を問う問題　　難度 ★★☆☆☆

女性は男性に何をするよう提案するのか、が問われています。男性は㊾で Why don't I take some photos...?「写真を撮ろうか？」と申し出ています。これを受けて女性は㊾ If you come by the restaurant tomorrow「明日レストランに来てくれれば」、we can give it a try「試してみることができる」と、男性に「レストランに来ること」を提案しています。男性も女性も提案していますが、問いは女性が提案している内容を尋ねていますので、選択肢 (C) が正解となります。come by=visiting、restaurant=business が言い換えられています。

209

PART 3 TEST 3 解答・解説

トランスクリプション

Questions 50-52 refer to the following conversation.

W: I have some good news for you, Chen. ㊿Tom McKenzie, the change management consultant, just told me that he has time to lead a workshop for our employees on the date we requested.

M: 51That's fantastic! He's in such high demand as a consultant. It's great that he can do it for us then. We should confirm the number of employees who'll be attending to ensure that we have a room that is big enough for the event.

W: I'll handle that. 52First, I'll send an e-mail to all the team managers and find out how many people they want to send to the workshop.

設問と訳

50. What are the speakers discussing?

ふたりは何について話しているのでしょうか。

(A) A staff workshop
(B) A promotion celebration
(C) A relocation plan
(D) A training schedule

(A) 従業員のための研修会
(B) 昇進祝い
(C) 移転計画
(D) 研修の日程

---

51. What is the man happy about?

男性は何を喜んでいるのですか。

(A) A budget being increased
(B) A consultant being available
(C) A deadline being changed
(D) A room being reserved

(A) 予算が増えたこと
(B) コンサルタントの都合がついたこと
(C) 締め切りが変更になったこと
(D) 部屋が予約できていること

---

52. What does the woman say she will do?

女性は何をするつもりだと言っていますか。

(A) Book a larger room
(B) Choose a different date
(C) Meet with a consultant
(D) Contact team managers

(A) より大きな部屋を予約する
(B) 別の日を選ぶ
(C) コンサルタントと会う
(D) チームの責任者に連絡する

会話の訳と語注

問題 50-52 は、次の会話に関する問題です。

女性：あなたにいい知らせがあるのよ、チェン。変更管理コンサルタントのトム・マッケンジーから、たった今、私に連絡があって、彼は私たちの希望した日に、うちの社員のための研修会を指導してくれる時間が取れるそうよ。

男性：それは素晴らしい。彼はコンサルタントとして、とても人気があるからね。だから彼が僕たちのために指導してくれるのはとてもありがたい。その研修会のために十分な広さの部屋を確保するには、参加する社員の数を確認する必要があるね。

女性：それは私が担当するわ。まず、チームの責任者全員にメールを送って、研修会に何人出席させたいかを確認するわ。

【語注】**change management** 変更管理／**consultant** コンサルタント／**lead** （会議など）をリードする、指導する／**workshop** 研修会、ワークショップ／**employee** 社員／**fantastic** 素晴らしい／**in high demand** 人気が高い、需要が多い／**confirm** 確認する／**attend** 参加する／**ensure** ～ということを確実にする／**handle** 担当する、処理する／**find out** 調べる ／ **promotion** 昇進／**celebration** お祝い／**relocation** 移転、転勤／**training** 研修、トレーニング／**schedule** 日程、スケジュール／**budget** 予算／**increase** 増やす／**available** 都合がつく、利用できる／**deadline** 締め切り、期限／**reserve** 予約する／**book** 予約する／**contact** 連絡する

解説

50. 正解 **(A)** **!全体を問う問題** ？難度 ★★★☆☆

冒頭で女性は「いい知らせがあるの！」と切り出したあとで、(50) Tom McKenzie, the change management consultant, ...he has time to lead a workshop「変更管理コンサルタントのトムが研修会をする時間がある」、for our employees「うちの従業員のために」と言っています。長いセンテンスですので、情報を集約するのが大変ですが、会話特有の流れを汲みとって理解したい文です。workshop、our employees のキーワードから判断すると社員のための研修について話しているとわかるでしょう。正解は (A) です。staff は「従業員」を意味しています。

---

51. 正解 **(B)** **!個別情報を問う問題** ？難度 ★★★★★

男性が happy であることを確認できるのは (51)の fantastic! です。このセリフに続けて、He's in such high demand as a consultant.「彼はコンサルタントとしてとても人気がある」と言っていますので、ワークショップをしてもらえることを喜んでいると考えられます。選択肢ではこの consultant をキーワードとして (B) を選べますが、available が「都合がよい」の意味であることもしっかり確認しておきたいポイントです。

---

52. 正解 **(D)** **!個別情報を問う問題** ？難度 ★★★★★

選択肢に会話に登場するキーワードが多用されているため、混乱を招きやすい問題です。男性が「参加者の人数を把握する必要がある」と言ったセリフの後に、女性は「私が担当する」と言っています。具体的に何をするかというと(52) I'll send an e-mail to all the team managers「チームの責任者全員にメールを送る」ということです。連絡するという意味の contact が使われている選択肢 (D) が正解です。

PART 3 TEST 3 解答・解説

トランスクリプション

Questions 53-55 refer to the following conversation.

M: Good morning. ㊼I'm calling because I'm going to be holding a large event, and I'd like to know whether I could hold it in Pittstown Park on Sunday, April 9th. It's a company retreat for my firm.
W: I'll take a look at our schedule now. Yes, it looks like our picnic area is free on that date. ㊼How many people will be attending?
M: Around 150. How many picnic tables do you have there? We're going to be providing the catering, but the participants will need a place to sit.
W: The picnic area has 15 tables. ㊼There's also the possibility of adding more if you'd like to rent them. I'll give you the number of the rental company that our clients often use.

設問と訳

53. What is the purpose of the call?

(A) To promote a company picnic
(B) To reserve space for an event
(C) To volunteer to mentor new staff
(D) To highlight the stregth of a new firm

この電話をかけた目的は何ですか。

(A) 会社のリクリエーションを宣伝するため
(B) イベントの場所を予約するため
(C) 新入社員の指導を志願するため
(D) 新しい会社の強みを強調するため

54. What does the woman ask about?

(A) The location of a park
(B) The events in a schedule
(C) The date and time of an event
(D) The number of people attending

女性は何について質問していますか。

(A) 公園の場所
(B) 日程表にあるイベント
(C) イベントの日時
(D) 参加者の数

55. What does the woman suggest?

(A) Renting additional items
(B) Bringing more food
(C) Using an alternative venue
(D) Contacting previous clients

女性は何をするように提案していますか。

(A) 追加の物品をレンタルすること
(B) より多くの食べ物を持ってくること
(C) 別の会場を利用すること
(D) 以前の利用者に連絡すること

PART 3　TEST 3　解答・解説

会話の訳と語注

問題53-55は、次の会話に関する問題です。

男性：おはようございます。大きなイベントを開催するつもりなので電話をしているのですが、4月9日の日曜日にピッツタウン・パークでそれを開催できるかどうか知りたいのです。これは私の会社主催のリクリエーションなのです。

女性：今、こちらのスケジュール表を見てみます。はい、その日のピクニック区域は空いています。参加者は何名ですか。

男性：150人くらいです。そこにはピクニック用のテーブルが、いくつありますか。ケータリングの食事を出すつもりなのですが、参加者の座る場所が必要になります。

女性：ピクニック区域には、テーブルが15個あります。テーブルをレンタルするのでよろしければ、さらに追加することも可能です。こちらの利用者がよく使っているレンタル会社の電話番号をお教えいたします。

【語注】hold　開催する／company retreat　会社のリクリエーション／firm　会社／attend　参加する、出席する／provide　出す、提供する／catering　ケータリング、パーティー出張サービス／participant　参加者／purpose　目的／promote　宣伝する、促進する／reserve　予約する／volunteer to　〜を進んでする／mentor　指導する、アドバイスする／staff　社員／highlight　強調する／strength　強み、長所／additional　追加の／item　物品／alternative　代わりの／venue　場所、会場／previous　以前の

解説

53. 正解 (B)　【全体を問う問題】　難度 ★★★☆☆

❺❸で I'm calling because... とあり、電話だとわかります。そして、because以下で電話をかけている理由を説明しています。...I'm going to be holding a large event「大きなイベントを開催する予定だ」、whether I could hold it in...「〜で開催できるかどうか」というふたつの情報から、イベントの場所を確保できるか確認しています。つまり予約をしたいということで、正解はreserve「予約する」のある(B)です。

54. 正解 (D)　【個別情報を問う問題】　難度 ★☆☆☆☆

女性は電話を受けている側で、公園の予約担当者だと推測できます。女性がどのようなことを尋ねているかは、女性のセリフ❺❹にあります。How many people will be attending?「何人参加するんですか？」と参加者の人数を聞いていますね。How many... で始まる典型的な疑問文ですので、ここが聞き取れたら自信を持って(D)を選べるでしょう。選択肢にあるthe number of...（〜の数）は頻出表現です。そのほかの選択肢(A)〜(C)も、予約の際には必要な情報ばかりなので、しっかり会話を聞いていないとうっかり別のものを選んでしまうかもしれません。

55. 正解 (A)　【個別情報を問う問題】　難度 ★★☆☆☆

女性が提案することが尋ねられていますので、女性のセリフに注意を払いましょう。男性が、「リクリエーションには約150人が参加する予定だが、会場にはいくつのテーブルがあるか」と聞いています。それに対して女性は「ピクニック会場にはテーブルが15個ある」と言ったのち、❺❺ There's... possibility of adding more「追加できる可能性がある」と解決策を伝えています。if you'd like to rent them「もし（テーブルを）借りたいのであれば」とのことですので、追加でレンタルするテーブルについての提案だとわかります。選択肢(A)の additional「追加の」を頼りにこれを選びます。なお、選択肢ではテーブルが items と言い換えられています。

PART 3 TEST 3 解答・解説

トランスクリプション

Questions 56-58 refer to the following conversation.

W: Hi, my name's Joanna Maia. (56)I'm a new hire working here temporarily in the Sales Department. My manager told me to come to see the human resources director when I arrived.

M: Oh, OK. (57)That's Mr. Yoon. He's in a meeting at the moment, but he told me he's expecting you. His meeting seems to be going on for longer than planned. Take a seat and he'll be with you soon.

W: Thank you. (58)By the way, I couldn't help noticing that all the employees here wear security badges. Should I have one, too?

M: (58)Oh yes, you'll certainly need to have one. Mr. Yoon will ask someone to take you over to the security office after lunch to get one.

設問と訳

56. Who is the woman?

(A) A customer
(B) A supplier
(C) A temporary employee
(D) A security expert

この女性は誰ですか。

(A) お客
(B) 納入業者
(C) 臨時の社員
(D) 安全管理の専門家

---

57. Why isn't Mr. Yoon available?

(A) He is in a meeting.
(B) He is out of town.
(C) He is at the security office.
(D) He is conducting an interview.

ユンさんはなぜ手が空いていないのですか。

(A) 彼が会議中だから。
(B) 彼が出張中だから。
(C) 彼は警備室にいるから。
(D) 彼は面接中だから。

---

58. What will the woman probably do after lunch?

(A) Submit some documents
(B) Obtain a badge
(C) Review a proposal
(D) Make a hiring decision

女性は昼食の後で、おそらく何をするのでしょうか。

(A) 書類を提出する
(B) 身分証を手に入れる
(C) 提案を検討する
(D) 採用の決定をする

PART 3　TEST 3 解答・解説

会話の訳と語注

問題 56-57 は、次の会話に関する問題です。

女性：こんにちは。ジョアンナ・マイアと申します。営業部で臨時に働く新入社員です。部長から、出社したら人事部長に会いに行くようにと言われたのですが。

男性：ああ、わかりました。それはユンさんのことです。彼は今、会議中なのですが、あなたがいらっしゃると言っていました。会議は予定より長びいているようです。お座りください。彼はすぐに戻ってくるでしょう。

女性：ありがとうございます。ところで、ここの社員は全員、身分証を身につけているのに気づいたのですが、私も身に着ける必要がありますか。

男性：ああ、そうです。当然あなたも身に着ける必要があります。それを手に入れるため、昼休みのあとでユンさんが誰かにあなたを警備室に連れて行くよう頼んでくれるでしょう。

【語注】new hire　新入社員／temporarily　臨時に、一時的に／sales department　営業部／human resources director　人事部長／at the moment　今は／notice　気づく／badge　身分証明書、名札／security office　警備室／customer　お客、顧客／supplier　納入業者／temporary　臨時の、一時的な／expert　専門家／available　手が空いている、話をする時間がある／conduct　（特定の活動を）行う、する／interview　面接（する）／probably　おそらく／submit　提出する／document　書類／obtain　手に入れる／review　検討する／proposal　提案／hire　採用する／decision　決定

解説

56. 正解 (C)　全体を問う問題　　難度 ★★☆☆☆

まず女性と男性の関係を把握しましょう。女性は自分の名前を名乗った後、❺❻ I'm a new hire working here「この会社の新入社員」と言い、さらに temporarily「一時的に」と自分の身分を説明しています。hire と temporarily が正解を導くためのキーワードです。彼女が「臨時の社員」だということをイメージして、その先の会話も聞けるようにしたいですね。選択肢 (C) では会話の temporarily が temporary となっていますが、同等の内容ですのでこれが正解です。hire がここでは employee と言い換えられています。

57. 正解 (A)　個別情報を問う問題　　難度 ★★★☆☆

具体的な個人名ユンさんについて問われています。ユンさんについては❺❼で登場しています。会社の受付係だと思われる男性は、Mr. Yoon の名前を出した後、He's in a meeting at the moment「彼は現在会議中です」と伝えています。設問では「なぜユンさんは手が空いていないのか」が問われていますので、その理由は meeting だということですね。選択肢 (A) が正解です。また、会話の後半に security office が登場しますので、それにつられて (C) を選ばないように注意してください。

58. 正解 (B)　個別情報を問う問題　　難度 ★★☆☆☆

設問のキーワードは after lunch で、具体的な時間が示されています。リスニング中は同じ時間を示す表現に注意して聞きましょう。会話の流れを順に追っていくと、❺❽で女性は security badges「身分証」のことを男性に尋ねています。Should I have one, too?「私にも必要ですか？」と言い、これに対し男性は必要だと答えてから、Mr. Yoon will ask someone to take you over to the security office「ユンさんがあなたを警備室に連れて行く手配をしてくれる」と言い、それが after lunch「昼食後」と言っていますので、正解は (B) です。obtain は get の同義語です。

215

トランスクリプション

Questions 59-61 refer to the following conversation.

M: 59 Judy, how are you getting on with your report on our pricing strategies? We have a board meeting next week, and I'd love to be able to present it to the directors. I want you to make that report your number one priority this week.

W: 60 Well, I started working on the report last week, but then I was asked to contribute to three other projects. So, I haven't been able to finish the pricing report yet. I wasn't aware that it needed to be finished so soon.

M: I didn't know that you were so busy. 61 Don't worry; I'll see to it that you're taken off the other projects. I'll have George take them over from you.

設問と訳

59. What does the man want the woman to prioritize?

男性は、女性に何を優先してほしいのですか。

(A) Contacting some directors
(B) Completing a report
(C) Shipping some items
(D) Changing some prices

(A) 重役たちに連絡すること
(B) 報告書を仕上げること
(C) 商品を発送すること
(D) 価格を変更すること

---

60. Why couldn't the woman finish her work?

女性は、なぜ自分の仕事を終えることができなかったのですか。

(A) She misplaced some files.
(B) She was away on business.
(C) She was busy with other assignments.
(D) She did not receive enough funding.

(A) ファイルをどこかに置き忘れてしまった。
(B) 出張で留守にしていた。
(C) 他の業務で忙しかった。
(D) 十分な資金を受けられなかった。

---

61. What is the man going to do?

男性は何をするつもりですか。

(A) Change a process
(B) Extend a deadline
(C) Rearrange a meeting
(D) Reassign some work

(A) 手順を変更する
(B) 期限を延長する
(C) 会議の日程を再設定する
(D) 業務の割り当てを変える

PART 3 TEST 3 解答・解説

会話の訳と語注

問題 59-61 は、次の会話に関する問題です。

男性：ジュディ、価格戦略についての報告書の進み具合はどうかな。来週、取締役会があるから、重役たちにそれを提出することができたらありがたいんだが。君には、その報告書の作成を今週の最優先課題にしてほしいんだ。

女性：ええと、その報告書は先週から作成し始めたのですが、そのあとで他の3つのプロジェクトに協力するように頼まれたのです。それで、価格戦略報告書のほうはまだ仕上げられずにいました。報告書をそんなに早く仕上げる必要があったとは、知りませんでした。

男性：君がそんなに忙しかったとは知らなかった。心配しなくていいよ。君がほかのプロジェクトから抜けられるように手配しよう。それは君からジョージに引き継いでもらうよ。

【語注】pricing 価格設定（の）/ strategy 戦略/ board meeting 取締役会/ present 提出する、発表する/ director 重役、取締役/ priority 優先課題/ contribute to ～に協力する、貢献する/ aware ～を知っている/ see to it that ～になるように取り計らう/ take A off B AをBから解放する/ take over from ～から引き継ぐ/ prioritize ～を優先する/ complete 仕上げる、完了する/ item 商品/ misplace 置き忘れる/ assignment 業務、任務/ funding 資金/ extend 延長する/ rearrange 再設定する/ reassign 再び割り当てる

解説

59. 正解 (B) 個別情報を問う問題　　難度 ★★★☆☆

設問では、男性が女性に何を優先するように伝えるのか、と男性の希望が尋ねられています。男性は❺❾の冒頭で how are you getting on with your report... とレポートの進捗具合を聞いています。さらに来週の board meeting「取締役会議」でそのレポートを見せたいので、I want you to make that report your number one priority「レポートを最優先してほしい」と言っています。I want you to... は要望を伝える定番表現ですので、ぜひこの部分を聞き逃さないようにしましょう。選択肢には「レポートを仕上げる」の意味の (B) があり、これが正解です。

60. 正解 (C) 個別情報を問う問題　　難度 ★★☆☆☆

なぜ女性は仕事を終えられなかったのか、と今度は女性の状況について理由が問われています。女性のセリフが重要ですね。❻⓪で先週からレポートにとりかかったものの、I was asked to contribute to three other projects「ほかの3つのプロジェクトに協力するよう頼まれた」と言い、それゆえできなかったと言っています。この部分を正確に聞き取りましょう。(C) が正解です。project は assignment に言い換えられています。

61. 正解 (D) 個別情報を問う問題　　難度 ★★★★☆

男性は何をするつもりか、と男性の行動を問う設問です。❻❶で I'll see to it that... と言っていますが、これはスクリプトで見てもすぐに意味を理解するのは難しい表現だと言えます。see to it that... は「～になるように取り計らう」という意味です。ぜひ覚えてください。具体的には you're taken off the other projects「君がほかのプロジェクトから抜けられるように」とし、さらにそれをジョージに頼むと言っていますので、(D)reassign「割当を変える」が正解です。言い換えというより、会話の展開が集約された選択肢ですので、全体的な流れの理解が求められる問題です。

217

PART 3 TEST 3 解答・解説

トランスクリプション

Questions 62-64 refer to the following conversation.

W: Hi. My name's Paula and I'm the shift supervisor on duty tonight. ㉖I've just discovered that Belt C in the production plant has stopped working and the warning lights are flashing on the control panel.
M: We experienced the same issue last night as well. We thought we'd resolved it, but obviously not. ㉖I'll have Charlie come down and take a look at it again.
W: Thanks. Is there anything I should do before Charlie gets here?
M: ㉖It's probably best for you to turn off the power, assuming you haven't done so already.

設問と訳

62. What problem has the woman observed?

(A) A delivery is delayed.
(B) A file has been corrupted.
(C) Some equipment is not working.
(D) A light is broken.

女性は、どのような問題に気づいたのですか。

(A) 配送が遅れている。
(B) ファイルが破損している。
(C) 動作していない装置がある。
(D) 照明が故障している。

63. What will the man do?

(A) Send a repairperson
(B) Repair a file
(C) Contact a customer
(D) Prepare a shipment

男性は、これから何をするのでしょうか。

(A) 修理工を送る
(B) ファイルを修復する
(C) 顧客に連絡する
(D) 発送の準備をする

64. What does the man recommend the woman do?

(A) Talk to her manager
(B) Switch off a machine
(C) Work a different shift
(D) Remove a faulty part

男性は、女性に何をするように勧めていますか。

(A) 管理者に相談する
(B) 機械のスイッチを切る
(C) 別の時間に働く
(D) 欠陥のある部品を取り除く

PART 3 TEST 3 解答・解説

会話の訳と語注

問題 62-64 は、次の会話に関する問題です。

女性：こんばんは。私はポーラといい、今夜の当直長を担当しています。たった今、気づいたのですが、製造工場のCベルトの動作が止まって、操作パネルの警告灯が点滅しているのです。
男性：ここでは、昨夜も同じ問題がありました。もう解決したと思っていたのですが、どうやら違ったようですね。チャーリーに来てもらって、もう一度調べてもらいましょう。
女性：ありがとうございます。チャーリーがここに来る前に、私がすべきことがありますか。
男性：まだ電源を切っていないようなら、たぶん切っておくのが一番よいでしょう。

【語注】shift 交代勤務（時間）/ supervisor 監督者 / on duty 当番の / discover 気づく、発見する / production 製造、生産 / plant 工場 / warning light 警告灯 / flash 点滅する / control panel 操作パネル / experience 経験する / resolve 解決する / obviously 明らかに / probably たぶん / power 電源 / assuming ～と仮定すれば / observe 気づく、目撃する / delivery 配送 / delay 遅らせる / corrupted 破損した / equipment 装置、機器 / repairperson 修理工 / repair 修復する / prepare 準備する / shipment 発送 / recommend 勧める / manager 管理者 / switch off スイッチを切る / remove 取り除く / faulty 欠陥のある / part 部品

解説

62. 正解 (C) 個別情報を問う問題　難度 ★★★★☆

女性はどのような問題に気づいたのか、が問われています。設問に登場する observe が「発見する」だとわかっていないと正解は選べません。女性は❷で I've just discovered「発見した」と言っており、that 以下でその内容を告げています。…that Belt C in the production plan has stopped working and warning lights are flashing… を発見したということです。製造工場のCベルトが動かず警報がついている、ということは、つまり一部の機械が正常に動作していません。正解は (C) です。not working=stopped working ですね。

63. 正解 (A) 個別情報を問う問題　難度 ★★★☆☆

❷で女性が発見した問題が理解できていると、この先の会話がスムーズに聞けるはずです。男性は❸ I'll have Charlie come down「チャーリーに来てもらう」、そして take a look at it again「もう一度見てもらう」と言っています。I'll... で始まりますので、これからの行動について言及していると考えられます。会話では take a look と表現されていますが、ここでは「修理をする」という意味となり、Charlie が修理担当者だということがわかりますので、正解は (A) です。repair だけにとらわれて、(B) を選ばないようにしましょう。

64. 正解 (B) 個別情報を問う問題　難度 ★★★★★

設問から読み取れるキーワードは recommend ですね。男性が女性に何かを推奨するのだということが予測できます。男性のセリフ❹ It's probably best for you...「たぶんそれが最良」の部分がまさに相手に推奨しているセリフです。何をするように勧めているかというと、具体的には turn off the power「電源を切る」です。turn off はさまざまな電化製品の電源、さらにはライトのスイッチの on/off などに使われる表現です。これがわかれば、言い換えにはなっていますが (B) を正解として選べるでしょう。switch off と turn off、どちらも off ですので、言い換えとしてわかりやすい表現です。

PART 3 TEST 3 解答・解説

トランスクリプション

Questions 65-67 refer to the following conversation.

W: I was wondering, Do you copy keys in your store? ⑥⑤I need to get three extra keys cut for my new house.

M: I'm afraid we don't do key-cutting here. ⑥⑥For that, you should go to Cubs Hardware, just about a half mile down the street.

W: ⑥⑥Actually, I went there first, but they were closed already. Is there any place else I could go?

M: I don't know of anywhere else, but if you can hold on a moment, ⑥⑦I'll ask my supervisor. She'll probably know. She's lived in this neighborhood her whole life.

設問と訳

65. What does the woman need to do?

(A) Photocopy a document
(B) Find a new house
(C) Have some keys duplicated
(D) Purchase some tools

女性は何をする必要があるのですか。

(A) 書類をコピーする
(B) 新しい家を探す
(C) 鍵を複製してもらう
(D) 道具を購入する

66. What does the woman say about the Cubs Hardware store?

(A) It is nearby.
(B) It is cheap.
(C) It is new.
(D) It is closed.

女性はカブス・ハードウェアについて何と言っていますか。

(A) その店は近くにある。
(B) その店は安い。
(C) その店は新しい。
(D) その店は閉店している。

67. What does the man say he will do?

(A) Ask his supervisor for information
(B) Move out of the neighborhood
(C) Open a door
(D) Visit a local firm

男性は何をするといっていますか。

(A) 上司に情報を求める
(B) その地域から引っ越す
(C) ドアを開ける
(D) 地元の会社を訪ねる

PART 3 TEST 3 解答・解説

会話の訳と語注

問題 65-67 は、次の会話に関する問題です。

女性：すみませんが、そちらの店では合い鍵を作れますか。新居の予備の鍵を3つ作ってもらう必要があるのですが。

男性：申し訳ありませんが、当店では鍵の複製はしていないんです。それだったら、カブス・ハードウェアに行かれたらいいでしょう。この通りを半マイルほど行ったところにありますよ。

女性：実は、最初にそこに行ったのですが、もう閉店していたのです。ほかにどこか、私の行けるところがありますか。

男性：そこ以外に私は知らないのですが、ちょっと待っていただければ、上司に聞いてみましょう。彼女はたぶん知っているでしょう。生まれてからずっとこの近所に住んでいる方ですから。

【語注】extra　追加の、予備の／cut　複製する／key-cutting　鍵の複製／actually　実は／hold on a moment　少し待つ／supervisor　上司、管理者／probably　たぶん／neighborhood　近所／photocopy　（コピー機で）コピーする／document　書類／duplicate　複製する／purchase　購入する／tool　道具／nearby　近い／information　情報／local　地元の／firm　会社

解説

65. 正解 (C)　❗全体を問う問題　　❓難度 ★★★★☆

女性がしなくてはならないことについて問われています。設問でも使われている need to が❻❺の女性のセリフでも使われています。女性は I need to get three extra keys cut for my new house. と言っています。「新しい家の鍵を3つ複製してもらう」必要があるということです。cut は「複製する」の意味で、set three extra keys cut で「3つの予備の鍵を複製する」となります。選択肢で key があるのは (C) だけなのですぐに選べそうですが、duplicated がわからなくて戸惑うかもしれません。これは「複製する」の意味です。

66. 正解 (D)　❗個別情報を問う問題　　❓難度 ★☆☆☆☆

具体的な店舗名カブス・ハードウェアに関する情報が問われています。まずこの店舗名が出てくるのは❻❻の男性のセリフで、女性にそこに行くよう勧めています。それに対し女性は、そこに行ったけれども they were closed「閉まっていた」と答えています。つまり正解は (D) です。男性は just about a half mile down the street と言っているので (A) を選びそうになりますが、設問はあくまで女性が言っていることについてであることに注意しましょう。確実に正解したい問題です。

67. 正解 (A)　❗個別情報を問う問題　　❓難度 ★★☆☆☆

男性が何をするかというと、女性の質問「ほかにお店はありませんか」に対し、男性の最後のセリフ❻❼で、I'll ask my supervisor「上司に聞いてみます」と言っています。選択肢にも言い換えはなく、そのまま (A) に反映されていますので、これが正解です。

PART 3 TEST 3 解答・解説

トランスクリプション

Questions 68-70 refer to the following conversation.

M: Hi there. I read that the Roman Empire exhibit isn't open today. Are there any other exhibits on ancient civilizations that you can recommend?

W: ㊿Yes, we have a few other exhibits that you're sure to find interesting. The exhibition of Etruscan artifacts is particularly intriguing. Why don't you try that one?

M: That'd certainly be a good place to start. ㊾I'd like to learn about as many different cultures as possible, though. I'm going to be studying ancient civilizations at school next semester, so I'm starting my research early.

W: ㊿Perhaps, then, you'd like to take our Ancient Worlds tour, which is led by our head archeologist. The next tour starts in 30 minutes. It covers all the ancient culture exhibits that we have at the museum, so it should serve as a good introduction for you.

設問と訳

68. Who probably is the woman?

(A) A travel agent
(B) A school librarian
(C) A museum employee
(D) A university lecturer

女性は、おそらくどういう人物なのでしょうか。

(A) 旅行業者
(B) 学校の図書館員
(C) 博物館の職員
(D) 大学の講師

69. What does the man intend to do?

(A) Research ancient history
(B) Study overseas
(C) Purchase some artifacts
(D) Register for a course

男性は何をするつもりですか。

(A) 古代史を研究する
(B) 海外で勉強する
(C) 工芸品を購入する
(D) 講座に登録する

70. What does the woman recommend?

(A) Paying by credit card
(B) Taking a tour
(C) Reading a book
(D) Coming back another day

女性は何をすることを勧めていますか。

(A) クレジットカードで支払うこと
(B) ツアーに参加すること
(C) 本を読むこと
(D) 別の日に出直すこと

PART 3　TEST 3 解答・解説

会話の訳と語注

問題 68-70 は、次の会話に関する問題です。

男性：こんにちは。ローマ帝国展は、今日は開催していないと書いてあったのですが、ほかに何かおすすめの古代文明の展示はありませんか。

女性：はい、きっと面白いと思っていただける展示物がほかにもいくつかございます。エトルリア工芸品の展示は、特に魅力的でしょう。これをご覧になってみてはいかがですか。

男性：それはきっと、最初に行ってみるにはよさそうですね。でも、僕はできるだけ多くの異文化について知りたいのです。来学期は学校で古代文明を勉強するつもりなので、自分の研究を早めに始めようとしているんです。

女性：それでしたら、たぶん、当館の考古学研究主任が案内する「古代世界ツアー」に参加なさってはいかがですか。次のツアーは、あと 30 分で始まります。この博物館が所蔵する古代文化の展示物をすべて網羅していますから、きっとよい手引きとなってくれるはずです。

【語注】exhibit　展覧会／ancient　古代の／civilization　文明／artifact　工芸品／particularly　特に／intriguing　魅力的な、非常に興味深い／certainly　きっと、間違いなく／though　～だが／semester　学期／head　主任、長／archeologist　考古学者／cover　網羅する、扱う／serve as　～の役割を果たす／introduction　手引き、入門／travel agent　旅行業者／intend to　～をするつもりである／purchase　購入する／register for　～に登録する

解説

68. 正解 (C)　❗全体を問う問題　❓難度 ★★★☆☆

まず、会話全体の状況をつかみましょう。exhibit という単語が何度も登場していますので、展示会場、もしくは美術館や博物館などが会話の場面として想定できます。設問では、女性が誰なのか、が問われていますが、この会話は男性から始まっており、男性は展示を見に来たが閉まっているのでほかにおすすめはないですか？と女性に尋ねています。すると女性が ⑱ we have a few other exhibits「いくつかあります」と we を使っているので、exhibits の関係者、つまり (C) の「博物館の職員」が正解となります。

69. 正解 (A)　❗個別情報を問う問題　❓難度 ★★★☆☆

設問 68 の内容から、男性は展示会を見に来た見学者だとわかりますね。その男性は何をするつもりか、と男性の行動が問われています。男性は ⑲で I'd like to learn...、I'm going to be studying...、I'm starting my research... と勉強に関心があると繰り返しています。勉強したい内容は ancient civilizations「古代文明」です。同じ内容が複数のパターンで登場するため逆に紛らわしく感じられるかもしれませんが、選択肢 (A) が正解です。

70. 正解 (B)　❗個別情報を問う問題　❓難度 ★☆☆☆☆

女性は何をすることを勧めていますか、という設問ですので女性の言動を把握しましょう。女性は ⑳で you'd like to...「～してみたくなるでしょう」と言い、その内容は take our Ancient Worlds tour「古代世界ツアーに参加する」です。さらに、「次の回はあと 30 分で始まる」と案内しています。同じ文章に archeologist という難しい単語が登場しますが、この単語の意味がわからなくても正解を選ぶことができるでしょう。選択肢には言い換えはなく、(B) に Taking a tour とあるので、迅速にこれを正解だと判断します。

223

PART 3 TEST 4 解答・解説

トランスクリプション

Questions 41-43 refer to the following conversation.

W: Good morning. I've come to give some files to Ms. Sarah Bauer. ㊶Could you tell me how to get to her office?
M: Sure. You need to take the elevator to the ninth floor. But, ㊷Ms. Bauer is out of the office this week. If you'd like, I can take the files from you and take them to her when she gets back.
W: ㊸Thanks for the offer, but I need Ms. Bauer to sign for the files. I'll have to come back again next week.

設問と訳

41. What does the woman want to know?
(A) When to attend a meeting
(B) How to get to an office
(C) How to enter a building
(D) When some rental properties are available

女性は何を知りたいのですか。
(A) 会議に出席する時間
(B) オフィスへの行き方
(C) 建物への入り方
(D) 賃貸物件に入居できる時期

42. What does the man offer to do?

(A) Receiving a delivery
(B) Looking up some details
(C) Sending a fax
(D) Opening a door

男性は、どのような提案をしていますか。

(A) 届け物を預かる
(B) 詳細を調べる
(C) ファクスを送信する
(D) ドアを開ける

43. According to the woman, what will Ms. Bauer need to do?

(A) Find an address
(B) Book a meeting room
(C) Sign for some files
(D) Delay a vacation

女性によると、バウアーさんは何をする必要があるのでしょうか。

(A) 住所を見つける
(B) 会議室を予約する
(C) ファイルに署名する
(D) 休暇を先延ばしにする

224

PART 3 TEST 4 解答・解説

会話の訳と語注

問題 41-43 は、次の会話に関する問題です。

女性：おはようございます。私は、サラ・バウアーさんにファイルを届けに来ました。彼女のオフィスへの行き方を教えてもらえますか。

男性：かしこまりました。9階までエレベーターで行く必要がありますが、バウアーさんは、今週はオフィスにはいませんよ。よろしければ、私がファイルを預かって、彼女が戻ってきたときに届けることもできますよ。

女性：お申し出はありがたいのですが、ファイルにバウアーさんの署名をもらう必要があるのです。来週また来なければなりませんね。

【語注】file ファイル／ elevator エレベーター／ offer 申し出、提案／ sign 署名（する）／ attend 出席する／ enter 入る／ rental properties 賃貸物件／ available 入居できる、利用可能な／ delivery 届け物、配達物／ look up （情報を）調べる／ detail 詳細／ according to ～によると／ book 予約する／ meeting room 会議室／ delay 先延ばしにする、延期する／ vacation 休暇

解説

41. 正解 (B) 個別情報を問う問題　　難度 ★☆☆☆

女性の知りたいことについて答える設問です。女性はファイルを持ってきたと言った後、41でCould you tell me...「教えてくれませんか？」、how to get to her office「彼女のオフィスへの行き方」と尋ねていますので、これが彼女の知りたい情報です。正解は (B) です。選択肢には言い換えもなく、とてもやさしい問題ですのでぜひ正解しておきたい問題です。

42. 正解 (A) 個別情報を問う問題　　難度 ★★★☆

男性は何を提案する、と今度は男性の行動が問われています。男性のセリフ、42を確認しましょう。その直前で女性が会いたい相手はオフィスにはいないと伝えた後、構わなければ I can take the files「ファイルを預かります」、take them to her「彼女に渡します」と言っているのでこれに相当するものを選択肢から選びます。正解は (A) です。「受け取る」が receive、「ファイル」が delivery になっているので注意しましょう。

43. 正解 (C) 個別情報を問う問題　　難度 ★★★☆

設問に According to the woman とありますので、女性のセリフに情報があるはずです。女性はバウアーさんについて43で男性の申し出に感謝した後、I need Ms. Bauer to sign for the files. と言っています。つまり、本人の直筆のサインが欲しいわけですね。選択肢を見てみると、(C) がそれにあたります。言い換えもなく、他の選択肢にも混乱させるような内容はないので、わかりやすい問題でしょう。

225

PART 3 TEST 4 解答・解説

トランスクリプション

Questions 44-46 refer to the following conversation.

M: Good evening. JPL Plumbers. How can I help you this evening?
W: Hello. ㊹I live in Saint Paul and I'm having a problem with my bathroom toilet. It seems to be leaking. There's a large wet patch around the base of the toilet, and it's getting wetter. Would someone be able to come take a look at it for me?
M: ㊺I'm sorry, but none of our plumbers are available until tomorrow morning. Would you like me to send someone between 8 and 1 o'clock tomorrow?
W: Hmm. ㊻I need to be at work tomorrow morning for an important client meeting. I can ask my neighbor to wait in and let the plumber in, though. Shall I give you my address?

設問と訳

44. What is the purpose of the call?

(A) To inquire about a water bill
(B) To purchase a bathroom suite
(C) To request repair services
(D) To order a new dishwasher

この電話の目的は何ですか。

(A) 水道料金について問い合わせること
(B) 浴室設備一式を購入すること
(C) 修理サービスを依頼すること
(D) 新しい食洗機を注文すること

45. What does the man apologize for?

(A) Employees not being available
(B) A business being closed for the day
(C) An item not being in stock
(D) An order being delayed

男性は、何について謝っているのですか。

(A) 従業員の都合がつかないこと
(B) その日は閉店していること
(C) 商品の在庫がないこと
(D) 注文の品が遅れていること

46. Why will the woman ask her neighbor to help her?

(A) She has lost her house keys.
(B) She has forgotten to turn off the water.
(C) She wants an introduction to a client.
(D) She cannot be home at a certain time.

女性は、なぜ隣人に手助けを求めるのでしょうか。

(A) 自分の家の鍵を紛失したから。
(B) 水道の水を止め忘れたから。
(C) 顧客に紹介してほしいから。
(D) 特定の時間帯に家にいられないから。

PART 3　TEST 4 解答・解説

会話の訳と語注

問題 44-46 は、次の会話に関する問題です。

男性：こんばんは。JPL 配管工事店です。今夜は、どのようなご用件でしょうか。
女性：こんばんは。私はセント・ポールに住んでいるのですが、浴室のトイレに問題があるのです。水が漏れているようなのです。トイレの土台の周りが広く濡れていて、水が溜まってきています。誰か来て調べてもらうわけにいきませんか。
男性：申し訳ありませんが、当店の配管工は、明日の朝まで都合がつかないのです。明日の朝 8 時から午後 1 時までの間に誰かを派遣しましょうか。
女性：そうですか。明日の午前中は、お客様との大事な会議のために、私は仕事に出かける必要があるんです。でも、お隣さんに家の中で待っていてもらって、配管工の方を入れてもらうように頼むことができます。私の住所をお伝えしましょうか。

【語注】leak　（水などが）漏れる／ patch　（周囲とは区別される）部分、断片／ base　土台、根元／ plumber　配管工／ available　都合がつく／ client　お客、顧客／ neighbor　隣人／ wait in　（家の）中で待つ／ though　〜だが／ purpose　目的／ inquire about　〜について問い合わせる／ water bill　水道料金／ purchase　購入する／ bathroom suite　浴室の設備一式／ request　依頼する／ repair　修理／ order　注文する／ dishwasher　食洗機／ apologize for　〜について謝罪する／ employee　従業員／ business　店／ in stock　在庫の／ delay　遅らせる／ introduction　紹介

解説

44. 正解 (C) 　全体を問う問題　　難度 ★★☆☆☆

まず、男性が会社名 JPL Plumbers を名乗っています。「どのようなご用件でしょうか」と聞いているので、女性が用件＝電話をかけてきた目的を述べると推測できます。女性のセリフでは❹ I'm having a problem「問題がある」、...leaking「水漏れ」と状況を伝えます。そして Would someone be able to come take a look at it for me?「どなたか見に来てくれますか？」と用件を言います。plumber が「配管」だとわからないと会話の展開がよく飲み込めないかもしれませんが、修理のお願いだということはわかるでしょう。「修理」の表現が repair となっている (C) が正解です。

45. 正解 (A) 　個別情報を問う問題　　難度 ★★★☆☆

設問では apologize for がキーワードで、男性が何を謝っているのかを聞き取りましょう。❹で I'm sorry と始めていますので、この後にお詫びの内容があると予測できますね。内容は、None of our plumbers are available「誰も都合がつかない」ということです。つまり、女性の要望「誰か見に来てほしい」に応じられないわけですね。available は頻出単語ですからぜひすぐに状況がわかるようにしておきましょう。正解は「今対応できる従業員がいない」という内容の (A) です。plumbers が employees と言い換えられています。

46. 正解 (D) 　個別情報を問う問題　　難度 ★★★★☆

女性が隣人に助けてもらう理由が問われています。これまでの流れから、女性は「トイレを見に来てほしい」と依頼したところ、「今日は対応できる従業員がいない」と男性に断られていることがわかります。配管工事店の男性は、この状況に対して、❹明日であれば対応できることを伝えています。すると女性は❻ I need to be at work tomorrow morning.「明日の午前中は会社にいなくてはならない」と答えますが、続けて I can ask my neighbor と言って、to wait in and let the plumber in「家で待っていてもらって配管工を家に入れる」と解決策を出しました。この状況から設問に対する答えを判断すると (D) が正解となります。

227

PART 3 TEST 4 解答・解説

トランスクリプション

Questions 47-49 refer to the following conversation.

W: And we're done. Here're the keys to your rental car. It's the red SUV out front in parking space 12.
M: ㊼Oh, but that's not what I ordered. I asked for a full-size sedan. I'm going to be taking some clients for a ride while I'm here, and I don't think an SUV will be suitable. Could you double-check my reservation please?
W: Oh yes, you're right; you did request a full-size sedan. I apologize. I'm afraid, though, that we're currently out of full-size sedan. ㊽If you could wait a few hours, we're expecting some our larger cars to be brought back later this afternoon.
M: ㊾Unfortunately there's no way that I can wait that long. Please can you just cancel my reservation? I'll go to another car rental agency instead to see if they can help me out with what I need.

設問と訳

47. What problem does the man mention?

(A) A vehicle is unsuitable.
(B) An office closed for the day.
(C) A client is late.
(D) An extra charge will be added.

男性は、どのような問題を述べていますか。

(A) 車が適切でない。
(B) 事務所が営業を終えている。
(C) 顧客が遅れている。
(D) 追加料金がかかることになる。

48. What does the woman suggest?

(A) Paying a deposit
(B) Waiting for a while
(C) Saving an invoice
(D) Speaking with a customer

女性は、どのようなことを提案していますか。

(A) 保証金を支払うこと
(B) しばらく待つこと
(C) 請求書を保存すること
(D) 顧客と話をすること

49. What does the man say he will do?

(A) Take a cab
(B) Return later on
(C) Make a complaint
(D) Visit another business

男性は何をするつもりだと言っていますか。

(A) タクシーを利用する
(B) 後でもう一度来る
(C) 苦情を言う
(D) 他の店に行く

PART 3 TEST 4 解答・解説

会話の訳と語注

問題 47-49 は、次の会話に関する問題です。

女性：さあ、これで完了です。あなたのレンタカーのキーをどうぞ。建物の前にある駐車場の12番のスペースに駐車してある赤いSUV（スポーツ用多目的車）です。
男性：おや、でもそれは僕が頼んだ車ではありませんよ。僕は大型セダンを頼んだのですから。この町にいる間に数人のお得意様をドライブに連れていくつもりなので、SUVではふさわしくないと思います。僕の予約内容をもう一度確認してもらえますか。
女性：おや、そうですね。おっしゃるとおりです。お客様は、たしかに大型セダンを予約されています。申し訳ありません。ただ、今は大型セダンが出払ってしまっております。もし2、3時間待っていただければ、今日の午後には大型車が何台か戻されてくるはずです。
男性：残念ながら、そんなに長く待ってはいられません。とにかく僕の予約を取り消してもらえませんか。代わりに、ほかのレンタカー会社に行って、僕が必要な車を何とか用意できるか確認してみることにしますから。

【語注】out front 建物の前の／ full-size 大型の／ sedan セダン［箱型］タイプの車／ ride ドライブ／ suitable ふさわしい、適した／ double-check 再確認する／ reservation 予約／ apologize 謝る／ currently 今、現在／ be out of ～が足りない／ unfortunately 残念ながら／ instead 代わりに／ mention 述べる、言及する／ vehicle 車（両）／ unsuitable 適切でない／ extra charge 追加料金、割増料金／ deposit 保証金、前金／ invoice 請求書／ make a complaint 苦情を言う

解説

47. 正解 (A) 【全体を問う問題】　　難度 ★★★☆☆

女性の最初のセリフに Here're the keys to your rental car. とあることから、男女の立場を推測することができます。女性はレンタカー会社の社員で、男性はレンタカーの利用者です。男性の問題については、❹❼ ...that's not what I ordered. と触れられています。「僕が頼んだものではない」ということです。I asked for a full-size sedan.「大型セダンを頼んだ」のに、頼んだ車と渡された車が違うもので、I don't think an SUV will be suitable.「SUVではふさわしくない」と理由を述べています。選択肢からは「車がふさわしくない」と説明されている (A) が正解となります。

48. 正解 (B) 【個別情報を問う問題】　　難度 ★★☆☆☆

設問 47 から男性が頼んだ車と用意されたレンタカーが違うものだったということがわかっています。そこで、女性が何を提案するのかというのが今回の問いです。女性のセリフを聞いていくと、❹❽で If you could wait a few hours「もし数時間待てば」、our larger cars「大型車」が be brought back「戻ってくる」と言っています。つまり、待てば要望にかなった車が戻ってくる、というわけです。選択肢 (B) に waiting for a while とありますのでこれが正解です。

49. 正解 (D) 【個別情報を問う問題】　　難度 ★★☆☆☆

これまでの状況を受けて、最終的に男性は何をするか、が設問の内容です。❹❽の女性の提案に対し、男性は ❹❾ there's no way that I can wait that long「そんなに長い時間待てない」と言っています。there's no way... は断りの際の表現として覚えておきましょう。そして男性は、Please can you just cancel my reservation? と予約の取り消しをお願いしています。I'll go to another car rental agency instead「その代わり他のレンタカー会社に行く」と言っていますので、正解は (D)visit another business です。agency は business に、go は visit に言い換えられています。

229

PART 3 TEST 4 解答・解説

トランスクリプション

Questions 50-52 refer to the following conversation.

M: Good morning, Miss Bo. This is Jaime Rodriguez calling from Grand Designs. ㊾Thank you again for attending the interview with us last week. We were all impressed by your innovative ideas for our Web site redesign. As a result, we're thrilled to offer you the Web site developer job. We'd like you to start working from June 20th if you can.

W: Thank you very much, Mr. Rodriguez. I'd be happy to accept your offer. ㊶I do have a question though regarding relocation. Will I be able to get my moving costs reimbursed?

M: That will be decided by our human resources department. ㊷The terms of your employment will all be in the contract they send out to you later today. Take a look at it when it arrives, and if anything isn't clear, please just give me a call.

設問と訳

50. What is the reason for the man's call?

(A) To make a job offer
(B) To promote a Web site
(C) To change a work shift
(D) To describe a compensation package

男性が電話した理由は何ですか。

(A) 採用の通知をするため
(B) ウェブサイトを宣伝するため
(C) 勤務時間を変更するため
(D) 給与体系について説明するため

51. What does the woman ask about?

(A) A repayment
(B) A Web site address
(C) A start date
(D) A customer's name

女性は何について質問していますか。

(A) 払い戻し
(B) ウェブサイトのアドレス
(C) 開始日
(D) 顧客の名前

52. According to the man, what will happen today?

(A) An interview will take place.
(B) A meeting will be arranged.
(C) A Web site will be down.
(D) A document will be mailed.

男性によると、今日何が行われるのでしょうか。

(A) 面接が行われる。
(B) 会議が手配される。
(C) ウェブサイトが利用できなくなる。
(D) 書類が郵送される。

PART 3 TEST 4 解答・解説

会話の訳と語注

問題 50-52 は、次の会話に関する問題です。

男性： おはようございます、ボスさん。グランド・デザインズ社のジェイム・ロドリゲスです。先週、当社での面接にお越しいただいたことに、重ねてお礼を申し上げます。私たちは、当社のウェブサイトの再設計に関するあなたの斬新なアイデアにとても感心しました。そういうわけで、私たちは、ぜひあなたにウェブサイト開発者の仕事をお任せしたいと思っております。可能ならば、6月20日から仕事を始めていただければと思います。

女性： どうもありがとうございます、ロドリゲスさん。御社のお申し出をありがたくお受けさせていただきたいと思います。ただし、転居に関してひとつ質問があります。私の引越し費用はあとで払い戻してもらえるのでしょうか。

男性： それは当社の人事部が判断することになります。あなたの雇用条件は、今日中にお送りする契約書にすべて書いてあるはずです。それが届いたら目を通していただき、何かご不明な点がありましたら、私までお電話ください。

【語注】attend 出席する／impressed 感心した、感銘を受けた／innovative 斬新な、革新的な／redesign 再設計／thrilled 感激した／developer 開発者／accept 受け入れる／though ただし／regarding ～について／relocation 転居、移転／moving costs 引越し費用／reimburse 払い戻す／human resources department 人事部／terms【通例複数形】条件／promote 宣伝する／compensation package 給与体系、待遇／repayment 払い戻し／arrange 手配する

解説

50. 正解 (A) 全体を問う問題　　難度 ★★☆☆☆

男性のひとこと目に This is... calling from Grand Designs. とあり、電話だとわかります。電話した理由については❺で述べられています。男性は、女性に対して Thank you again for... と先週面接に来てくれた御礼を述べ、We were all impressed with... で彼女のウェブに関するアイデアを称賛します。そして、we're thrilled to offer you... job.「お仕事をお任せします」と伝えていますので、(A) が正解です。

51. 正解 (A) 個別情報を問う問題　　難度 ★★☆☆☆

男性のセリフの後に女性は気になっていたことを質問しています。女性は❺で I do have a question... と切り出していますので、この先の内容が女性の質問だとわかるでしょう。質問は regarding relocation「転居に関して」です。Will I be able to get my moving costs reimbursed?「引っ越し費用は払い戻してもらえますか？」と質問していますので、これに該当する選択肢は (A) の「払い戻し」です。repayment、reimbursed など「払い戻し」は TOEIC に頻出の表現です。

52. 正解 (D) 個別情報を問う問題　　難度 ★★☆☆☆

男性によると今日何が行われるのかということで、today という日時を示すキーワードが登場しています。❺の女性の質問に対し、男性は「それは人事部が決めるでしょう」と言ったあと、続けて❺ The terms... will all be in the contract「条件は契約書にすべて書いてあります」、they'll send out to you later today「今日これからあなたに送られる」と言っています。この中にキーワード today があります。選択肢には送られる contract「契約書」という単語はなく、代わりに document「書類」で言い換えられています。この内容に合致する選択肢は (D) です。また、send も mail に言い換えられています。

PART 3 TEST 4 解答・解説

トランスクリプション

Questions 53-55 refer to the following conversation.

M: Hi, Paula. ❺❸I'm in the process of producing next month's newsletters. I thought it would make sense to feature some photos of our products. I'm not having much luck with the photos, though.
W: So I see. ❺❹It looks like the pictures are far too dark. The colors don't come through at all. Is there any way of making them lighter? I'm not sure if it's possible.
M: ❺❺I'll try using the photo editing software and see what I can do. I think lightening the photos might be quite easy to do.

設問と訳

53. What are the speakers discussing?

(A) A magazine cover
(B) A television advertisement
(C) A newsletter
(D) A product design

ふたりは何について話し合っていますか。

(A) 雑誌の表紙
(B) テレビ広告
(C) ニュースレター
(D) 製品のデザイン

54. What is the problem?

(A) Some text is difficult to read.
(B) A page will not print.
(C) Some pictures are too dark.
(D) There is a factual error.

何が問題なのですか。

(A) 一部のテキストが読みにくい。
(B) ページが印刷されない。
(C) いくつかの写真が暗すぎる。
(D) 事実に関する間違いがある。

55. What will the man do to fix the problem?

(A) Purchase some better ink
(B) Change some printer settings
(C) Hire a photographer
(D) Use some software

男性は問題を解決するために何をするのでしょうか。

(A) もっとよいインクを購入する
(B) プリンターの設定を変更する
(C) カメラマンを雇う
(D) なんらかのソフトウェアを使う

PART 3 TEST 4 解答・解説

会話の訳と語注

問題53-54は、次の会話に関する問題です。

男性：やあ、ポーラ。今、来月のニュースレターの制作をしているところなんだ。うちの製品の写真を何枚か大きく掲載するのは意味があると思ったんだ。だけど、なかなかいい写真がなくてね。

女性：ええ、そのようね。写真が暗すぎるみたい。色がはっきりと出ていないわね。もっと明るくする方法は何かないの？ そんなことができるかどうか私にはわからないけど。

男性：写真編集ソフトを使ってみて、何ができるか見てみよう。写真を明るくするのは、とても簡単なことじゃないかと思うよ。

【語注】be in the process of ～しているところで／ produce 制作する／ newsletter ニュースレター、会報／ make sense 意味がある、妥当である／ feature （大きく）取り上げる／ how much luck with... ～に恵まれている／ though だけど／ come through はっきり現れる、伝わる／ editing 編集（の）／ lighten 明るくする／ magazine cover 雑誌の表紙／ advertisement 広告／ print 印刷される／ factual 事実についての／ error 間違い／ fix （問題を）解決する／ purchase 購入する／ printer プリンター／ setting 設定／ hire 雇う／ photographer カメラマン、写真家

解説

53. 正解 (C) 【全体を問う問題】　　難度 ★★★★☆

話し手が何について話しているのかが問われています。❺❸で男性が I'm in the process of producing next month's newsletters「来月のニュースレターを作成中」と言っています。その後、掲載する写真についても言及していますが、写真の話題も含めて会話全体のテーマはニュースレターについてですので、選択肢 (C) が正解です。

54. 正解 (C) 【個別情報を問う問題】　　難度 ★★★☆☆

設問の内容が「問題は何か」とおおまかなのですが、会話の展開を理解できれば、ふたりが直面している問題はすぐにわかるでしょう。女性は❺❹で、It looks like the pictures are far too dark.「写真が暗すぎるようだ」と言い、Is there any way of making them lighter? と明るくする方法がないか男性に尋ねています。つまり、問題は「写真が暗い」ことですね。正解は (C) です。言い換えもありませんし、他の選択肢の内容についても混乱を招くようなものではありません。

55. 正解 (D) 【個別情報を問う問題】　　難度 ★★★☆☆

問題は「写真が暗いこと」ですから、それを解決するために男性は何をするのかが問われています。会話の流れからすると、会話の後半の男性のセリフに正解のヒントがあると予測できますね。❺❺で、I'll try using the photo editing software「写真編集ソフトを使ってみるよ」、そして see what I can do「何ができるか見てみる」と答えています。男性がする行動として選択肢を見てみると、今回も言い換えはなく、素直に (D) が選べるでしょう。

PART 3 TEST 4 解答・解説

トランスクリプション

Questions 56-58 refer to the following conversation.

M: ⑤⑥Hello, Joanne. I just wanted to check that this room is set up. I'm doing a presentation in here later today. Will you be using the equipment in here today?

W: ⑤⑥Yes, I will. I'm preparing for my 2 o'clock presentation right now. I'm presenting the end-of-year accounts to the management committee.

M: ⑤⑦Oh, I see. My presentation is at 4 o'clock, immediately after yours. I'll need to use the laptop and the projector. Could you leave them on for me when you're done?

W: ⑤⑦Of course, no problem. I'll leave everything on for you. Please make sure that you turn it all off and lock the door when you're finished, because your presentation is the last one of the day. ⑤⑧I'd better give you the key to the room. Here you go.

設問と訳

56. What are the speakers each going to do in the afternoon?

(A) Attend a conference
(B) Give a presentation
(C) Install a new projector
(D) Go to a meeting

ふたりはそれぞれ、午後に何をすることになっていますか。

(A) 会議に出席する
(B) プレゼンを行う
(C) 新しいプロジェクターを設置する
(D) 会合に出向く

57. What does the woman agree to do?

(A) Contact a management committee
(B) Purchase another laptop
(C) Leave some equipment turned on
(D) Confirm a reservation

女性は何をすることに同意していますか。

(A) 経営委員会に連絡する
(B) もう1台ノートパソコンを購入する
(C) 機材の電源を入れたままにしておく
(D) 予約を確認する

58. What does the woman give the man?

(A) A conference schedule
(B) A list of participants
(C) A meeting agenda
(D) A door key

女性は男性に何を渡しますか。

(A) 会議のスケジュール
(B) 参加者の名簿
(C) 会議の議題
(D) ドアの鍵

PART 3 TEST 4 解答・解説

会話の訳と語注

問題 56-58 は、次の会話に関する問題です。

男性：やあ、ジョアン。この部屋の準備ができているか、ちょっと確認したかったんだ。今日、後で、僕がここでプレゼンをするんだ。君はここにある機材を今日使う予定はあるのかい？

女性：ええ、そのつもりよ。今、2時からの私のプレゼンの準備をしているところなの。経営委員会に年度末の会計報告をするのよ。

男性：ああ、なるほど。僕のプレゼンは4時からだから、君のすぐあとだね。そのノートパソコンとプロジェクターは、僕も使うことになるだろう。君が使い終わったら、僕のために電源をそのままにしておいてくれるかい？

女性：ええ、大丈夫よ。あなたのために何もかもそのままにしておくわ。使い終わったらすべて電源を切って、ドアに鍵をかけることを忘れずにね。あなたのプレゼンは今日の最後だから。この部屋の鍵はあなたに渡しておいたほうがいいわね。はい、どうぞ。

【語注】set up 準備する／ equipment 機材、機器／ prepare 準備する／ present 提示する／ end-of-year 年（度）末の／ accounts【通例複数形】会計報告（書）、収支計算（書）／ management committee 経営委員会／ immediately すぐに／ laptop ノートパソコン／ projector プロジェクター／ make sure 必ず～するようにする／ lock 鍵をかける／ attend 出席する／ install 設置する／ purchase 購入する／ confirm 確認する／ reservation 予約／ participant 参加者／ agenda 議題、案件

解説

56. 正解 (B) ❗個別情報を問う問題　　　　　❓難度 ★★☆☆☆

設問では、afternoon がキーワードです。会話には、2 o'clock、4 o'clock などと具体的な時間が登場していますが、どれも午後の範疇に含まれる時間です。ふたりの予定については、男性のセリフ❺❻ I'm doing a presentation in here later today.「今日、後でプレゼンをする」と言っています。その後、女性も❺❻で I'm preparing for my 2 o'clock presentation...「2 時のプレゼンの準備をしている」としていますので、(B) を選びましょう。全体的に会議に関するキーワードが多く登場していますので、惑わされて (A) や (D) を選択しないようにしましょう。

57. 正解 (C) ❗個別情報を問う問題　　　　　❓難度 ★★★☆☆

女性が「同意」している内容を答える設問ですので、男性のセリフにもヒントがあります。男性は❺❼で「僕のプレゼンはあなたのプレゼンの直後で 4 時から始まる」と言っています。そして I'll need to use the laptop and the projector.「パソコンとプロジェクターを使う必要がある」ので、Could you leave them on for me...?「そのままにしてくれませんか？」とお願いしています。すると女性は❺❼ I'll leave everything on for you.「すべて電源をそのままにしておく」と言っていますので、(C) が正解です。laptop や projector については equipment としてまとめて表現されています。

58. 正解 (D) ❗個別情報を問う問題　　　　　❓難度 ★★☆☆☆

女性が男性に渡す具体的なものが問われています。「渡す」動作に注目してみましょう。女性は、男性の提案に賛同した後、Please make sure that you turn it all off and lock the door として「すべての電源を切って必ず鍵をかけて」と言っています。そして、❺❽ I'd better give you the key to the room.「部屋の鍵を渡したほうがよいですね」、Here you go.「はい、どうぞ」として、男性に鍵を渡していますので、正解は (D) です。Here you go. はものを渡す際の定番表現です。

PART 3 TEST 4 解答・解説

トランスクリプション

Questions 59-61 refer to the following conversation.

W: Phil, could you give me a hand finding some monitors? (59)I don't know the layout of the stockroom very well, and it seems that a lot of the stock has been rearranged since I was last in here.

M: No problem. Actually, (60)we have a shipment of new monitors coming in this afternoon for the summer sale. That's the reason we've moved things around a little. Which model are you looking for?

W: (61)There's a customer who wants to compare the 32-inch and 40-inch models. If you could show me where I'm likely to find those, I'll take them out to the showroom to show the customer.

設問と訳

59. Where most likely are the speakers?

(A) In a high school
(B) In a store
(C) At a pharmaceutical firm
(D) At a factory

ふたりはどのような場所にいる可能性が最も高いですか。

(A) 高校
(B) 店舗
(C) 製薬会社
(D) 工場

---

60. What does the man say will happen this afternoon?

(A) A Web site will be launched.
(B) Inventory will be counted.
(C) A shipment will be delivered.
(D) Tickets will be sold.

男性は今日の午後、何が行われると言っていますか。

(A) ウェブサイトが公開される。
(B) 在庫が集計される。
(C) 発送された品物が届く。
(D) チケットが販売される。

---

61. What will the woman most likely do next?

(A) Show a customer some merchandise
(B) Restock a store
(C) Watch a presentation
(D) Measure a display unit

女性は、この後で何をする可能性が最も高いですか。

(A) 客にある商品を見せる
(B) 店に商品を補充する
(C) プレゼンテーションを見る
(D) ディスプレー装置のサイズを測る

PART 3 TEST 4 解答・解説

会話の訳と語注

問題 59-61 は、次の会話に関する問題です。

女性：フィル、モニターを何台か探すのを手伝ってくれる？ 私には、この倉庫の配置がよくわからないのよ。それに、私がここに最後に来たときから、ずいぶん多くの在庫品が並べ替えられたようだわ。

男性：お安いご用さ。実は、サマーセールのために新しいモニターが今日の午後に納品されるんだ。それで、ちょっと品物をあちこちに動かしたのさ。君が探しているのは、どのモデルだい？

女性：32 インチと 40 インチのモデルを比べたいというお客様がいるの。それがどのあたりで見つかりそうか教えてくれれば、私がショールームに運んでいって、お客様にお見せするわ。

【語注】give... a hand ～を手伝う／ monitor モニター／ layout 間取り、配置／ stockroom （商品）倉庫／ stock 在庫品／ rearrange 並び替える、再配置する／ actually 実は／ shipment 配送品／ customer お客、顧客／ compare 比べる、比較する／ showroom ショールーム／ pharmaceutical firm 製薬会社／ factory 工場／ happen 行われる、起こる／ launch 公開する、開始する／ inventory 在庫／ count 数える／ deliver 配達する／ merchandise 商品／ restock 補充する／ presentation プレゼンテーション／ measure 測る／ display unit ディスプレー装置

解説

59. 正解 (B) ❗全体を問う問題　　　　　　　　　　　　　❓難度 ★★★☆☆

設問は Where で尋ねられていますので、選択肢には場所にする単語が並んでいますね。会話を聞くと、女性が❺❾ I don't know the layout of the stockroom...「倉庫の配置がよくわからない」と言っています。また、それより前の部分で could you give me a hand finding some monitors? とモニターを探すのを手伝ってほしいとも言っています。しかし、これだけでは正解は選べません。会話に登場するほかのキーワードを見てみると showroom「ショールーム」や customer「お客」といった単語が登場しますので、一番適切な場所として (B) を選びます。

60. 正解 (C) ❗個別情報を問う問題　　　　　　　　　　　❓難度 ★★☆☆☆

今日の午後に何が起きるのか、this afternoon をキーワードに会話を聞くと、❻⓿ we have a shipment of new monitors coming in this afternoon...「今日の午後新しいモニターが納品される」とあります。shipment... coming から「荷物が届く」と読み取れますので、選択肢からは同じ内容を表現した、A shipment will be delivered. の (C) を選びます。

61. 正解 (A) ❗個別情報を問う問題　　　　　　　　　　　❓難度 ★★☆☆☆

会話の後半に注目すると、男性の質問 Which model are you looking for? に対して、❻❶ There's a customer who wants to compare... と「（商品を）比べたいお客さんがいる」と述べています。そして If you could... で「商品の場所を教えてくれれば」I'll take them out to the showroom to show the customer.「お客さんに見せるためにショールームに持って行く」と言っています。つまり、女性は商品をお客さんに見せようとしていますので、(A) が正解です。「商品」は選択肢では merchandise と表現されています。

PART 3 TEST 4 解答・解説

トランスクリプション

Questions 62-64 refer to the following conversation.

M: Hello, my name's Walter Wang. I'm the sales manager from Pharmalogic Pharmaceuticals. (62)We'd like to put up a display in your store. We're promoting our new line in children's medicines.

W: (63)Well, our customers will probably be interested in that. Many people come in here especially to buy things for their children. Could you tell me a little more about these products first?

M: Certainly. The new medicines were developed in consultation with healthcare professionals who specialize in children's health. (64)What makes them special is that they contain only natural ingredients – nothing synthetic. That means parents can be sure that the medicines won't harm their kids.

設問と訳

62. What does the man want to do?

(A) Setting up a display
(B) Compiling a list of customers
(C) Replacing a damaged product
(D) Discounting items for young people

男性は何をしたいと思っていますか。

(A) 商品のディスプレイを置くこと
(B) 顧客名簿をまとめること
(C) 破損した商品を交換すること
(D) 若者向けの商品を割り引くこと

---

63. What does the woman say about her customers?

(A) They prefer to buy things with coupons.
(B) They want later store hours.
(C) They are interested in products for children.
(D) They respond well to promotions.

女性は自分のお客について、何と言っていますか。
(A) クーポンを使って買物することを好む。
(B) 店がもっと遅くまで開いていてほしいと思っている。
(C) 子ども用の商品に興味がある。
(D) 宣伝に敏感に反応する。

---

64. According to the man, what is unique about the products?

(A) They are locally produced.
(B) They are for professionals.
(C) They are recycled.
(D) They are natural.

男性によると、この商品の優れている点は何ですか。

(A) 地元で生産されている。
(B) 専門家のためのものである。
(C) リサイクルされている。
(D) 自然のものである。

PART 3　TEST 4 解答・解説

会話の訳と語注

問題 62-64 は、次の会話に関する問題です。

男性：もしもし、私はウォルター・ワンと申します。私はファーマロジック製薬の販売部長です。そちらのお店に、商品のディスプレイを置かせていただきたいのです。今、当社では子ども用医薬の新製品を宣伝しているところなんです。

女性：まあ、当店のお客様はたぶん関心を示すでしょう。こちらには多くの方が、特に自分のお子さん用のものを買いにいらっしゃいますから。まずその商品について、もう少し詳しく教えてもらえますか。

男性：かしこまりました。この新薬は、子どもたちの健康を専門とする医療専門家と相談して開発されました。これが特別なものである理由は、天然の素材だけしか含まれず、合成物質はいっさい入っていないことです。つまり、親御さんには、この薬がお子さんに害がないと安心していただくことができるのです。

【語注】**sales manager** 販売部長／**put up** 置く、飾る／**display** 展示（品）／**promote** 宣伝する／**line** 取扱商品／**medicine** 医薬品／**especially** 特に／**in consultation with** ～と相談して／**professional** 専門家／**specialize in** ～を専門にする／**contain** ～が含まれている／**ingredient** 素材、成分／**synthetic** 合成の、人工の／**harm** 害がある／**set up** ～を設置する／**compile** まとめる、編集する／**replace** 交換する／**damaged** 破損した／**respond** 反応する／**unique** 優れた、特有の

解説

62. 正解 (A)　■個別情報を問う問題　　　　❓難度 ★☆☆☆☆

男性は自己紹介をした後で、⓬ We'd like to put up a display in your store.「商品のディスプレイを置かせてもらいたい」と言っています。男性の依頼の内容は display がキーワードになっており、選択肢の (A) にそれがありますので、これが正解となります。put up と set up が同等表現として使われていますね。

63. 正解 (C)　■個別情報を問う問題　　　　❓難度 ★★☆☆☆

男性は自己紹介の際に ...from Pharmalogic Pharmaceuticals と言います。非常にややこしい社名ですが「Pharmalogic」は社名で、pharmaceuticals は通例複数形で「製薬会社」という意味です。音も聞き取りにくいため、ここから薬剤関連の会話だと理解するのは難しいかもしれません。しかしその後で medicines が出てきますので、ここから男性が営業をしている場所が「薬局」だとわかりますね。女性は⓭で自分の店のお客について、「たぶん興味を持ちます」と答え、かつ「特に子どものものを買うために多くの客が来る」と詳細を言っているので、この 2 点を網羅した (C) が正解です。

64. 正解 (D)　■個別情報を問う問題　　　　❓難度 ★★☆☆☆

設問では、この商品の優れている点はなんですか、と unique という語を使って尋ねています。男性のセリフ⓮で What makes them special is...「特別な点は……」と言っているのでこの後の情報が正解となる内容です。会話本文では unique ではなく special で言い換えられて表現されています。they contain only natural ingredients「天然素材しか含まれていない」と言っていますね。この内容から選択肢を選ぶと、(D) と判断できます。

239

トランスクリプション

Questions 65-67 refer to the following conversation.

M: Good morning, this is Adrian Giacobelli, the director of the research and development division. (65)I already sent through my division's budget proposal for next year, but (66)if possible I want to make a change.

W: Well, as you know, the deadline already passed, but I know that the finance board didn't look at the proposals yet. So it probably isn't too late.

M: That's great. I just need to replace the new software package I included in the proposal with another one that's slightly more expensive. Although it will cost more, it will be much better suited to my division's needs.

W: (67)I don't think that will be a problem. If you give me the details of the price difference, I'll update the document for you now.

設問と訳

65. What are the speakers discussing?

(A) A divisional budget
(B) A user manual
(C) A product design
(D) A promotional campaign

ふたりは何について話し合っていますか。

(A) ある部門の予算
(B) ユーザーマニュアル
(C) 製品のデザイン
(D) 販促キャンペーン

---

66. What does the man need to do?

(A) Attend a product demonstration
(B) Change a proposal
(C) Reschedule an appointment
(D) Arrange for an examination

男性は何をする必要があるのですか。

(A) 製品の実演に参加する
(B) 提案書を変更する
(C) 面談の日程を変更する
(D) 検査の手配をする

---

67. What does the woman request?

(A) The name of a co-worker
(B) The size of a group
(C) Product plans
(D) Pricing information

女性は何を求めていますか。

(A) 同僚の名前
(B) グループの人数
(C) 製品計画
(D) 価格情報

PART 3 TEST 4 解答・解説

会話の訳と語注

問題 65-67 は、次の会話に関する問題です。

男性：おはようございます。研究開発部長のエイドリアン・ジャッコベッリです。私の部署の来年度の予算案はすでにお送りしたのですが、もしできることなら、ひとつ変更を加えたいのです。

女性：ええと、ご存じのように、提出期限はすでに過ぎていますが、財務委員会はまだ提案書を見ていないと思います。ですから、おそらく、もう遅すぎるということはないでしょう。

男性：それはありがたい。提案書に盛り込んだ新しいソフトウェアパッケージを、わずかに値段の高い別のものと置き換えたいだけなのです。少しだけ高くつきますが、私の部署が求めていることにより適していることになります。

女性：それなら問題ないと思いますよ。価格の違いを詳しく教えていただければ、今すぐ私があなたの代わりに文書を更新いたします。

【語注】director 部長、役員／research and development 研究開発／division 部、局／budget proposal 予算案／deadline （提出）期限／finance board 財務委員会／replace 置き換える／slightly わずかに、少し／expensive 高価な／suited 適した／detail 詳細／price difference 価格差／divisional 部門の／promotional 販売促進の、宣伝の／attend 参加する、出席する／arrange for ～を手配する／examination 検査／co-worker 同僚／pricing information 価格情報

解説

65. 正解 (A)　全体を問う問題　難度 ★★☆☆☆

まず、男性が ⑮ I already sent through my division's budget proposal...「私の部署の予算案をすでに送った」というところから会話が始まります。会話のその後の話題も、この予算に関する内容ですので、これが主題です。男性は同じ⑮のセリフで ...if possible I want to make a change.「変更をしたい点がある」と言っています。これに対して女性は、締切は過ぎたが the finance board didn't look at the proposals yet「財務委員会はその予算案をまだ見ていない」と答えています。選択肢からは、budget を示している (A) が正解です。

66. 正解 (B)　個別情報を問う問題　難度 ★★★☆☆

男性が何をしたいのかは、⑯で伝えられえています。 if possible I want to make a change「可能なら変更したい」とありますので、すでに送った予算案に変更が必要だということです。会話の後半⑰の女性のセリフ I'll update the document for you now. からも資料に変更を加えるということは読み取れますが、⑯ではっきりと述べられていますので、この情報をもとに (B) を選びましょう。

67. 正解 (D)　個別情報を問う問題　難度 ★★☆☆☆

「予算案を変更したい」と男性が申し出た後に、男性は 2 回目のセリフで変更の詳細を述べています。この詳細の内容が複雑なので、この内容に気をとられていると今回の設問のヒントを聞き逃してしまうかもしれません。変更を加えることに対して女性は⑰で「問題ありません」と返答した後、If you give me the details of the price difference「値段の違いに関する詳細を教えてくれたら」I'll update the document「書類を更新する」と言っていますので、女性がリクエストしているものは the details of the price です。正解は (D) となります。

241

PART 3 TEST 4 解答・解説

トランスクリプション

Questions 68-70 refer to the following conversation.

M: Good afternoon. (68)This is my first time visiting the library. Could you point me in the direction of the foreign language books?

W: Of course. We have a large selection. Which language is it that you're interested in?

M: (69)Well, I'm studying Mandarin Chinese, but I'm also reviewing my German, which I learned at university. I'd like to see some Mandarin Chinese newspapers and some German novels if you have any.

W: OK. You can find the foreign language section in the basement, near the local history section. (70)You might also want to take a look in the world cinema section on the third floor – we definitely have some Chinese movies there, and probably also some German ones.

設問と訳

68. Where does this conversation probably take place?	この会話は、どこで行われている可能性が高いですか。
(A) In an arts theater	(A) 芸術劇場
(B) In a library	(B) 図書館
(C) In a book store	(C) 書店
(D) In a gallery	(D) 美術館
69. What does the man say he is studying?	男性は何を勉強していると言っていますか。
(A) Performing arts	(A) 舞台芸術
(B) Library science	(B) 図書館学
(C) Global marketing	(C) 国際マーケティング
(D) Foreign languages	(D) 外国語
70. What does the woman recommend?	女性は何を勧めていますか。
(A) Some international movies	(A) 外国の映画
(B) Some guided tours	(B) ガイド付きツアー
(C) Some language courses	(C) 外国語コース
(D) A lecture series	(D) 連続講義

PART 3 TEST 4 解答・解説

会話の訳と語注

問題 68-70 は、次の会話に関する問題です。

男性：こんにちは。この図書館に来たのは初めてなのですが、どこに外国語の本があるのか、教えてもらえますか。

女性：かしこまりました。いろいろな言語のものがそろっていますが、どの言語に関心をお持ちでしょうか。

男性：えーと、僕は今、標準中国語を勉強しているのですが、大学で勉強したドイツ語も復習をしています。標準中国語で書かれた新聞を読みたいし、もしあれば、ドイツ語の小説も読みたいです。

女性：わかりました。地階の郷土史のコーナーの近くに外国語のコーナーがあります。また、3階にある外国映画コーナーもご覧になってはいかがでしょう。そこには間違いなく中国語の映画がありますし、たぶんドイツ語の映画もいくつかあるでしょう。

【語注】point 〜に示す、教える／ in the direction of 〜の方向に／ selection 品ぞろえ、選集／ Mandarin Chinese 標準中国語／ basement 地階、地下／ definitely 間違いなく、明らかに／ probably たぶん、おそらく／ conversation 会話／ take place 行われる、起こる／ arts theater 芸術劇場／ gallery 美術館、画廊／ performing arts 舞台芸術／ library science 図書館学／ guided tour ガイド付きツアー／ lecture 講演／ series 連続、シリーズ

解説

68. 正解 (B) ❗全体を問う問題　　❓難度 ★☆☆☆☆

会話が行われている場所は、冒頭ではっきりと述べられています。68 This is my first time visiting the library.「初めて図書館に来ました」と言っていますので、正解は (B)In a library です。ただし、the foreign language books のような表現がありますので、選択肢 (C) の book store と間違えてしまわないように、冒頭の時点でしっかりと場所を確定させてその後の会話を聞けるようにしましょう。

69. 正解 (D) ❗個別情報を問う問題　　❓難度 ★☆☆☆☆

男性が勉強しているものは何かが問われています。設問に study が使われていますが、会話本文でも 69 I'm studying Mandarin Chinese「中国語を学んでいます」とあります。また I'm also reviewing my German「ドイツ語も復習しています」とも言っていますので、総合的に判断して選択肢 (D) の「外国語」を選びましょう。この会話がなされている場所は library ですが、別に library について学んでいるわけではないので、(B) は正解にはなりません。

70. 正解 (A) ❗個別情報を問う問題　　❓難度 ★★☆☆☆

女性が何をおすすめしているかというと、女性のセリフ70に、You might also want to take a look in the world cinema section「外国映画コーナーを見たくなるかもれませんね」と切り出しています。さらにその後で some Chinese movies... some German ones「中国の映画、ドイツの映画」と具体的な内容を言っています。つまり女性のおすすめしたい内容は外国語の映画ですので、正解は (A) の international movies です。会話に international という単語は登場しませんが、「外国の」の内容が international「国際の」で言い換えられています。

243

column

会話とトークを読み込む

　実際に TOEIC を受験した場合、Part 3 の会話や Part 4 のトークは初めて聞くものばかりだと思われます。しかし、本書の問題演習編などを使ってたくさんの問題を解いていると、覚えた頻出単語や重要表現が出てきますし、似たような場面であれば話の展開が読めるといったことがあるので、より多くの問題に対応できるようになります。

　そして、この「展開を読む力」というものは、何も聞いて覚えることでしか身につかないわけではありません。そこで、リスニング力を鍛えるのもいいですが、一度音声を使わずに自分のペースで会話やトークを読んでみましょう。例えば、商品の遅延が発生したという内容で始まっていたら、次には原因の説明があるな、そして解決方法について提案があるな、と頭の中でしっかりと展開を整理してみるのです。

　すると、実際の TOEIC の Part 3 や Part 4 でも、「衣料品店の店員と客の会話だから、客が商品に不満を言う展開かも」とか、「コピー機がうまく動作していないと言っているから、きっと用紙がないなどの原因が示されるはずだ」とか、自然に展開を予測できるようになります。全体的な流れを理解することによって、多少聞き取れない部分があっても、この展開でこの選択肢はないな、と問題を解く際に正解を選びやすくなるのです。

　実際の TOEIC テストでは問題を持ち帰ることは禁止されているので、受験したあとに内容を確認することはできません。しかし、本書ではいくらでも時間をかけて、復習をすることができるのです。ぜひ会話やトークをじっくり読んで「展開を読む力」を身につけてください。読んでいるうちに、単語や表現なども定着していきます。ぜひ本番では「だいたいの内容がわかったし、設問も答えることができた」という感覚で問題を解けるようになりましょう。

PART 4

問題演習編

TEST 1 から TEST 4 まで、合計 4 回分の PART 4 の模擬試験が掲載されています。各設問について、空所に入る最も適切な選択肢を (A) ～ (D) から 1 つを選んでください。
- 解答には巻末の Answer Sheet をご利用ください。
- 解答・解説は p.269 にあります。

TEST 1 246
TEST 2 252
TEST 3 258
TEST 4 264

PART 4

Directions: You will hear some talks given by a single speaker. You will be asked to answer three questions about what the speaker says in each talk. Select the best response to each question and mark the letter (A), (B), (C), or (D) on your answer sheet. The talks will not be printed in your test book and will be spoken only one time.

▶ 094

71. What is being advertised?

(A) A kindergarten
(B) A daycare center
(C) An amusement park
(D) A toy store

72. What has recently been introduced?

(A) Longer opening hours
(B) Additional play facilities
(C) Shorter transfer times
(D) Special family rates

73. What does the speaker say about the parking area?

(A) It gets very busy.
(B) It has lots of space.
(C) It has a simple design.
(D) It is open 24 hours a day.

74. Where does the introduction take place?

(A) In a lecture hall
(B) In a bookstore
(C) In an art gallery
(D) In a café

75. Who is Antonio Alvarez?

(A) A business leader
(B) A painter
(C) An author
(D) An art critic

76. What will Antonio Alvarez talk about?

(A) Writing his novel
(B) Changing his career
(C) Leading an organization
(D) Collecting art

77. What has caused the service to be cancelled?

(A) An equipment malfunction
(B) Poor weather conditions
(C) A lack of drivers
(D) Unfinished maintenance

78. What does the speaker advise some of the listeners to do?

(A) Visit the ticket counter
(B) Await further announcements
(C) Take a bus
(D) Board the next train

79. What can passengers receive?

(A) A discount on future travel
(B) Complimentary refreshments
(C) A guided tour
(D) A full refund

80. Why is a celebration being planned?

(A) A sales target has been exceeded.
(B) An executive is retiring.
(C) A new building is being opened.
(D) A product is being launched.

81. What does the speaker want someone to do?

(A) Present a special gift
(B) Book some musicians
(C) Reserve a venue
(D) Design some invitations

82. What are the listeners asked to do next?

(A) Prepare a speech
(B) Choose a banquet hall
(C) Arrange transportation
(D) Select menu options

GO ON TO THE NEXT PAGE

83. Why is the speaker calling?

(A) To get some help carrying furniture
(B) To enquire about job opportunities
(C) To cancel an order
(D) To explain details about a delivery

84. What does the speaker ask the listener to do?

(A) Allow access to a building
(B) Contact a senior manager
(C) Send a list of vacancies
(D) Call a moving firm

85. What most likely will the speaker be doing this afternoon?

(A) Choosing office furniture
(B) Working in his office
(C) Visiting a client
(D) Interviewing job applicants

86. Where is the talk taking place?

(A) In a laboratory
(B) In a chocolate shop
(C) In a factory
(D) In a hotel

87. What do the listeners receive?

(A) Product samples
(B) Free photographs
(C) An ingredients list
(D) A packaging guide

88. What does the speaker ask the listeners to do?

(A) Pick up their belongings
(B) Return their visitor passes
(C) Sign an agreement
(D) Fill out some feedback forms

89. What is being advertised?

(A) A sporting event
(B) A fitness center opening
(C) A local election
(D) A redevelopment project

90. Who is William Wright?

(A) An amateur athlete
(B) A local politician
(C) A souvenir maker
(D) A radio announcer

91. Why are listeners encouraged to visit a Web site?

(A) To purchase a membership
(B) To choose an award
(C) To register early
(D) To receive further details

92. What is the subject of the discussion?

(A) Electronic devices
(B) Medical equipment
(C) Smartphone cases
(D) Educational courses

93. What problem is mentioned?

(A) Data analysis was incorrect.
(B) Sales targets were not met.
(C) Manufacturers recalled an item.
(D) Customers were unhappy with quality.

94. What does the speaker suggest?

(A) Reviewing age limits
(B) Preparing a budget
(C) Altering a design
(D) Forming a team

GO ON TO THE NEXT PAGE

249

95. Who is the message intended for?

(A) A store manager
(B) A sales assistant
(C) An administrative assistant
(D) A marketing professional

96. What is the purpose of the call?

(A) To praise an employee
(B) To report a problem
(C) To schedule a shipment
(D) To inquire about a store's hours

97. What does the speaker say about the business?

(A) Its location is convenient.
(B) Its prices are the best in the neighborhood.
(C) It has a large inventory.
(D) It does not give its employees enough training.

98. What event is being planned?

(A) A political discussion
(B) A financial convention
(C) A writing conference
(D) A charity dinner

99. Why is the speaker calling?

(A) To report a technical problem
(B) To apologize for bad service
(C) To give a price estimate
(D) To suggest a reservation change

100. What solution does the speaker suggest?

(A) Combining some rooms
(B) Removing a door
(C) Rescheduling an event
(D) Speaking with a supervisor

NO TEST MATERIAL ON THIS PAGE

PART 4

Directions: You will hear some talks given by a single speaker. You will be asked to answer three questions about what the speaker says in each talk. Select the best response to each question and mark the letter (A), (B), (C), or (D) on your answer sheet. The talks will not be printed in your test book and will be spoken only one time.

▶ 095

71. Where does the introduction take place?

(A) In a travel agency
(B) In an electrical store
(C) In a restaurant
(D) In a department store

72. What are the listeners encouraged to do?

(A) Make a seating plan
(B) Restock some shelves
(C) Take customers' orders
(D) Help a new employee

73. What does the speaker say he will do later?

(A) Hire a trainer
(B) Give a tour
(C) Check on an order
(D) Greet a new employee

74. What is the talk mainly about?

(A) Promotional merchandise
(B) Equipment defects
(C) Company sales
(D) Price increases

75. According to the speaker, where does the company currently advertise?

(A) On billboards
(B) In newspapers
(C) In cinemas
(D) On the Internet

76. What will Joanne do next?

(A) Present statistics
(B) Distribute samples
(C) Conduct an interview
(D) Purchase equipment

77. What is the purpose of the call?

(A) To report on an accounting change
(B) To provide details of a business trip
(C) To ask for some missing documents
(D) To get feedback on a product

78. What does the speaker want the listener to do?

(A) Send a fax
(B) Resubmit a form
(C) Travel overseas
(D) Mail a package

79. When does the speaker need a reply?

(A) By Wednesday
(B) By Thursday
(C) By Friday
(D) By Monday

80. What is the report about?

(A) Weather
(B) Finance
(C) Traffic
(D) Travel

81. What does the speaker suggest the listeners do?

(A) Drive carefully
(B) Dress warmly
(C) Invest some money
(D) Spend time outside

82. What will listeners hear next?

(A) A safety message
(B) A song
(C) A news update
(D) An advertisement

83. Why is the speaker calling?

   (A) To announce an opening
   (B) To confirm an appointment
   (C) To change a booking
   (D) To arrange a viewing

84. What does the caller recommend?

   (A) Discussing requirements on the phone
   (B) Making additional copies of a document
   (C) Bringing a portfolio of photography
   (D) Arriving at the studio early

85. When will Ms. Jones most likely visit the business?

   (A) Monday
   (B) Tuesday
   (C) Wednesday
   (D) Thursday

86. Who is Mr. Wang?

   (A) A book publisher
   (B) A government official
   (C) A marketing expert
   (D) A company president

87. According to the speaker, what did Mr. Wang do recently?

   (A) He helped a new business.
   (B) He published a book.
   (C) He traveled overseas.
   (D) He received an award.

88. What will probably happen next?

   (A) An interview will take place.
   (B) A presentation will be given.
   (C) A survey will be conducted.
   (D) A report will be submitted.

89. What kind of business is being advertised?

(A) A furniture factory
(B) An office supply store
(C) A technology company
(D) A Web site design firm

90. What has been added to the company's Web site?

(A) Customer reviews
(B) Directions to a location
(C) An in-store pickup option
(D) Live customer service

91. How can customers receive a free gift?

(A) By throwing away old items
(B) By becoming a member of a club
(C) By filling out a survey
(D) By trying a new service

92. What is the purpose of the message?

(A) To suggest an additional repair
(B) To report the completion of a job
(C) To advertise a new vehicle
(D) To request payment authorization

93. When should the customer return?

(A) This morning
(B) This afternoon
(C) Tomorrow morning
(D) Tomorrow afternoon

94. What did the speaker notice?

(A) A bill was not paid in full.
(B) A delivery was delayed.
(C) A form was incorrectly filled in.
(D) A light was not working.

GO ON TO THE NEXT PAGE

95. What is the announcement about?

(A) A conference schedule
(B) A building plan
(C) A lunch menu
(D) A restaurant location

96. What has been postponed?

(A) A departure time
(B) A keynote speech
(C) A marketing seminar
(D) A lunch meeting

97. What is the topic of today's keynote speech?

(A) Recruitment
(B) Leadership
(C) Advertising
(D) Accounting

98. Where is the speech probably being given?

(A) At an awards ceremony
(B) At a company meeting
(C) At a training event
(D) At a retirement party

99. What was received yesterday?

(A) A meeting agenda
(B) A profit warning
(C) A financial report
(D) An employment contract

100. According to the speaker, what will take place next month?

(A) A document will be made available.
(B) A celebration will be held.
(C) A new CEO will be named.
(D) A financial bonus will be awarded.

NO TEST MATERIAL ON THIS PAGE

PART 4

Directions: You will hear some talks given by a single speaker. You will be asked to answer three questions about what the speaker says in each talk. Select the best response to each question and mark the letter (A), (B), (C), or (D) on your answer sheet. The talks will not be printed in your test book and will be spoken only one time.

▶ 096

71. What is the news report about?

    (A) A talent contest
    (B) A radio show
    (C) A sports tournament
    (D) A traffic delay

72. What caused an event to be rescheduled?

    (A) The weather
    (B) Lack of interest
    (C) Technical issues
    (D) A miscommunication

73. Why are the listeners encouraged to visit a Web site?

    (A) To get driving directions
    (B) To check an event schedule
    (C) To reserve a seat
    (D) To register for a place

74. What is being celebrated?

    (A) A vacation
    (B) An anniversary
    (C) A wedding
    (D) A new store

75. What can customers receive free of charge?

    (A) Some coupons
    (B) Some recipes
    (C) Some cookies
    (D) Some coffee

76. When will the promotion end?

    (A) On Tuesday
    (B) On Wednesday
    (C) On Thursday
    (D) On Friday

77. Who most likely is the speaker?

(A) A tour guide
(B) A software instructor
(C) A careers advisor
(D) A marketing executive

78. What does the speaker ask the listeners to fill in?

(A) A health and safety check
(B) An expense report
(C) A timesheet
(D) A questionnaire

79. According to the speaker, what will the listeners do after the break?

(A) Work in groups
(B) Watch a presentation
(C) Complete a survey
(D) Order computer software

80. What is the purpose of the trip to Tokyo?

(A) To recruit new employees
(B) To inspect a site
(C) To sign a deal
(D) To give a sales presentation

81. Why is Nicola Torres unable to go to Tokyo?

(A) She is feeling sick.
(B) Her flight has been canceled.
(C) She has to work on another project.
(D) She fell over on the way to the plane.

82. What will the speaker send to the listener?

(A) Some sales data
(B) Some customer information
(C) Some flight tickets
(D) Some slides

GO ON TO THE NEXT PAGE

83. What problem is being discussed?

(A) Flight cancelations
(B) Passenger delays
(C) Bad weather
(D) Misplaced luggage

84. What are the listeners asked to do?

(A) Prepare to present documents
(B) Go to a different part of the airport
(C) Fill out a claims form
(D) Check in early

85. According to the speaker, what will the attendants be doing?

(A) Checking departure times
(B) Reducing line lengths
(C) Offering a shuttle service
(D) Providing assistance with luggage

86. What are the listeners being asked to decide?

(A) What kind of printers to buy
(B) How to improve a process
(C) Where to locate a new office
(D) When to have a party

87. What does the speaker say about the budget?

(A) It has been exceeded.
(B) There is extra money in it.
(C) There will be a new budgeting process.
(D) It will be smaller next year.

88. What are the listeners asked to do?

(A) Request travel vouchers
(B) Meet with a supervisor
(C) Sign up for a course
(D) Indicate a preferred product

89. What field does Mr. Singh work in?

(A) Business
(B) Education
(C) Healthcare
(D) Manufacturing

90. What is mentioned about young people today?

(A) They use electronics more than their parents do.
(B) They frequently participate in after-school activities.
(C) They prefer online study sources.
(D) They are healthier than young people used to be.

91. What most likely will Mr. Singh do on Friday?

(A) Publish a book
(B) Host a conference
(C) Accept an award
(D) Begin a new role

92. Why is a special team being put together?

(A) To meet with a customer
(B) To launch a new product
(C) To redesign some vacuum cleaners
(D) To organize an employee outing

93. According to the speaker, why should he be included on the team?

(A) He has contacts in the industry.
(B) He already knows the customer.
(C) He is familiar with the product.
(D) He did similar work in a previous job.

94. What does the speaker say he will do?

(A) Arrange a meeting
(B) Share some ideas
(C) Produce some designs
(D) Renegotiate a contract

GO ON TO THE NEXT PAGE

95. What does the speaker say happened last quarter?

(A) A branch office was closed.
(B) Two companies merged.
(C) Training sessions were held.
(D) Department managers were appointed.

96. What are the listeners probably required to do every week?

(A) Record their hours
(B) Submit weekly reports
(C) Attend department meetings
(D) Check a work schedule

97. What are the listeners invited to do next?

(A) Ask questions
(B) Enjoy some snacks
(C) Pick up a manual
(D) Watch a presentation

98. Who probably is the speaker?

(A) A marine scientist
(B) A news reporter
(C) A government spokesperson
(D) A boat captain

99. What does the speaker say businesses can expect?

(A) An increase in customers
(B) A reduction in visitor numbers
(C) Higher tax rates
(D) More safety restrictions

100. What will Christine Rae most likely discuss?

(A) Health conditions
(B) Business profits
(C) Wildlife conservation
(D) Boating safety

NO TEST MATERIAL ON THIS PAGE

PART 4

Directions: You will hear some talks given by a single speaker. You will be asked to answer three questions about what the speaker says in each talk. Select the best response to each question and mark the letter (A), (B), (C), or (D) on your answer sheet. The talks will not be printed in your test book and will be spoken only one time.

▶ 097

71. What is the coffee shop celebrating?

(A) The introduction of a new menu
(B) The anniversary of its opening
(C) The recruitment of extra staff
(D) An award for its coffee

72. What will be included in the celebration?

(A) Coffee making demonstrations
(B) A welcome speech
(C) Local music bands
(D) Free samples

73. What is stated about the location of the coffee shop?

(A) It is in a bus station.
(B) It is in the theater district.
(C) It is near an airport.
(D) It is centrally located.

74. Who is the speaker?

(A) A company chairperson
(B) A marketing director
(C) A television presenter
(D) A hiring manager

75. What is the purpose of the message?

(A) To set up an interview
(B) To discuss an advertisement
(C) To confirm a work schedule
(D) To request some contact information

76. When is the speaker unavailable?

(A) On Monday
(B) On Tuesday
(C) On Thursday
(D) On Friday

77. Where is the announcement being made?

(A) On a train
(B) On an airplane
(C) On a bus
(D) On a ferry

78. What is the reason for the late departure?

(A) Some passengers are late.
(B) The weather is bad.
(C) Some baggage still needs to be loaded.
(D) Part of the route is closed.

79. According to the speaker, what are the listeners permitted to do?

(A) Go outside to see the sea
(B) Use electronic devices
(C) Refund their tickets
(D) Purchase a meal

80. Who is Ms. Eng?

(A) A tour guide
(B) An artist
(C) An interior designer
(D) An accountant

81. What is Ms. Eng well known for?

(A) Illustrating children's books
(B) Renovating public buildings
(C) Promoting sustainable development
(D) Using natural materials in her work

82. What can the listeners do after the presentation?

(A) Enjoy refreshments
(B) Visit a store
(C) Take photographs
(D) Ask questions

GO ON TO THE NEXT PAGE

83. What will start tomorrow?

 (A) Roadwork on a highway
 (B) Construction of a bridge
 (C) A bridge repair
 (D) A subway line extension

84. What is recommended to the listeners?

 (A) Avoiding the rush hour
 (B) Taking the blue line in the evening
 (C) Using public transportation
 (D) Calling the highways authority

85. How long is the issue expected to last?

 (A) One week
 (B) Two weeks
 (C) One month
 (D) Two months

86. How does the company plan to improve sales of the product?

 (A) By reducing its price
 (B) By making it more user-friendly
 (C) By widening its distribution
 (D) By making it smaller

87. Why does the speaker ask for volunteers?

 (A) To develop a survey
 (B) To test a software program
 (C) To rewrite a user manual
 (D) To contact some stores

88. What should the listeners do if they want to volunteer?

 (A) Check their existing deadlines
 (B) Submit their ideas in writing
 (C) Talk to the speaker
 (D) Contact their managers

89. Why is the speaker calling?

(A) To arrange a delivery
(B) To apologize for an error
(C) To discuss some options
(D) To explain a returns policy

90. According to the speaker, what happened last week?

(A) A new facility was opened.
(B) A process became inadequate.
(C) Some stock was damaged.
(D) Some data was recorded incorrectly.

91. What is the company giving the listener at no extra cost?

(A) Expedited shipping
(B) An automated billing plan
(C) A full guarantee
(D) Online customer support

92. Who is the man talking to?

(A) Store customers
(B) Financial experts
(C) Advertising analysts
(D) Salespeople

93. What is likely to produce an increase in business?

(A) The launch of a new product
(B) Longer opening hours
(C) The introduction of a special offer
(D) A public holiday

94. What are the listeners asked to do?

(A) Pass out advertisements
(B) Work longer shifts
(C) Check an inventory
(D) Fill out some forms

GO ON TO THE NEXT PAGE

95. What does the speaker apologize for?

(A) A performance having been cancelled
(B) Some tickets being unavailable
(C) A price being incorrect
(D) Some actors needing to be replaced

96. What will take place on Friday night?

(A) A dance contest
(B) A college lecture
(C) A special show
(D) An outdoor market

97. How can the listeners save money?

(A) By purchasing tickets in advance
(B) By booking two courses at the same time
(C) By attending on a weekday
(D) By watching an event online

98. What is the announcement mainly about?

(A) A change in safety procedures
(B) A conversion to an online database
(C) A new office manager
(D) A directory of healthcare providers

99. What is mentioned as an advantage of the change?

(A) Communication will be improved.
(B) There will be more free space.
(C) Information will be more secure.
(D) There will be fewer accidents in the office.

100. What task has been given to the office manager?

(A) Document disposal
(B) Event organization
(C) Record filing
(D) Employee training

PART 4

問題演習編 解答・解説

p.246～の問題の正解および解説が掲載されています。また、問題の難易度が★の数で示されています（★★★★★が最高難度です）。間違えた問題は、解説をしっかりと読み、「ストラテジー編」とあわせて復習してください。

TEST 1 ... 272
TEST 2 ... 292
TEST 3 ... 312
TEST 4 ... 332

PART 4 問題演習　正解一覧

● TEST 1

No.	正解	No.	正解	No.	正解	No.	正解	No.	正解
71	C	77	A	83	D	89	A	95	A
72	D	78	C	84	A	90	B	96	A
73	B	79	A	85	B	91	C	97	C
74	C	80	B	86	C	92	C	98	C
75	B	81	B	87	A	93	B	99	D
76	B	82	D	88	B	94	D	100	A

● TEST 2

No.	正解	No.	正解	No.	正解	No.	正解	No.	正解
71	C	77	C	83	B	89	B	95	A
72	D	78	A	84	D	90	C	96	C
73	B	79	D	85	C	91	D	97	B
74	C	80	A	86	D	92	B	98	B
75	B	81	D	87	B	93	B	99	C
76	A	82	D	88	A	94	D	100	B

◆ PART 4 問題演習編 解答・解説

● TEST 3

No.	正解	No.	正解	No.	正解	No.	正解	No.	正解
71	C	77	B	83	B	89	B	95	B
72	A	78	D	84	A	90	C	96	C
73	D	79	A	85	A	91	C	97	A
74	D	80	D	86	A	92	B	98	B
75	C	81	A	87	B	93	D	99	A
76	C	82	D	88	D	94	B	100	D

● TEST 4

No.	正解	No.	正解	No.	正解	No.	正解	No.	正解
71	B	77	B	83	A	89	B	95	B
72	C	78	C	84	C	90	D	96	C
73	D	79	B	85	D	91	A	97	A
74	D	80	B	86	B	92	D	98	B
75	A	81	D	87	A	93	C	99	B
76	B	82	D	88	D	94	A	100	A

PART 4 TEST 1 解答・解説

トランスクリプション

Questions 71-73 refer to the following radio advertisement.

❼❶Summer is finally here, and what better way to celebrate its arrival than to visit Chesterton Amusement Park? Join us for a fun-filled day of rollercoaster and water rides. Families with young children will also love our kids' zone, featuring carousels and many other child-friendly rides. **❼❷**And now you can take advantage of our new family pass, which allows children under six to enter for free. **❼❸**Getting to the Park is simple; just leave your car in our spacious parking area and take a complimentary shuttle bus to the Park entrance within minutes.

設問と訳

71. What is being advertised?

(A) A kindergarten
(B) A daycare center
(C) An amusement park
(D) A toy store

何が宣伝されていますか。

(A) 幼稚園
(B) 託児所
(C) 遊園地
(D) 玩具店

72. What has recently been introduced?

(A) Longer opening hours
(B) Additional play facilities
(C) Shorter transfer times
(D) Special family rates

最近、何が導入されたのですか。

(A) 開園時間の延長
(B) 追加の遊戯施設
(C) より短い乗り継ぎ時間
(D) 家族向けの特別料金

73. What does the speaker say about the parking area?

(A) It gets very busy.
(B) It has lots of space.
(C) It has a simple design.
(D) It is open 24 hours a day.

話し手は、駐車場のことをどのように言っていますか。

(A) とても混雑する。
(B) スペースが広い。
(C) デザインがシンプルである。
(D) 1日24時間営業している。

272

PART 4 TEST 1 解答・解説

会話の訳と語注

問題 71-73 は、次のラジオ広告に関する問題です。

ついに夏がやってきました。この夏の到来を祝うのに、チェスタートン遊園地に出かけることほど素晴らしい方法があるでしょうか。ジェットコースターやウォーターライドで、楽しさいっぱいの 1 日をお過ごしください。小さなお子さんのいらっしゃるご家族は、回転木馬やその他の子ども向けの乗り物が揃っている子ども広場も気に入っていただけるでしょう。さらに、今なら当園の新しい家族パスの特典を利用すると、6 歳未満のお子さんは無料で入場することができます。当園へのアクセスは簡単です。広い専用駐車場に車を停め、そこから無料のシャトルバスに乗っていただくと、数分で遊園地の入口に到着します。

【語注】celebrate 祝う／ arrival 到来、到着／ fun-filled 楽しさに満ちた／ rollercoaster ジェットコースター／ ride 乗り物／ feature ～を備える、呼び物とする／ carousel 回転木馬／ child-friendly 子ども向けの／ take advantage of ～の特典を生かす、活用する／ pass パス、入場許可証／ for free 無料で／ spacious 広々とした／ complimentary 無料の／ shuttle bus シャトルバス／ entrance 入口／ advertise 宣伝する／ kindergarten 幼稚園／ daycare center 託児所、保育園／ amusement park 遊園地／ recently 最近／ introduce 紹介する、導入する／ opening hours 【通例複数形】営業時間／ additional 追加の／ facility 施設、設備／ transfer 乗り換え／ rate 料金

解説

71. 正解 (C) ❗全体を問う問題　　❓難度 ★☆☆☆☆

問題のイントロ ...following radio advertisement よりラジオでの宣伝だとわかります。設問は「何を宣伝しているのか」と聞いていますので、宣伝の内容を知るためのキーワードを聞き取ります。トークの前半❼ what better way to celebrate its arrival than to visit Chesterton Amusement Park? とここではっきり Amusement Park と言っていますのでこの段階で (C) を正解として選ぶことができます。その後に登場する rollercoaster（ジェットコースター）、water rides（ウォーターライド）もヒントになりますね。

72. 正解 (D) ❗個別情報を問う問題　　❓難度 ★★☆☆☆

最近、何が導入されたのかという情報が問われています。recently（最近）という時間に関する情報は❼の now で言い換えられています。now 以下には、you can take advantage of our new family pass「新しい家族パスを活用しよう」とあります。そして新しい家族パスの特典については which 以降で allows children under six to enter for free.「6 歳未満の子どもは無料で入場できる」と伝えていますね。よって、家族パスの内容がリニューアルされたと判断し、選択肢 (D) を選びます。選択肢の rate が「料金」であるとわかっていないと判断できない問題です。

73. 正解 (B) ❗個別情報を問う問題　　❓難度 ★★★☆☆

設問の最大のポイントは parking area です。駐車場についての話題はトークの後半に登場しています。❼で、just leave your car in our spacious parking area「広い専用駐車場に車を停めてください」と parking area に関して spacious「広い」という表現が使われています。実はこの単語の意味を知っていると比較的容易に解ける問題となっています。もし知らなかったら発音を練習しておきましょう。また、一度しか流れない情報なので注意が必要な箇所です。ここが聞き取れ、意味が理解できていたならば、「スペースが広い」という意味の (B) を選べたはずです。

273

PART 4 TEST 1 解答・解説

トランスクリプション

Questions 74-76 refer to the following introduction.

(74) It's a great pleasure to welcome you all to the art gallery today. As you know, today marks the grand opening of an outstanding exhibit. **(75)**You'll be the first visitors to view the exhibit, which includes the complete collection of watercolors produced by Antonio Alvarez. As many of you will no doubt know, Alvarez spent 25 years working in the business world before turning his hand to art, but he has managed to create an impressive portfolio of work since then. **(76)**In a few moments, he'll be talking to us briefly about what inspired him to become an artist. After that, you'll have the rest of the evening to look around, enjoy some refreshments, and, last but not least, enjoy the splendid watercolors.

設問と訳

74. Where does the introduction take place?

(A) In a lecture hall
(B) In a bookstore
(C) In an art gallery
(D) In a café

この人物紹介は、どこで行われていますか。

(A) 講堂で
(B) 書店で
(C) 美術館で
(D) カフェで

75. Who is Antonio Alvarez?

(A) A business leader
(B) A painter
(C) An author
(D) An art critic

アントニオ・アルバレスとは、どのような人物ですか。

(A) 実業界のリーダー
(B) 画家
(C) 作家
(D) 美術評論家

76. What will Antonio Alvarez talk about?

(A) Writing his novel
(B) Changing his career
(C) Leading an organization
(D) Collecting art

アントニオ・アルバレスは、何について話すのでしょうか。

(A) 小説を書くこと
(B) 自分の仕事を変えること
(C) 組織を率いること
(D) 美術品を収集すること

PART 4 TEST 1 解答・解説

会話の訳と語注

問題74-76は、次の人物紹介に関する問題です。

本日は皆様を当美術館にお迎えでき、大変うれしく思っております。皆様もご存じのように、本日は素晴らしい展覧会の初日に当たります。皆様は、今回の展示をご覧になる最初の方々になりますが、そこにはアントニオ・アルバレスが描いた水彩画の全作品が含まれています。皆様の多くがきっとご存じのように、アルバレスは芸術に手を染める前には25年間ビジネスの世界で働いていましたが、それ以降、数々の見事な作品を生み出してきました。このあとすぐ、彼自身が画家になったきっかけについて、私たちに手短に話してくださいます。その後で、皆様は夜の残りの時間で館内を見て回り、軽食をお楽しみいただくとともに、最後に、これは何よりも大事なことですが、彼の素晴らしい水彩画をご鑑賞いただけます。

【語注】pleasure 喜び／ art gallery 美術館、画廊／ mark 示す、記念する／ grand opening 開会、開店／ outstanding 素晴らしい、優れた／ exhibit 展覧会／ include ～を含む／ watercolor 水彩画／ turn one's hand to ～に取り掛かる／ manage to 何とか～する／ impressive 見事な、印象的な／ portfolio 作品集、ポートフォリオ／ briefly 手短に、簡単に／ inspire 動機づける、刺激を与える／ rest 残り／ look around 見て回る／ refreshments【通例複数形】軽食、清涼飲料／ last but not least 最後だがとても大事な／ splendid 素晴らしい／ take place 行われる、起こる／ painter 画家／ author 作家／ art critic 美術評論家／ career 仕事、職業／ organization 組織／ collect 収集する

解説

74. 正解 (C) 全体を問う問題　難度 ★☆☆☆☆

イントロで introduction「紹介」とあります。人物、もしくはイベントの紹介がなされます。設問ではそれが行われている「場所」を聞いていますので、場所についての情報を探してみると ❼のあいさつで the art gallery「美術館」と具体的な場所を言っています。選択肢 (C) には同じ表現で In an art gallery がありますので、それが正解です。冒頭のあいさつを聞き逃してしまうと (A) In a lecture hall と混同してしまう可能性があるので、「場所」についての情報を追えるようにしておきましょう。

75. 正解 (B) 個別情報を問う問題　難度 ★★☆☆☆

具体的な人名 Antonio Alvarez が設問のキーワードとして登場しています。❼で聞き手は view the exhibit「展示を見る」ことがわかり、その具体的内容として the complete collection of watercolors produced by Antonio Alvarez との説明があります。watercolors は「水彩画」ですが、ここでは展示してある作品だということが理解できれば十分です。produced by は「～によって描かれた、創られた」ですので、Antonio Alvarez は作品の制作者ですね。選択肢では「作品の制作者」に最も近い (B) が正解となります。(C) An author は「著者」ですので美術作品の制作者としてはふさわしくありません。

76. 正解 (B) 個別情報を問う問題　難度 ★★★★☆

設問 75 に引き続き Antonio Alvarez に関する問題です。彼の talk の内容が問われています。❼ he'll be talking... とあるので、この後に talk の内容の情報があるわけですが、about what inspired him to become an artist.「彼自身が画家になったきっかけについて」とあり talk の内容がさらに説明されています。この長い情報をしっかりと頭に残しておかなくてはなりません。さらにこの前の情報 Alvarez spent 25 years working in the business world「25年間ビジネスの世界にいた」も加味したうえで、正解 (B) を選ぶことができます。これは複数の情報をきちんと頭で整理する力が問われる問題です。

275

PART 4 TEST 1 解答・解説

トランスクリプション

Questions 77-79 refer to the following announcement.

Your attention, please. ❼Speedrail regrets to announce that its 4 o'clock service to Brownsville has been canceled due to mechanical failure on the train. ❽Passengers holding tickets valid for the service can travel to Brownsville by bus from the bus stop outside the station. Please look for the Speedrail buses, and show your ticket to the driver. ❾Please retain your ticket and contact Speedrail customer service to receive a 50%-off coupon for future travel. Speedrail apologizes for the inconvenience caused.

設問と訳

77. What has caused the service to be cancelled?

(A) An equipment malfunction
(B) Poor weather conditions
(C) A lack of drivers
(D) Unfinished maintenance

列車は、何が原因で運休になったのですか。

(A) 機器の故障
(B) 悪天候
(C) 運転士の不足
(D) 整備が終わっていないこと

78. What does the speaker advise some of the listeners to do?

(A) Visit the ticket counter
(B) Await further announcements
(C) Take a bus
(D) Board the next train

話し手は、これを聞いている人たちの一部に、何をするよう勧めていますか。

(A) 乗車券売り場に行く
(B) この後のアナウンスを待つ
(C) バスに乗る
(D) 次の列車に乗る

79. What can passengers receive?

(A) A discount on future travel
(B) Complimentary refreshments
(C) A guided tour
(D) A full refund

乗客は何を受け取ることができますか。

(A) 次に旅行する際の割引
(B) 無料の軽食
(C) ガイド付きツアー
(D) 全額の払い戻し

PART 4 TEST 1 解答・解説

会話の訳と語注

問題 77-79 は、次の通知に関する問題です。

お客様にお知らせいたします。大変申し訳ございませんが、スピードレイル交通は、4 時発のブラウンズビル行き列車が車両の機械的な故障のため運休となったことをお知らせいたします。この列車を利用するための乗車券をお持ちのお客様は、当駅の外にあるバス停から出るバスで、ブラウンズビルまで行くことができます。スピードレイル交通のバスを見つけ、お客様の乗車券を運転手にご提示ください。その乗車券は保管し、スピードレイル交通の顧客サービス係に連絡して、次回のご乗車が 50 パーセント割引になるクーポンをお受けください。スピードレイル交通は、皆様にご迷惑をおかけしたことを深くおわびいたします。

【語注】attention 注意、注目／regret to 残念ながら～する／service （交通機関の）運行便／cancel 運休する、中止する／due to ～のために／mechanical 機械的な／failure 故障／passenger 乗客／hold 持っている／valid 有効な／retain 保管する、保持する／contact 連絡する／coupon クーポン／apologize わびる、謝る／inconvenience 迷惑、不便／cause 引き起こす／equipment （鉄道）車両、機器／malfunction 故障、不調／lack 不足／unfinished 終わっていない、未完成の／maintenance 整備、メンテナンス／ticket counter 乗車券売り場／await ～を待つ／further さらなる、追加の／board 乗車する／discount 割引（く）／complimentary 無料の／refreshments【通例複数形】軽食、清涼飲料／guided tour ガイド付きツアー／full refund 全額の払い戻し、返金

解説

77. 正解 (A) 全体を問う問題　　難度 ★★★★☆

Your attention please. と始まりますが、この表現は飛行機以外の場面でも登場します。設問の service が指す内容が「列車の運行状況」だということは ❼ を最後まで聞き取らないと明確になりません。...has been canceled に続いて、due to mechanical failure on the train と伝えていますのでキャンセルの原因はこれです。due to は「～のために」、mechanical failure は「機械の故障」です。選択肢を見てみると、(A) と (D) で迷うかもしれませんが、unfinished についてはアナウンスで触れていませんので断言できません。(A) の malfunction は「故障」という TOEIC 頻出の単語で、これが正解です。

78. 正解 (C) 個別情報を問う問題　　難度 ★★★☆☆

話し手は ❼ からわかるように電車を運行する側、聞き手は ❼⑧ の passengers からわかるようにアナウンスを聞く列車の乗客です。列車の運行側が乗客に向かって何かを勧めている状況だとイメージできれば、...can travel to Brownsville by bus「ブラウンズビルまでバスで行くことができる」という情報に加えて、Please look for the Speedrail buses, and show your tickets to the driver. 「バスを見つけ、お客様の乗車券を運転手にご提示ください」と言っていますので、バスによる振り替えをすすめていることがわかります。よって (C) Take a bus が正解となります。

79. 正解 (A) 個別情報を問う問題　　難度 ★★★☆☆

❼ と ❼⑧ の内容からトークの展開が読み取れていれば、最後のこの問題はやさしい問題だと言えます。列車がキャンセルとなり、振替輸送をすすめている状況です。設問のキーワード receive（受け取る）から乗客が受け取るのは、お詫びとして贈られるものだと推測しておきたいところです。❼⑨ receive a 50%-off coupon for future travel「次回のご乗車が 50 パーセント割引になるクーポンをお受け取りください」とあります。正解は (A) ですが、50%-off coupon が discount と言い換えられています。飛行機や列車の場面ではこうした割引に関するものは頻出ですので、しっかりおさえておきましょう。

PART 4 TEST 1 解答・解説

トランスクリプション

Questions 80-82 refer to the following excerpt from a meeting.

❽⓿Good morning, all, and thank you for volunteering to help organize the CEO's retirement celebration. Ms. Myers has been the head of our company for over 20 years, so we need to ensure that we put on a really special celebration. **❽❶**As those close to her know, Ms. Myers is a lover of jazz music, so I'd like to suggest that we hire a band to play during the dinner. If anyone would like to be in charge of arranging this, please let me know after today's meeting. **❽❷**Now, let's decide on the menu options for the dinner itself.

設問と訳

80. Why is a celebration being planned?

(A) A sales target has been exceeded.
(B) An executive is retiring.
(C) A new building is being opened.
(D) A product is being launched.

なぜ祝賀会が計画されているのですか。

(A) 売上目標を超えたから。
(B) 重役が退職するから。
(C) 新社屋が落成するから。
(D) 製品が発売されようとしているから。

81. What does the speaker want someone to do?

(A) Present a special gift
(B) Book some musicians
(C) Reserve a venue
(D) Design some invitations

話し手は、聞き手の誰かに何をしてほしいと思っていますか。

(A) 特別な贈り物をする
(B) ミュージシャンを予約する
(C) 会場を予約する
(D) 招待状をデザインする

82. What are the listeners asked to do next?

(A) Prepare a speech
(B) Choose a banquet hall
(C) Arrange transportation
(D) Select menu options

聞き手は、次に何をするように求められていますか。

(A) スピーチを準備する
(B) 宴会場を選ぶ
(C) 移動手段を手配する
(D) メニューを選ぶ

PART 4　TEST 1　解答・解説

会話の訳と語注

問題 80-82 は、次の会議の一部に関する問題です。

皆さん、おはようございます。会長の退職祝賀会の準備のお手伝いを志願していただき、ありがとうございます。マイヤーさんは、20年以上にわたってわが社のトップを務めてこられたことから、本当に特別な祝賀会を間違いなく開催できるようにする必要があります。マイヤーさんと親しい方ならご存じのように、彼女はジャズ音楽の愛好家ですので、晩餐の間に演奏してくれるバンドを雇うことを私は提案したいと思います。その手配を担当したいと思う方がいらしたら、今日のこの打ち合わせの後で私に知らせてください。では、晩餐そのもののメニューをどうするか、決めることにしましょう。

【語注】volunteer　志願する／organize　準備する、組織する／CEO　会長、最高経営責任者／retirement　退職／celebration　祝賀会／head　(団体の)トップ、長／ensure　～を確実なものにする／put on　～開催する／lover　愛好家／suggest　提案する／hire　雇う／be in charge of　～を担当する／arrange　手配する、準備する／option　選択(項目)／sales target　売上目標／exceed　超える／executive　重役／retire　退職する／launch　(新商品を)発売する／present　進呈する、贈る／book　予約する／musician　ミュージシャン／reserve　予約する／venue　会場、場所／design　デザインする／invitation　招待(状)／speech　スピーチ／banquet hall　宴会場／transportation　移動手段、輸送手段［機関］

解説

80. 正解 (B) ❗全体を問う問題　　　❓難度 ★☆☆☆☆

celebration「祝賀会」が開かれる理由が問われています。仕事や業務に関する話題ではないので、会議としてはすぐにピンとこないかもしれませんが、このような話題がとりあげられることもあります。⓼⓪ thank you for volunteering to help organize the CEO's retirement celebration から、この会議は CEO の retirement celebration を企画するための集まりだとわかりますね。retirement は日本語の「リタイヤ」からも想像できるように「引退、退職」の意味です。選択肢には (B) に retiring があるのでこれを選びます。なお、CEO が executive と言い換えられています。

81. 正解 (B) ❗個別情報を問う問題　　　❓難度 ★★★☆☆

トークの全体的な流れから話し手がこの会議を進行していることがわかりますね。その話し手が⓼① で Ms. Myers is a lover of jazz music「マイヤーさんはジャズが好き」とあり、パーティで we hire a band to play「バンドを雇う」計画であることがわかります。その上で、If anyone would like to be in charge of arranging this,「その手配を担当したいと思う方がいらしたら」と担当者を募っています。遠回しな言い方ですが、これら複数の情報を統括すると、話し手が望んでいることは (B) Book some musicians が正解です。book の動詞「予約する」は必ず覚えておいてください。

82. 正解 (D) ❗個別情報を問う問題　　　❓難度 ★☆☆☆☆

「次の行動」が問われる定型の設問です。このタイプの設問に重要な情報は、トークの後半に登場する傾向が多くあります。一番最後に⓼② Now let's decide on the menu options for the dinner itself. とありますが、この now は「今」という時間を強調するのではなく、話題を切り替える際の定番表現でもあります。それまでミュージシャンの予約について話していましたが、次は「晩餐のメニューをどうするか決めましょう」と言っていますので、ほぼ同じ表現が使われている選択肢 (D) が正解です。decide が select と言い換えられています。

PART 4 TEST 1 解答・解説

トランスクリプション

Questions 83-85 refer to the following telephone message.

Hello, this is Paul Agostino from office 1-9-5 upstairs. ❽We're expecting a furniture delivery today, and the delivery people are going to need to use the service entrance out back. I was told I should notify the building manager about this. ❽Could you please let them into the building when they arrive? ❽They're from Office Furniture Inc. and the delivery is scheduled for after 1 P.M. If you have any quesitons, please give me a call anytime. I'll be in the office. Thank you.

設問と訳

83. Why is the speaker calling?

(A) To get some help carrying furniture
(B) To enquire about job opportunities
(C) To cancel an order
(D) To explain details about a delivery

話し手は、なぜ電話しているのですか。

(A) 家具を運ぶ手伝いをしてもうらため
(B) 仕事口について問い合わせるため
(C) 注文をキャンセルするため
(D) 配達について詳しい説明をするため

84. What does the speaker ask the listener to do?

(A) Allow access to a building
(B) Contact a senior manager
(C) Send a list of vacancies
(D) Call a moving firm

話し手は、聞き手に何をするよう求めていますか。

(A) 建物の中へ入ることを許可する
(B) シニア・マネージャーに連絡する
(C) 空室の一覧を送る
(D) 引越し業者に電話をかける

85. What most likely will the speaker be doing this afternoon?

(A) Choosing office furniture
(B) Working in his office
(C) Visiting a client
(D) Interviewing job applicants

話し手は、この日の午後は何をしている可能性が最も高いですか。

(A) オフィス用の家具を選んでいる
(B) 自分のオフィスで働いている
(C) 顧客を訪問している
(D) 求職者の面接をしている

PART 4 TEST 1 解答・解説

会話の訳と語注

問題 83-85 は、次の電話メッセージに関する問題です。

もしもし、私はポール・アゴスティーノという者で、上の階のオフィス 195 号室からご連絡をしています。今日、当オフィスに家具が届く予定なのですが、その配達員は建物の裏手の搬入口を使う必要があります。私は、このことをビルの管理人に知らせる必要があると教えられました。彼らが到着したら、建物の中に入れていただけますか。彼らはオフィス・ファニチャー社の人たちで、配達は午後 1 時以降の予定です。何かご質問がありましたら、いつでも私に電話をしてください。私はオフィスにいる予定です。ご協力ありがとうございます。

【語注】furniture 家具／delivery 配達、搬入／service entrance （荷物などの）搬入口、通用口／notify 知らせる、通知する／manager 管理人／scheduled 予定されている／carry 運ぶ／enquire 問い合わせる／job opportunity 仕事口、就職の機会／cancel キャンセルする／order 注文（品）／detail 詳細／access 入る権利、アクセス／contact 連絡する／senior manager シニア・マネージャー／vacancy 空室／moving firm 引越し業者／client 顧客／interview 面接する／job applicant 求職者

解説

83. 正解 (D) 　全体を問う問題　　難度 ★★★★☆

設問は、電話をしている理由を尋ねています。❽で今日当オフィスに家具が届く予定で、the delivery people are going to need to use the service entrance out back.「配達員が建物の裏手の搬入口を使う必要がある」と説明します。さらに、I was told I should notify... で「ビルの管理者に連絡を入れておくように言われた」と伝えています。選択肢を見ると (A) に furniture とあるので選んでしまいそうですが、help「手伝い」に関してはトークで言及されていません。(D) は「詳しい説明をするため」でこれが正解です。聞こえた単語がそのまま選択肢にはない難しい問題です。

84. 正解 (A) 　個別情報を問う問題　　難度 ★★★★★

話し手は配達を待っているオフィスの人間、聞き手は建物の管理人です。❽ Could you please let them into the building when they arrive? がしっかり聞き取れましたか？「彼らが到着したら、建物の中に入れていただけますか」と許可を求めています。Could you please... は定番の依頼表現です。選択肢 (A) では、allow「許可する」という意味の単語に言い換えられていますが、これが正解です。

85. 正解 (B) 　個別情報を問う問題　　難度 ★★★☆☆

設問には具体的な日時についてのキーワード this afternoon があります。午後について触れている部分は ❽ the delivery is scheduled for after 1 P.M「配達は午後 1 時以降の予定です」と言っています。さらに I'll be in the office.「私はオフィスにいる予定です」とつけ加えています。つまり、午後はオフィスで働いていると判断し、(B) が正解です。

281

PART 4 TEST 1 解答・解説

トランスクリプション

Questions 86-88 refer to the following talk.

⓻Now here we are at the final stop on our tour: the packaging area. This is where our gourmet chocolates get put into boxes and sent out to retailers after they've been through the production process elsewhere in the factory. ⓻I've got some small boxes for each of you. Inside you'll find some of our bestselling chocolates, and of course they're free-of-charge for you all today. Please enjoy them, and take your time to look around the packaging area. If you have any questions, you can speak with Alan, our packaging supervisor. ⓻Before you exit the factory, please be sure to return your visitor passes to the security desk.

設問と訳

86. Where is the talk taking place?

(A) In a laboratory
(B) In a chocolate shop
(C) In a factory
(D) In a hotel

このトークは、どこで行われていますか。

(A) 研究室
(B) チョコレート店
(C) 工場
(D) ホテル

87. What do the listeners receive?

(A) Product samples
(B) Free photographs
(C) An ingredients list
(D) A packaging guide

聞き手は何を受け取るのでしょうか。

(A) 製品の試供品
(B) 無料の写真
(C) 材料のリスト
(D) 包装のための手引き

88. What does the speaker ask the lisenters to do?

(A) Pick up their belongings
(B) Return their visitor passes
(C) Sign an agreement
(D) Fill out some feedback forms

話し手は、聞き手に何をするように求めていますか。

(A) 私物を引き取る
(B) 入場許可証を返す
(C) 同意書に署名する
(D) アンケート用紙に記入する

PART 4　TEST 1　解答・解説

会話の訳と語注

問題 86-88 は、次の案内に関する問題です。

さて、ここが私たちのツアーの最後の立ち寄り場所となる包装エリアです。ここは当社の高級チョコレートが、この工場の別の場所で作られた後で箱詰めされ、小売店に向けて発送されるところです。皆さんのために、小箱を用意しました。中には、当社の最もよく売で差し上げますチョコレートが何種類か入っていて、それはもちろん今日いらした皆さんに無料で差し上げます。どうぞお召し上がりになり、この包装エリアをゆっくりご見学ください。何かご質問がありましたら、包装責任者のアランに声をおかけください。皆さんが工場を出る前には、入場許可証を警備デスクに忘れずにご返却いただくようお願いいたします。

【語注】packaging　包装（作業）／ area　エリア、地区／ gourmet　高級な、グルメ向きの／ retailer　小売業者／ production　生産／ process　工程、過程／ bestselling　最もよく売れている／ free-of-charge　無料の／ supervisor　責任者、監督／ exit　出て行く／ visitor　訪問者／ pass　許可証／ security　警備／ take place　行われる、起こる／ laboratory　研究室／ sample　試供品／ photograph　写真／ ingredient　材料／ list　リスト／ pick up　～を引き取る／ belongings　【通例複数形】私物、持ち物／ sign　署名する／ agreement　同意書／ fill out a form　用紙に記入する／ feedback　意見、評価

解説

86. 正解 (C)　!全体を問う問題　　❓難度 ★★★★☆

このトークが行われている場所について問われています。先読みで選択肢にも一度目を通しておくと、正解が容易に選べる問題です。❽に on our tour「ツアーで」という表現があり、続いて the packaging area「包装エリア」と言っています。TOEIC で登場するトークには場面のパターンがあることはすでに学習しましたが、このトークは「工場見学」に属するものです。❽の最後にも in the factory という表現が登場していますので確信を持って (C) を選んでください。

87. 正解 (A)　!個別情報を問う問題　　❓難度 ★★★★☆

聞き手は工場見学のツアー参加者、話し手はツアー開催者です。設問では、ツアー参加者が何を受け取るのかと尋ねています。❽ I've got some small boxes for each of you.「皆さんのために、小箱を用意しました」で、渡すものが box だとわかります。中身は you'll find some of our bestselling chocolates, から具体的にはチョコレートとわかります。さらに they're free-of-charge for you all とあるので無料のチョコレートですね。これに一番近いのは (A) です。選択肢に「チョコレート」とは書いてありませんが、「製品の試供品」で無料のチョコレートを表しています。

88. 正解 (B)　!個別情報を問う問題　　❓難度 ★★★☆☆

このトークでの聞き手はツアーの参加者です。参加者がどんなことをするように求められているかについては、最後の❽ Before you exit the factory,「皆さんが工場を出る前には」と前置きをして触れています。please be sure to return your visitor passes「入場許可証を忘れずにご返却お願いします」、to the security desk.「警備デスクに」との具体的な指示がありますね。これを網羅した (B) が正解です。その他の選択肢についてはトークでまったく触れられていません。

PART 4 TEST 1 解答・解説

トランスクリプション

Questions 89-91 refer to the following broadcast.

⓲Fitness 4 U Health Centers and Radio KJXT are proud to announce the tenth annual City Fun Run, taking place on April 23, beginning at 9:30 A.M. from the City Hall. This is a family-friendly race, and everyone is welcome, regardless of age or fitness level. All proceeds from the five-dollar entry fee will go to charity. ⓳Our very own local mayor, William Wright, will start this year's race. Mayor Wright will also be presenting medals at the end of the event. ⓴Participants may register on the day of the run, or in advance at www.RadioKJXT.com/funRun. Early registrants will receive a free box of energy bars – perfect for helping you get into shape ahead of the run. So sign up today!

設問と訳

89. What is being advertised?

(A) A sporting event
(B) A fitness center opening
(C) A local election
(D) A redevelopment project

何が宣伝されていますか。

(A) スポーツのイベント
(B) フィットネス・センターの開業
(C) 地元の選挙
(D) 再開発計画

90. Who is William Wright?

(A) An amateur athlete
(B) A local politician
(C) A souvenir maker
(D) A radio announcer

ウイリアム・ライトとは、どのような人物ですか?

(A) アマチュアのスポーツ選手
(B) 地元の政治家
(C) 土産物の製造業者
(D) ラジオ局のアナウンサー

91. Why are listeners encouraged to visit a Web site?

(A) To purchase a membership
(B) To choose an award
(C) To register early
(D) To receive further details

聞き手は、なぜウェブサイトにアクセスするように勧められているのですか。

(A) 会員権を購入するため
(B) 賞品を選択するため
(C) 事前に申し込むため
(D) さらに詳しい情報を得るため

PART 4　TEST 1　解答・解説

会話の訳と語注

問題89-91は、次の放送に関連する問題です。

フィットネス・フォー・ユー・ヘルスセンターとKJXTラジオ局は、毎年恒例の第10回シティ・ファン・ランを4月23日に開催し、午前9時30分に市庁舎からスタートすることを発表させていただきます。これは家族向けのレースで、年齢や体力レベルにかかわらず、どなたでもご参加いただけます。5ドルの参加費からの収益は、全額が慈善団体に寄付されます。当市のウイリアム・ライト市長が、今年のレースのスターターを務めることになっています。ライト市長はまた、このイベントの最後にメダルの授与も行います。参加希望者はレース当日に申し込むこともできますし、あらかじめwww.RadioKJXT.com/funRunで申し込むこともできます。事前申込者は、エナジーバーを1箱受け取れます。これは、レースの前に体調を整えるために最適です。ですから、今日のうちに申し込んでください！

【語注】annual　毎年恒例の、年次の／ take place　開催される、起こる／ family-friendly　家族向けの／ race　レース／ regardless of　～に関係なく／ fitness　体力／ proceeds　【通例複数形】収益／ entry fee　参加費／ charity　慈善団体／ mayor　市長／ present　授ける／ participant　参加者／ register　申し込む、登録する／ in advance　あらかじめ、事前に／ registrant　申込［登録］者／ get into shape　体調を整える／ ahead of　～の前に、～より早く／ sign up　申し込む／ redevelopment　再開発／ project　計画、プロジェクト／ amateur　アマチュア（の）／ athlete　スポーツ選手／ membership　会員権／ award　賞（品）／ further　追加の／ detail　詳細（情報）

解説

89. 正解 (A)　■全体を問う問題　　難度 ★★★★☆

宣伝の内容についての問いです。トークの冒頭に日時や場所に関する情報が集中して登場するので、気をとられてしまいますが、内容については❽❾ ...announce the tenth annual City Fun Run、「第10回シティ・ファン・ランについてお知らせ」だと伝えています。さらに、This is a family-friendly race「これは家族向けのレース」との情報もあります。イベント名にあるRunは「マラソン」の意味、raceはそのまま「レース」、その他にもfitness level「体力レベル」などのキーワードがありますので、これらを集約した(A)が正解です。冒頭に登場するfitnessにつられて(B)を選ばないよう注意しましょう。

90. 正解 (B)　■個別情報を問う問題　　難度 ★★★★☆

William Wrightが誰であるかについては、❾⓪で最初に名前が登場します。名前が紹介される前にOur very own local mayor「当市の市長」との説明がついていますし、そのすぐあとでもMayor Wright「ライト市長」と言われていますね。mayorは「市長」という意味です。mayor自体は難しい単語ではありませんが、選択肢でpolitician（政治家）と言い換えられているので、一瞬戸惑うかもしれませんが他の選択肢にぴったりと該当するものがないので、(B)が正解となります。

91. 正解 (C)　■個別情報を問う問題　　難度 ★★★☆☆

ウェブサイトに言及しているのは❾❶の部分です。at www.RadioKJXT.com/funRunと出てきます。その前にParticipants may register on the day of the run, or in advanceとありますが、ここでは「当日受付もできるが事前登録する場合には」との説明がありますので、事前申し込みはウェブで、と案内していることがわかります。その後の情報で、Early registrants will receive a free box of energy bars「事前申込者はエナジーバーを1箱受け取れます」ともあります。つまり、ウェブから事前にregister「申し込み」ができることがわかりますので、正解は(C)です。

285

PART 4 TEST 1 解答・解説

トランスクリプション

Questions 92-94 refer to the following excerpt from a meeting.

⓼²First on the agenda today is the monthly sales report. **⓼²⓼³**As you are probably aware, sales of electronic device accessories are down, especially in smartphone cases, where we have quite dramatically failed to meet our targets. An analysis of the data reveals that we are failing to reach our target customers for these products. The new line of cases was intended to appeal to the 25 to 35 age demographic, but this is actually the age bracket in which we are seeing the biggest fall in sales across the range. **⓼⁴** I think we need to put together a team to do some further research into this and work out where we are going wrong. Please let me know if you'd like to participate in this project.

設問と訳

92. What is the subject of the discussion?

(A) Electronic devices
(B) Medical equipment
(C) Smartphone cases
(D) Educational courses

この話し合いの議題は何ですか。

(A) 電子機器
(B) 医療機器
(C) スマートフォン用ケース
(D) 教育コース

93. What problem is mentioned?

(A) Data analysis was incorrect.
(B) Sales targets were not met.
(C) Manufacturers recalled an item.
(D) Customers were unhappy with quality.

どのような問題が述べられていますか。

(A) データ分析が不正確だった。
(B) 売上目標が達成されなかった。
(C) メーカーが製品をリコールした。
(D) 顧客が品質に満足しなかった。

94. What does the speaker suggest?

(A) Reviewing age limits
(B) Preparing a budget
(C) Altering a design
(D) Forming a team

話し手は、どのようなことを提案していますか。

(A) 年齢制限を見直す
(B) 予算を準備する
(C) デザインを変更する
(D) チームを結成する

PART 4 TEST 1 解答・解説

会話の訳と語注

問題 92-94 は、次の会議の一部に関する問題です。

今日の最初の議題は、月間売上報告の件です。皆さんもおそらくお気づきのことと思いますが、電子機器の付属品の売上が減っており、特にスマートフォン用ケースは、目標を達成することに遠く及びませんでした。データを分析した結果、私たちがこうした製品のターゲット顧客層の関心を引き付けられていないことがわかっています。ケースの新製品は25歳から35歳の年齢層にアピールするよう意図されていましたが、実際には、すべての製品について最も売上が落ち込んでいるのがこの年齢層なのです。私の考えでは、この問題をさらに詳しく調査するチームを編成して、いったい私たちのやり方のどこに問題があるのかをしっかり見極める必要があります。この計画に参加を希望する方は、私までお知らせください。

【語注】agenda 議題、案件／ aware 気づいている／ electronic device 電子機器／ accessory 付属品／ dramatically 著しく、劇的に／ meet （目標を）達成する、満たす／ analysis 分析／ reveal 〜ということがわかる／ reach 〜の関心を引く／ line 取扱商品／ intend 意図する／ appeal to 〜にアピールする／ demographic 年齢層／ age bracket 年齢層／ range 在庫商品／ further さらなる、追加の／ medical 医療の／ mention 話題にする、言及する／ incorrect 不正確な／ recall （製品を）回収する、リコールする／ age limit 年齢制限／ budget 予算／ alter 変更する／ form 結成する

解説

92. 正解 (C) 【！全体を問う問題】　　❓難度 ★★★★☆

このトークは全体的に使われている単語の難易度が高く、スクリプトを見てもすぐに理解できない部分があるかもしれません。しかし重要なのは単語の詳細ではなく会話のおおまかな展開です。議題については❷で「議題は月間売上報告」と述べられていますが、この情報だけでは正解は選べません。その後に、sales of electronic device accessories are down「電子機器の付属品の売上が減っており」と述べられ、especially in smartphone cases「特にスマートフォン用ケース」と商品を特定しています。この会話ではこの主題についての議題が続きますので、(C) が正解となります。

93. 正解 (B) 【！個別情報を問う問題】　　❓難度 ★★★★☆

どんな問題が述べられているのか、という設問です。❷の後半とかぶりますが、❸に sales of electronic device accessories are down「電子機器の付属品の売上が減っており」という言及があります。「売上の減少」が問題なので、選択肢 (B) がそれにあたるのですが、sales target（売上目標）、not met（満たさない、meet の過去分詞）を用いての言い換えになっていますから注意しましょう。

94. 正解 (D) 【！個別情報を問う問題】　　❓難度 ★★★★☆

設問のキーワードは suggest「提案する」ですが、トークに suggest は登場しません。トークを最後まで聞かないと話し手の意向がわからないのでやや難しい問題ですが、❹ I think we need to put together a team「チームを編成する必要があります」と言っています。これを「提案」ととらえましょう。選択肢 (D) は put together を form と言い換えています。

287

PART 4 TEST 1 解答・解説

トランスクリプション

Questions 95-97 refer to the following telephone message.

㊀Hello. I'm George Bauer and this is a message for the store manager. ㊁I purchased a washing machine from your store this morning, and I just wanted to let you know that I greatly appreciated the wonderful service I received from your salesperson, Melissa Baker. Melissa was so helpful in explaining to me the differences between the various models you have in the store. ㊂You have a large variety of appliances, so it really pays to have employees like Melissa who are so knowledgeable about each product. If she hadn't been there, I never would have been able to decide! Melissa made choosing what I need easy.

設問と訳

95. Who is the message intended for?

(A) A store manager
(B) A sales assistant
(C) An administrative assistant
(D) A marketing professional

このメッセージは誰に向けたものですか。

(A) 店長
(B) 店員
(C) 重役補佐
(D) マーケティングの専門家

96. What is the purpose of the call?

(A) To praise an employee
(B) To report a problem
(C) To schedule a shipment
(D) To inquire about a store's hours

この電話の目的は何ですか。

(A) 従業員をほめること
(B) ある問題点を報告すること
(C) 出荷のスケジュールを組むこと
(D) 店の営業時間について問い合わせること

97. What does the speaker say about the business?

(A) Its location is convenient.
(B) Its prices are the best in the neighborhood.
(C) It has a large inventory.
(D) It does not give its employees enough training.

話し手は、この店についてどのように言っていますか。

(A) 便利な場所にある。
(B) 商品の価格が近所で最も安い。
(C) 品揃えが豊富である。
(D) 従業員に十分な教育をしていない。

PART 4 TEST 1 解答・解説

会話の訳と語注

問題 95-97 は、次の電話メッセージに関する問題です。

もしもし、私はジョージ・バウアーという者ですが、これは貴店の店長宛てのメッセージです。私は今朝、そちらの店で洗濯機を購入したのですが、そちらの店員のメリッサ・ベイカーさんから私が受けた素晴らしい対応にとても感謝していると、とにかくお知らせしたかったのです。メリッサさんは、私に店内にあるさまざまなモデルの違いを説明してくれて、とても助かりました。そちらにはたくさんの種類の家電製品が置いてあるので、それぞれの製品について詳しい知識のあるメリッサさんのような従業員がいることは、とても有益なことだと思います。もし彼女がそこにいなかったら、私はぜったいに決断ができなかったでしょう！ メリッサさんのおかげで、私は自分に必要なものを簡単に選ぶことができたのです。

【語注】**washing machine** 洗濯機／**greatly** とても、非常に／**a variety of** 多くの種類の、さまざまな／**appliances**【通例複数形】家電製品／**pay** 割に合う、利得を得る／**knowledgeable** 知識が豊富な／**intend for** ～に（提供するよう）意図する／**sales assistant** 店員／**administrative assistant** 重役補佐／**professional** 専門家／**purpose** 目的／**praise** ほめる、称賛する／**report** 報告する／**schedule** スケジュールを組む／**shipment** 出荷／**inquire about** ～について問い合わせる／**store's hours** 店の営業時間／**location** 場所、立地／**convenient** 便利な／**neighborhood** 近所、周辺／

解説

95. 正解 (A) ❗全体を問う問題　　　　　　　　　　❓難度 ★☆☆☆☆

留守電の問題です。話し手、聞き手の関係をしっかり把握しましょう。設問でも、このメッセージは「誰に向けてのものか (intended for)」が問われています。冒頭❾❺で、this is a message for the store manager.「これは貴店の店長宛てのメッセージです」とはっきり言っています。選択肢にも (A) にそのままの表現がありますね。迷わずしっかり正解したい問題です。

96. 正解 (A) ❗全体を問う問題　　　　　　　　　　❓難度 ★★★☆☆

話し手は、❾❻ I purchased a washing machine「洗濯機を購入した」と言っていますので、お店で商品を購入した人だとわかります。そして、I just wanted to let you know「ぜひお知らせしたかった」と説明した後、I greatly appreciated the wonderful service I received from your salesperson「そちらの店員から私が受けた素晴らしい対応にとても感謝している」と述べています。これがこの電話の目的、「感謝」です。これに相当するのは (A) です。praise が「ほめる」、employee が「従業員」となっている言い換え表現もおさえておきましょう。

97. 正解 (C) ❗個別情報を問う問題　　　　　　　　❓難度 ★★★★☆

設問では business（ビジネス）についてどんなことが言われているかが問われていますが、この時点で言い換えが発生しています。この business が指しているのはトークに登場する「お店」のことです。お店について触れているのは❾❼ You have a large variety of appliances の部分です。appliances は「家電製品」の意味で、それがバラエティに富んでいる、つまりはいろんな種類がある、と言っています。選択肢では、such a large variety が large inventory と言い換えられていますが、選択肢 (C) が正解です。

PART 4 TEST 1 解答・解説

トランスクリプション

Questions 98-100 refer to the following telephone message.

Good afternoon. This is Jenny Sakamoto calling from the events department at the Regent Hotel. ㊳I'm just working on your request to book the conference room for a creative writing convention on March 10. ㊴I'm afraid our conference room is already booked for that date. However, we do have other rooms, which, although not as large as the conference room, are quite large. Two of these can accommodate up to 40 people. ㊵There is also the possibility of joining the two rooms together by removing the sliding partition between them. So, 80 people could be accommodated. Could you please give me a call back and let me know whether this option would work for you? You can reach me at 555-4578. Thank you.

設問と訳

98. What event is being planned?

(A) A political discussion
(B) A financial convention
(C) A writing conference
(D) A charity dinner

どのようなイベントが計画されていますか。

(A) 政治討論会
(B) 財政協議会
(C) 文芸大会
(D) チャリティー晩餐会

99. Why is the speaker calling?

(A) To report a technical problem
(B) To apologize for bad service
(C) To give a price estimate
(D) To suggest a reservation change

話し手は、なぜ電話をかけているのですか。

(A) 技術的な問題について報告するため
(B) サービスの悪さを謝罪するため
(C) 見積金額を伝えるため
(D) 予約内容の変更を提案するため

100. What solution does the speaker suggest?

(A) Combining some rooms
(B) Removing a door
(C) Rescheduling an event
(D) Speaking with a supervisor

話し手は、どのような解決策を提案していますか。

(A) いくつかの部屋をつなげる
(B) ドアを取り除く
(C) イベントの日程を変更する
(D) 責任者と話す

PART 4 TEST 1 解答・解説

会話の訳と語注

問題 98-100 は、以下の電話メッセージに関する問題です。

こんにちは。私はジェニー・サカモトと申しまして、リージェント・ホテルのイベント管理部からご連絡を差し上げています。私は、3月10日の文芸創作大会のために会議室を予約されたいというお客様のご依頼を担当しております。残念ながら、私どもの会議室は、当日にすでに予約が入っております。ただし、会議室ほど広くはありませんが、かなり広い部屋がほかにいくつかございます。そのうちの2部屋は40人まで収容できます。また、その2部屋の間にあるスライド式の間仕切りを取り除いて、ひとつの部屋にすることも可能です。そうすると、80人が収容できることになります。どうぞ私まで折り返しお電話をいただき、このやり方でもよろしいかどうかお知らせいただけないでしょうか。私の電話番号は555-4578です。よろしくお願いいたします。

【語注】book 予約する／conference room 会議室／convention 大会、協議会／quite かなり／accommodate 収容できる／up to （最大）～まで／remove 取り除く／sliding partition スライド式の間仕切り／reach （電話・メールで）連絡する／discussion 討論（会）／financial 財政の、金融の／charity チャリティー（の）、慈善（の）／report 報告する／technical 技術的な／apologize for ～について謝罪する／price estimate 見積（金額）／suggest 提案する／reservation 予約／solution 解決／combine つなげる、組み合わせる／reschedule 日程を変更する

解説

98. 正解 (C) ❗個別情報を問う問題　　　　　　　　　　　　　　❓難度 ★★★☆☆

電話のメッセージについての問題です。What event「どんなイベント」が計画されているのかが問われています。話し手は、自分がホテルのイベント部門のスタッフであると名乗った後、❾❽で book the conference room「会議室の予約」について担当していると伝えています。さらにその後で、for a creative writing convention「文芸創作大会のための」と具体的な内容を口にしています。creative writing がキーワードです。writing が聞き取れれば、上記の情報を言い表した (C) が選べるでしょう。

99. 正解 (D) ❗全体を問う問題　　　　　　　　　　　　　　　❓難度 ★★★★☆

どのような目的で話し手が電話をしているのかについては❾❾に情報があります。❾❾では「その日は予約でいっぱいです」と伝えますが、However「しかし」と前置きしたあとで、we do have other rooms「ほかにも部屋があります」と言っています。つまり、ほかの部屋を勧めているわけです。この内容を選択肢の中から探すと、(D) がそれに相当します。なお、book「予約する」が reservation「予約」と言い換えられています。また、we do have の do は強調の do で意味を強めたいときに使われる表現です。

100. 正解 (A) ❗個別情報を問う問題　　　　　　　　　　　　　❓難度 ★★★★☆

設問 99 で取り上げた「ほかの部屋であれば対応可能」という状況が読み取れていればこの問いで問われている solution「解決策」についても具体的な内容がわかります。❾❾で予約可能な部屋は「希望の部屋ほど大きくない」と伝えていますが、その後に続く❿では、There is also the possibility of joining the two rooms「ふたつの部屋をつなげられる可能性がある」と言っています。そうすることで、「80人が収容可能です」とのことですので、部屋をつなげるが解決策です。これを表現しているのが選択肢 (A) です。combine は「つなげる」の意味で、join の言い換え表現です。

PART 4 TEST 2 解答・解説

トランスクリプション

Questions 71-73 refer to the following introduction.

Good afternoon, everyone. ㊆Today I'd like to introduce you to our new server, Henry Campbell. As we're so busy nowadays, I'm sure you'll all join me in warmly welcoming Henry onto the team. ㊆Henry has lots of experience waiting tables in smaller restaurants, but he hasn't worked in one as large as ours before, so please help him out while he's learning our systems. ㊆I'm due to give him a tour of the dining and kitchen areas right after this meeting, and he'll be going through the new employee training program with Rafael throughout this month.

設問と訳

71. Where does the introduction take place?

(A) In a travel agency
(B) In an electrical store
(C) In a restaurant
(D) In a department store

この紹介は、どこで行われていますか。

(A) 旅行代理店で
(B) 電器店で
(C) レストランで
(D) デパートで

72. What are the listeners encouraged to do?

(A) Make a seating plan
(B) Restock some shelves
(C) Take customers' orders
(D) Help a new employee

聞き手は何をするように促されていますか。

(A) 座席表を作る
(B) 棚に商品を補充する
(C) 客の注文をとる
(D) 新しい従業員の手助けをする

73. What does the speaker say he will do later?

(A) Hire a trainer
(B) Give a tour
(C) Check on an order
(D) Greet a new employee

話し手は、後で何をすると言っていますか。

(A) 指導員を雇う
(B) 人を案内して回る
(C) 注文を確認する
(D) 新しい従業員を出迎える

292

PART 4 TEST 2 解答・解説

会話の訳と語注

問題 71-73 は、次の人物紹介に関する問題です。

皆さん、こんにちは。今日は皆さんに当店の新しい給仕人のヘンリー・キャンベルをご紹介したいと思います。最近、私たちはとても忙しいので、きっと皆さんも私と同様にヘンリーを仕事仲間として温かく迎えてくれることと思います。ヘンリーは、ここより小さなレストランで給仕をした経験は豊富ですが、この店ほど大きな店で働いたことがないので、彼がここでのやり方を身につけるまでの間、彼を助けてあげてください。私はこのミーティングが終わったあとすぐに彼を食堂と厨房に案内する予定で、彼は今月いっぱいラファエルの指導の下で新人研修プログラムを受けることになっています。

【語注】introduce 紹介する／server （レストランの）給仕人／nowadays 最近では／warmly 温かく／experience 経験（する）／wait tables 給仕をする／be due to ～する予定である／go through ～を受ける、経験する／employee 社員／training 研修、トレーニング／take place 行われる、起こる／travel agency 旅行代理店／electrical store 電器店／department store デパート／encourage 促す／seating plan 座席表／restock （商品を）補充する／shelf 棚／customer 顧客／order 注文（する）／hire 雇う／trainer 指導員、トレーナー／give a tour （人を）案内する／check on ～を確認する／greet 出迎える、あいさつをする

解説

71. 正解 (C) 🚩 全体を問う問題　　　❓ 難度 ★★★★☆

内容は人物紹介です。最初の設問は where で始まり、どこで行われるか、が問われています。㉛で Henry を紹介する際に、new server と言っています。これは「給仕人」という意味です。もしここでわからなかったとしても、その後にいくつかキーワードがあります。…waiting tables in smaller restaurants、…a tour of the dining and kitchen areas などから察すると (C) を正解として選ぶことができるでしょう。

72. 正解 (D) 🚩 個別情報を問う問題　　　❓ 難度 ★★★☆☆

聞き手は何をするように促されているか、が問われていますので、話し手は聞き手に何か指示をしていると推測できます。話し手は㉜ …he hasn't worked in… で「彼は大きな店で働いたことがない」ので please help him out「助けてあげてください」と言っています。この he は新人 Henry のことです。選択肢を見てみると同じ help が使われている (D) がありますので、これが正解です。Henry は employee と言い換えられています。

73. 正解 (B) 🚩 個別情報を問う問題　　　❓ 難度 ★★★★★

話し手、つまり Henry を紹介している人が後ほど何をするのかについては、会話の後半で触れられています。㉝で I'm due to give him a tour of the dining and kitchen areas right after this meeting とあり、give him a tour は「彼を案内する」、つまりダイニングとキッチンを案内して回るということがわかります。同じセリフで after this meeting と伝えていますので、(B) が正解です。due to は「～のために、せいで」の意味もありますが、ここでは be due to で「～する予定」の意味で使われています。

PART 4 TEST 2 解答・解説

トランスクリプション

Questions 74-76 refer to the following talk.

㊼The next issue we need to cover today is our folding bike sales. Joanne has some detailed sales figures that she's going to present to us. Before she starts, I'd like to provide a quick summary. Since the beginning of the year, we've seen an increase in sales of almost ten percent. ㊽Joanne's research reveals that the increase is largely due to the advertising campaign we've been running in national newspapers. The ads have been so successful that we are now thinking of expanding the campaign into online media. ㊾OK, I'll now hand over to Joanne so that she can present the details.

設問と訳

74. What is the talk mainly about?

(A) Promotional merchandise
(B) Equipment defects
(C) Company sales
(D) Price increases

このトークは、主に何についてのものですか。

(A) 販売促進用の商品
(B) 機器の欠陥
(C) 会社の売上高
(D) 値上げ

75. According to the speaker, where does the company currently advertise?

(A) On billboards
(B) In newspapers
(C) In cinemas
(D) On the Internet

話し手によると、この会社は今どこで宣伝をしているのですか。

(A) 屋外の大型看板
(B) 新聞
(C) 劇場
(D) インターネット

76. What will Joanne do next?

(A) Present statistics
(B) Distribute samples
(C) Conduct an interview
(D) Purchase equipment

ジョアンは、この後で何をするのでしょうか。

(A) 統計値を発表する
(B) 試供品を配る
(C) 面接を行う
(D) 機器を購入する

PART 4 TEST 2 解答・解説

会話の訳と注

問題 74-76 は、次の発言に関する問題です。

今日、私たちが次に取り上げる必要のある問題は、折りたたみ自転車の売上高です。ジョアンが詳しい売上高のデータを持っていて、それをこれから私たちに発表してくれます。彼女の話の前に、私から簡単な概要を話しておきたいと思います。今年の初めから、わが社の売上高は 10% 近く増加しています。ジョアンの調査が明らかにしているのは、この増加は、主に私たちが全国紙に掲載してきた広告キャンペーンによるものだということです。この広告は非常に成功しているので、私たちは今、このキャンペーンをオンラインメディアにも拡大することを考えています。では、ここでジョアンに代わってもらい、詳細を説明してもらいましょう。

【語注】cover （話題として）取り上げる／folding bike 折りたたみ自転車／detailed 詳しい／sales figures【通例複数形】売上高／present 発表する／provide 提供する／summary 概要、要約／reveal 明らかにする／largely 主に／due to ～に起因する／advertising campaign 広告キャンペーン／run （広告などを）掲載する、実行する／national 全国的な／ad 広告／expand 拡大する、拡張する／media メディア／hand over 引き渡す、譲る／detail 詳細／merchandise 商品／equipment 機器／defect 欠陥／according to ～によると／currently 現在／advertise 宣伝する、広告を出す／billboard 屋外大型看板／statistics 統計値／distribute 配布する／conduct an interview 面接を実施する

解説

74. 正解 (C) ❗全体を問う問題　❓難度 ★★★★☆

このトークの種類についてはわかりましたか？ これはプレゼンテーションの本題に入る前のイントロダクションです。 つまり話し手は会議の進行役だと理解できます。話し手は❼❹で「次の問題」は our folding bike sales と言っています。議題の内容については sales がキーワードです。その後でも increase in sales of almost ten percent のように繰り返し出てくるので、sales について触れられている (C) が正解です。bike につられて (A) や、increase につられて (D) を選んでしまわないようにしましょう。

75. 正解 (B) ❗個別情報を問う問題　❓難度 ★★★☆☆

現状では、この会社がどこに広告を出しているのか、と具体的な「場所」（ここでは正確には手段）が問われています。❼❺で「ジョアンの調査によると増加は以下によるもの」、と述べられた後で、we've been running in national newspapers「全国紙（新聞）に掲載している」とありますので、これを率直に記した (B) が正解です。

76. 正解 (A) ❗個別情報を問う問題　❓難度 ★★★★★

Joanne が次に何をするのか、が問われています。ジョアンは話し手ではなく、これからプレゼンテーションをする人です。進行役のトークの最後 ❼❻ I'll now hand over to Joanne so that she can present the details. でジョアンの次の行動が述べられています。…present the details「詳細を説明する」と言っていますが、その内容はこれまでの流れにあった sales に関してです。sales は「売上に関する報告」ですので、そこから察するに「売上の数字」つまり (A) の statistics であると判断します。言い換えのレベルも高く、とても難しい問題です。

PART 4 TEST 2 解答・解説

トランスクリプション

Questions 77-79 refer to the following telephone message.

Hello Bob, this is Liz calling from Accounts. It's 9:30 Thursday morning. ❼❼ I'm currently processing last month's travel expense claims so that I can issue reimbursement checks. I received your form for your trip to Beijing, but I see that you didn't include your receipts. ❼❽Could you please send me the receipts by fax as soon as possible? ❼❾I need them by next Monday afternoon at the latest. My fax number is 555-5869. If you can get them to me by then, I'll make sure you get your check on time. Thanks.

設問と訳

77. What is the purpose of the call?

(A) To report on an accounting change
(B) To provide details of a business trip
(C) To ask for some missing documents
(D) To get feedback on a product

この電話の目的は何ですか。

(A) 会計方針の変更を伝えること
(B) 出張の詳しい情報を提供すること
(C) 足りない書類の提出を求めること
(D) 製品についての感想をもらうこと

78. What does the speaker want the listener to do?

(A) Send a fax
(B) Resubmit a form
(C) Travel overseas
(D) Mail a package

話し手は、聞き手に何をしてほしいのですか。

(A) ファクスを送る
(B) 届出用紙を再提出する
(C) 海外旅行をする
(D) 小包を郵送する

79. When does the speaker need a reply?

(A) By Wednesday
(B) By Thursday
(C) By Friday
(D) By Monday

話し手は、いつまでに返信が必要なのですか。

(A) 水曜日まで
(B) 木曜日まで
(C) 金曜日まで
(D) 月曜日まで

PART 4 TEST 2 解答・解説

会話の訳と語注

問題 77-79 は、次の電話メッセージに関する問題です。

こんにちは、ボブ。経理部のリズです。現在、木曜日の午前 9 時 30 分です。私は今、先月の出張経費の請求書を処理していて、払い戻しの小切手が発行できるようにしているところです。私は、あなたの北京出張の請求書を受け取ったのですが、領収書を添付しなかったようですね。その領収書をできるだけ早く私にファクスで送ってもらえますか。それは遅くとも来週の月曜日の午後までに必要なのです。私のファクス番号は、555-5869 です。あなたがそれまでに私に届くようにしてもらえれば、間違いなく予定通りに小切手を受け取れるようにします。よろしくお願いします。

【語注】accounts 経理部／currently 今、現在／process 処理する／travel expense 出張経費／claim 請求、申込／issue 発行する／reimbursement 払い戻し、返済／check 小切手／form 用紙、書式／receipt 領収書／as soon as possible できるだけ早く／at the latest 遅くとも／make sure 必ず〜するようにする／on time 時間通りに／purpose 目的／report 伝える、報告する／accounting change 会計方針の変更／detail 詳細（情報）／missing 足りない／document 書類、文書／feedback 感想、意見／resubmit 再提出する／overseas 海外に／mail 郵送する／package 小包／reply 返信（する）

解説

77. 正解 (C) ❗全体を問う問題　　❓難度 ★★★★★

話し手は冒頭で ...calling from Accounts「経理部のもの」と名乗った後、㊲ I'm currently processing...travel expense claims「出張経費の請求書を処理しています」と言っています。I received your form「請求書を受け取った」、そして but 以下で you didn't include your receipts「領収書が入っていなかった」と説明しています。先に登場する travel expense claims が、次のセンテンスでは form とトークの中でも言い換えられています。電話の目的としては (C) が正解です。比較的長く聞かないと情報をつかめないことと、business trip が登場する (B) と間違えやすいので難しい問題です。

78. 正解 (A) ❗個別情報を問う問題　　❓難度 ★★★★☆

話し手は経理部の担当者、聞き手は請求書を送った人です。経理部の人は請求書の処理をすすめるためにこのメッセージを残していますので、この設問は会話のもっとも重要な部分が問われています。㊳ Could you please send me the receipts by fax as soon as possible?「領収書をできるだけ早くファックスで送ってくれませんか」と定番の依頼表現でリクエストしています。by fax とあるので (A) が正解です。send me だけにしか注意がいかないと間違って (B) を選んでしまう可能性があるので気をつけましょう。

79. 正解 (D) ❗個別情報を問う問題　　❓難度 ★★★☆☆

話し手はいつまでに返事が必要か、という具体的日時を答える問題です。㊴ I need them by next Monday afternoon で、はっきり月曜日の午後と言っていますね。冒頭に時間（9:30）や曜日（Thursday）が登場していますが、会話の展開が読み取れていればこれらにつられることなく (D) を迷わずに選ぶことができるでしょう。なお、them は receipts を指しています。

297

PART 4 TEST 2 解答・解説

トランスクリプション

Questions 80-82 refer to the following report.

Good evening. ⓐThis is Janet Lim, and this is your evening forecast. We're used to getting a lot of rain at this time of year, but I'm happy to say that tomorrow, like today, will be unusually sunny and warm. Clear skies again across the country will allow temperatures to rise steadily throughout the day reaching a high of 24 degrees Celsius. ⓑYou should get outdoors and enjoy it while it lasts, as an area of low pressure will move in tomorrow evening, bringing with it rain and strong winds. ⓒI'll be back with a 7 day forecast for the rest of the week after a short promotional message from our sponsors, TRF Airways.

設問と訳

80. What is the report about?

(A) Weather
(B) Finance
(C) Traffic
(D) Travel

これは何についての報道ですか。

(A) 天気
(B) 金融
(C) 交通
(D) 旅行

81. What does the speaker suggest the listeners do?

(A) Drive carefully
(B) Dress warmly
(C) Invest some money
(D) Spend time outside

話し手は、聞き手に何をするように提案していますか。

(A) 安全運転をする
(B) 暖かい服装をする
(C) お金を投資する
(D) 屋外で時間を過ごす

82. What will listeners hear next?

(A) A safety message
(B) A song
(C) A news update
(D) An advertisement

聞き手は、次に何を聞くことになるでしょうか。

(A) 安全に関するメッセージ
(B) 歌
(C) 最新のニュース
(D) 広告

298

PART 4　TEST 2 解答・解説

会話の訳と語注

問題 80 から 82 は、次の報道に関する問題です。

こんばんは。ジャネット・リンです。夜の天気予報をお伝えいたします。毎年この時期、私たちは多くの雨が降ることに慣れていますが、うれしいことに、明日も今日と同じように珍しくよく晴れて暖かくなるでしょう。引き続き全国的な晴天のため、気温は日中を通して徐々に上昇し、最高気温は摂氏 24 度に達するでしょう。皆さんは、この好天が続いているうちに、屋外に出てそれを楽しむとよいでしょう。というのは、明日の夜には低気圧の範囲が移動してきて、雨と強風をもらしそうだからです。今週このあとの 7 日間天気予報は、番組のスポンサー、TRF 航空からの短いコマーシャルの後にお伝えいたします。

【語注】forecast （天気）予報／ unusually 珍しく、いつになく／ across the country 全国で／ temperature 気温／ rise 上昇する／ steadily 徐々に、着実に／ high 最高気温／ degree 度／ Celsius 摂氏／ get outdoors 屋外に出る／ last 続く／ area 地域／ low pressure 低気圧／ promotional 宣伝の／ sponsor スポンサー／ finance 金融／ traffic 交通／ suggest 勧める、提案する／ carefully 慎重に／ dress warmly 暖かい服装をする／ invest 投資する／ safety 安全／ update 最新情報／ advertisement 広告

解説

80. 正解 (A) ❗全体を問う問題　　　　　　　　　　　❓難度 ★★☆☆☆

イントロでこのトークがレポートであることが紹介されています。レポートの内容について問われていますが、冒頭 ⓮ で this is your evening forecast「今夜の天気予報」と言っていますね。万が一ここを聞き逃したとしても、その後 rain、sunny and warm など天候に関する表現をいくつか言っています。(A) が正解です。確実に正解しておきたい問題と言えます。

81. 正解 (D) ❗個別情報を問う問題　　　　　　　　　❓難度 ★★★★☆

設問 80 がやさしい問題だったのに対し、この問題はトークの展開を詳細に追う必要がある難しい問題です。⓯ の前半部分に、You should…「～すべき」とありますので、この続きが提案の内容です。get outdoors and enjoy it「外に出て楽しむ」と言っていますので、(D) が正解です。⓮ で、「例年この時期は天気が悪いが、今日や明日は例外的に良い天気」と伝えていますので、この状況がわかっているとすんなりとこの設問にも答えられるでしょう。⓯ の後半では、rain and winds が登場しますので、それにつられて (B) を選んだりしないよう注意してください。

82. 正解 (D) ❗個別情報を問う問題　　　　　　　　　❓難度 ★★★★☆

聞き手は次に何を聞くのか、と次の放送内容が問われています。複数の情報に惑わされないようしっかり聞きましょう。⓰ I'll be back with a 7 day forecast for the rest of the week「週間天気予報でこの週の残りの天気についてお伝えします」と言っています。I'll be back with… は「後ほどまた登場します」という意味です。何の後かというと、after a short promotional message from our sponsors「スポンサーの短いコマーシャルの後で」とつけ加えているのでこの部分を表した (D) が正解です。

PART 4 TEST 2 解答・解説

トランスクリプション

Questions 83-85 refer to the following telephone message.

Hello, Ms. Jones. This is Victoria from Gerbera Photography. **⑧**I'm just calling to remind you that you have an appointment with us to have your picture taken. **⑧**Your appointment is for 10 A.M. on Wednesday at our studio on Brooke Street. **⑧**It's best if you can arrive ten minutes early so that you can meet your photographer and discuss your requirements. If for any reason you can't make your appointment, please call us to let us know as soon as possible. We look forward to welcoming you on Wednesday. Thank you.

設問と訳

83. Why is the speaker calling?

(A) To announce an opening
(B) To confirm an appointment
(C) To change a booking
(D) To arrange a viewing

話し手は、なぜ電話をしているのですか。

(A) 新規開店を発表するため
(B) 予約を確認するため
(C) 予約を変更するため
(D) 見学の手配をするため

84. What does the caller recommend?

(A) Discussing requirements on the phone
(B) Making additional copies of a document
(C) Bringing a portfolio of photography
(D) Arriving at the studio early

電話をかけてきた人は、どうすることを勧めていますか。

(A) 電話で必要事項を話し合う
(B) 書類のコピーを追加で作成する
(C) 写真の作品集を持ってくる
(D) 早めにスタジオに来る

85. When will Ms. Jones most likely visit the business?

(A) Monday
(B) Tuesday
(C) Wednesday
(D) Thursday

ジョーンズさんは、いつこの店に来る可能性が最も高いですか。

(A) 月曜日
(B) 火曜日
(C) 水曜日
(D) 木曜日

PART 4 TEST 2 解答・解説

会話の訳と語注

問題 83-85 は、次の電話メッセージに関する問題です。

こんにちは、ジョーンズさん。こちらはガーベラ・フォトグラフィーのビクトリアです。お客様が当店での写真撮影を予約されていることについて、念のためにご連絡を差し上げています。お客様のご予約は、ブルック・ストリートにある当店のスタジオで、水曜日の午前 10 時に入っております。できれば、お客様には 10 分ほど早くご来店いただき、写真家と会ってご要望を伝えていただくことをおすすめいたします。何らかの理由でご予約の時間にいらっしゃれない場合は、できるだけ早くお電話でお知らせください。水曜日にお目にかかるのを心待ちにしております。よろしくお願いいたします。

【語注】remind 念を押す、思い出させる／ appointment （面談の）予約、約束／ take a picture 写真を撮る／ studio スタジオ／ photographer 写真家、カメラマン／ requirement 必要なこと [もの]、必要事項／ as soon as possible できるだけ早く／ look forward to 〜を心待ちにする／ announce 発表する／ opening 開店、開場／ confirm 確認する／ booking 予約／ arrange 手配する、準備する／ viewing （不動産物件などの）見学、（テレビの）視聴／ recommend 勧める／ additional 追加の／ copy コピー／ document 書類、文書／ portfolio 作品集、ポートフォリオ／ photography 写真／ business 店舗、会社

解説

83. 正解 (B) 全体を問う問題　　難度 ★★★★☆

留守電メッセージの目的が問われています。トークの内容そのものは理解しやすいものですが、選択肢ではトークの内容を総括した表現に言い換えられているため、注意しましょう。冒頭で話し手は自己紹介をし、❽ I'm just calling to remind you that... 「that 以下を確認するために電話しています」と告げています。具体的な内容は you have an appointment with us... 「約束があります」ということで、約束の確認と判断できます。これらをまとめた表現がある (B) が正解です。confirm は「確認する」の意味で、TOEIC 頻出の動詞のひとつです。

84. 正解 (D) 個別情報を問う問題　　難度 ★★☆☆☆

設問は、電話をかけてきた人は何を勧めるのか、です。設問内では speaker ではなく caller として話し手が登場しています。❽ で It's best... と始まる文があります。直訳すると「それがベスト」、つまり「お勧めする」の意味です。その後、if you can arrive ten minutes early 「10 分前に来られるなら」写真家と打ち合わせできる、と伝えていますので (D) が正解です。なお、(A) は on the phone についてトークでは言及されていませんので、discussing requirements が正しくても正解にはなりません。

85. 正解 (C) 個別情報を問う問題　　難度 ★★☆☆☆

ジョーンズさんはいつこの店に来るか、と具体的な日時が問われています。前の問題と順番が前後していますが、この問題に関するキーワードは❽ より前に登場する❽ にあります。Your appointment is for 10 A.M. on Wednesday 「予約は水曜日の午前 10 時」と言っていますので正解は (C) です。また、最後に We look forward to welcoming you on Wednesday と Wednesday を念押ししているので、正解は選びやすいでしょう。

301

PART 4 TEST 2 解答・解説

トランスクリプション

Questions 86-88 refer to the following introduction.

Today, I'm delighted to welcome Mr. Ronald Wang. I'm sure ㊆you all are familiar with Mr. Wang, who is, of course, the president of Harraps Industries. Over recent years, Mr. Wang has become an ever more prominent figure in the media due to his work with charities and his advisory role with the government. ㊇Now, we can also add an author to his impressive list of credentials, as this week sees the release of his autobiography, *The Wang Way*. In the book, Mr. Wang reflects on the factors that contributed to his professional success. It is sure to become a bestseller. ㊈Following my interview with him today, Mr. Wang has agreed to take calls from listeners, so start calling in now with your questions. The number is 555-4587.

設問と訳

86. Who is Mr. Wang?

(A) A book publisher
(B) A government official
(C) A marketing expert
(D) A company president

ワンさんとは、どのような人物ですか。

(A) 出版業者
(B) 政府の役人
(C) マーケティングの専門家
(D) 会社の社長

87. According to the speaker, what did Mr. Wang do recently?

(A) He helped a new business.
(B) He published a book.
(C) He traveled overseas.
(D) He received an award.

話し手によると、ワンさんは最近どのようなことをしたのですか。

(A) 新興企業を支援した。
(B) 本を出版した。
(C) 海外旅行をした。
(D) 賞を受賞した。

88. What will probably happen next?

(A) An interview will take place.
(B) A presentation will be given.
(C) A survey will be conducted.
(D) A report will be submitted.

この後に、何が行われるのですか。

(A) インタビューが行われる。
(B) プレゼンテーションが行われる。
(C) アンケート調査が実施される。
(D) 報告書が提出される。

PART 4 TEST 2 解答・解説

会話の訳と語注

問題 86-88 は、次の人物紹介に関する問題です。

本日、ロナルド・ワンさんをお迎えできて、とてもうれしく思います。皆さんは、もちろん、ハラップス工業社の社長であるワンさんのことをよくご存じのことと思います。ここ数年、ワンさんは慈善団体との活動や政府の顧問としての役割のために、マスコミでこれまで以上に著名人となられています。このたび、彼の輝かしい実績の数々に、著者という肩書きも付け加えることができます。というのも、今週、彼の自叙伝『ザ・ワンウェイ』が発売されたからです。この本の中で、ワンさんは、彼の職業上の成功に寄与した要因を振り返っています。この本はきっとベストセラーになるでしょう。今日は、私のインタビューの後で、ワンさんにはリスナーの皆さんからの電話に応じていただけることになっています。ですから、今すぐ電話で質問をお寄せください。電話番号は 555-4587 です。

【語注】delighted うれしい/ prominent 著名な、重要な/ figure 人物/ media マスコミ/ due to ～のために/ charity 慈善団体/ advisory 顧問(の)、助言を与える/ impressive 優れた、印象的な/ credentials【通例複数形】実績、資格/ release 発売する/ autobiography 自叙伝/ reflect on ～を振り返る、回顧する/ factor 要因/ contribute to ～に寄与する、貢献する/ following ～後で/ according to ～によると、/ recently 最近/ publish 出版する/ award 賞/ take place ～が行われる、起こる/ survey (アンケート)調査/ conduct (特定の活動を)行う/ submit 提出する

解説

86. 正解 (D) 個別情報を問う問題　　　　　　　　　　　　難度 ★★☆☆☆

人物紹介に関するトークです。Mr. Wang はトークで取り上げられている中心人物です。冒頭で、すぐにワンさんの名前が登場します。そして ⑧⑥ ...who is, of course, the president of Harraps Industries「～ハラップス工業の社長」という説明がありますので、これをほぼそのまま表現している (D) が正解です。設問の内容、選択肢ともにシンプルでやさしい問題ですが、冒頭を聞き逃すと正解できない可能性がありますので、集中力が切れて冒頭を聞き逃すことのないように注意しましょう。

87. 正解 (B) 個別情報を問う問題　　　　　　　　　　　　難度 ★★★☆☆

この問題では recently「最近」に注意が必要です。⑧⑦ は now で始まっていますので、この後にくる情報が最新のものだと考えられます。...add an author to his impressive list of credentials「彼の輝かしい業績に著者が加えられる」とあり、その後 as this week sees the release of his autobiography「今週、彼の自伝が発売されるので」と伝えられています。つまり本を出版したわけですので、正解は (B) です。トーク内には publish は登場しませんが、author、release of his autobiography、in the book... などのキーワード表現から本にまつわる話題だと推測できます。

88. 正解 (A) 個別情報を問う問題　　　　　　　　　　　　難度 ★★★★★

次に何が起きるのか、を聞く next を伴った問題です。⑧⑧ に Following my interview with him today「今日の彼のインタビューに続いて」とインタビューがあることが示されますが、following「～に続いて」という表現があるように、インタビューのほかにも Mr. Wang has agreed to take calls from listeners...「リスナーからの電話を受け付けることに同意してくれた」といった情報もあります。トークの展開からすると、「リスナーからの電話を受ける」というような正解を求めてしまいがちですが、そのような選択肢はありません。その代わり、「インタビューが行われる」という選択肢 (A) があり、これが正解となります。

PART 4 TEST 2 解答・解説

トランスクリプション

Questions 89-91 refer to the following advertisement.

❽❾Whether for personal or business use, all the office supplies you need can be found in one place: Tony's Office Supplies. We have everything you could ever need, from simple stationery to office furniture and computers. ❾⓿Don't have time to spend looking around the store? Then use our new advance ordering feature at our Web site. Simply browse our online catalog and order online. We can have your merchandise ready for you to pick up at our local store nearest you within an hour. Just visit www.TonysOfficeSupplies.com to get started now. ❾❶And to celebrate the launch of this new service, we'll throw in a free pack of printing paper with every order placed online.

設問と訳

89. What kind of business is being advertised?

(A) A furniture factory
(B) An office supply store
(C) A technology company
(D) A Web site design firm

どのような会社が宣伝されていますか。

(A) 家具工場
(B) 事務用品店
(C) 技術系企業
(D) ウェブサイトをデザインする会社

90. What has been added to the company's Web site?

(A) Customer reviews
(B) Directions to a location
(C) An in-store pickup option
(D) Live customer service

この会社のウェブサイトに何が追加されたのですか。
(A) 顧客のレビュー
(B) ある場所への道案内
(C) 店頭での商品受け取りオプション
(D) 店頭での顧客サービス

91. How can customers receive a free gift?

(A) By throwing away old items
(B) By becoming a member of a club
(C) By filling out a survey
(D) By trying a new service

客は、どうすれば無料ギフトを受け取ることができますか。
(A) 古い商品を捨てることで
(B) クラブの会員になることで
(C) アンケート用紙に記入することで
(D) 新サービスを試しに使ってみることで

PART 4 TEST 2 解答・解説

会話の訳と語注

問題 89-91 は、次の広告に関する問題です。

個人用でも業務用でも、お客様に必要なあらゆる事務用品がひとつのお店、トニー事務用品店だけで見つけられます。当店には、普通の文房具からオフィス家具、さらにコンピューターまで、お客様がおよそ必要とするものはすべて取りそろえております。店内を見て回る時間がないですって？ それならば、当店のウェブサイトに新たに登場した予約注文機能をご利用ください。当店のオンラインカタログに目を通し、オンラインでご注文するだけです。ご注文の商品は、お客様の最寄りの店舗で 1 時間以内にお受け取りできるように準備いたします。さあ、www.TonysOfficeSupplies.com にアクセスして、今すぐご利用ください。なお、この新サービスの開始を記念して、当店はオンラインでのすべてのご注文に対して、プリンター用紙 1 セットを無料でご提供いたします。

【語注】**personal use** 個人用／**business use** 業務用／**office supplies**【通例複数形】事務用品／**stationery** 文房具／**furniture** 家具／**advance ordering** 予約注文／**feature** 機能、特徴／**browse** 〜を見て回る／**merchandise** 商品／**pick up** 〜を受け［引き］取る／**local** 地元の、現地の／**launch** 開始（する）、発売（する）／**throw in** 〜をおまけに付ける／**pack** パッケージ／**printing paper** プリンター用紙／**place an order** 注文する／**firm** 企業、会社／**directions**【通例複数形】道案内／**in-store** 店頭での／**pickup**（物品の）受け取り、引き取り／**live** 実演の、実況の／**throw away** 捨てる／**fill out** 〜に（必要事項を）記入する／**survey**（アンケート）調査

解説

89. 正解 (B) 全体を問う問題　　　　　　　　　　　　　　❓ 難度 ★☆☆☆☆

イントロで advertisement と言っていますので、宣伝告知についてのトークだとわかります。設問はどんな会社が宣伝されているかを問うていますので、まず出だしに注意しましょう。❽❾ で all the office supplies you need can be found「必要なあらゆる事務用品が見つけられる」と言っています。またその続きでは、from simple stationery to office furniture and computers. と具体的な商品が挙げられていますので、ここからも何を販売している会社であるか予測できます。(B) が正解です。言い換えもなく、かつ主題に関する設問ですので確実に正解しておきたい問題です。

90. 正解 (C) 個別情報を問う問題　　　　　　　　　　　　❓ 難度 ★★★☆☆

ウェブに関する情報は❾⓿で登場します。Then use our new advance ordering feature at our Web site.「それならば、当店のウェブサイトの予約注文機能を使ってください」と言っています。具体的には、browse our online catalog and order online、have your merchandise ready for you to pick up at our local store、ということですので (C) が正解です。このサービスが最近追加されたものだと確信できるのは、トーク後半❾❶ で ...to celebrate the launch of this new service,... と言っているあたりですが、この情報を待たずとも (C) を正解として選べるでしょう。

91. 正解 (D) 個別情報を問う問題　　　　　　　　　　　　❓ 難度 ★★★☆☆

設問のキーワードは free gift ですね。トークの最後❾❶ で ...to celebrate the launch of this new service「新しいサービスの開始を記念して」、we'll throw in a free pack of printing paper「無料のプリンター用紙をさしあげる」と言っていますので、これが無料ギフトに関する具体的情報です。最後に、with every order placed online.「オンラインのあらゆる注文に対し」とありますので、新しいオンラインサービス利用者が対象となり、正解は (D) となります。

PART 4 TEST 2 解答・解説

トランスクリプション

Questions 92-94 refer to the following telephone message.

Good afternoon, Mr. Cruz. This is John Murray at Downtown Auto Repairs. (92)We've finished replacing the tires on your car, (93)so you can come pick it up any time you like this afternoon. (94)I also noticed that your inside light wasn't working, so we went ahead and replaced the bulb for you. We won't charge you for that. If you have any queries, please give us a call. Otherwise, we'll see you later when you come in to collect your vehicle. Thank you.

設問と訳

92. What is the purpose of the message?

このメッセージの目的は何ですか。

(A) To suggest an additional repair
(B) To report the completion of a job
(C) To advertise a new vehicle
(D) To request payment authorization

(A) 追加の修理を提案すること
(B) 仕事が完了したことを報告すること
(C) 新車を宣伝すること
(D) 支払いの許可を求めること

---

93. When should the customer return?

客は、いつ戻ってくればよいのですか。

(A) This morning
(B) This afternoon
(C) Tomorrow morning
(D) Tomorrow afternoon

(A) 今日の午前
(B) 今日の午後
(C) 明日の午前
(D) 明日の午後

---

94. What did the speaker notice?

話し手は、何に気づいたのですか。

(A) A bill was not paid in full.
(B) A delivery was delayed.
(C) A form was incorrectly filled in.
(D) A light was not working.

(A) 請求金額が全額支払われなかった。
(B) 配達が遅れた。
(C) 用紙が正しく記入されなかった。
(D) 照明が点灯しなかった。

PART 4　TEST 2 解答・解説

会話の訳と語注

問題 92-94 は、次の電話メッセージに関する問題です。

こんにちは、クルツさん。 ダウンタウン・オート・リペアーズのジョン・マリーです。 お客様の車のタイヤ交換が終わりましたので、今日の午後いつでもお引き取りに来ていただけます。また、私は室内灯が点灯しないことにも気づきましたので、作業をすすめて電球を交換しておきました。その代金はいただきません。何かご質問がございましたら、お電話ください。問題がなければ、お車を引き取りにいらっしゃるときにお会いいたしましょう。それではよろしく。

【語注】replace　交換する／ tire　タイヤ／ pick up　～を引き取る／ notice　気づく／ inside　内部（の）、室内（の）／ go ahead　進んで行う、先に進む／ bulb　電球／ charge　（金額を）請求する／ query　質問、疑問／ otherwise　そうでなければ／ vehicle　車両／ purpose　目的／ suggest　提案する／ additional　追加の／ repair　修理／ report　報告（する）／ completion　完了／ advertise　宣伝する／ request　求める／ payment　支払い／ authorization　許可、認可／ customer　お客、顧客／ bill　請求書／ in full　全額を、すべて／ delivery　配達／ delay　遅らせる／ form　用紙、書式／ incorrectly　不正確に／ fill in　（必要事項を）書き込む

解説

92. 正解 (B) 【全体を問う問題】　難度 ★★☆☆☆

イントロにあるとおり、トークは留守番電話です。話し手は挨拶のあと、92 で We've finished replacing the tires on your car「車の修理が終わりました」、you can come pick it up「取りに来てください」と言っているので車の修理が完了したと考えられます。選択肢を見てみると、(B) がそれに該当します。finished「完了」が completion、repairing「修理」は job と言い換えられています。ほかの選択肢にも車の修理にまつわる単語がまぎれているため、車の修理がどうしたのか、という具体的なところがしっかり理解できていないと他の選択肢につられてしまう可能性があります。

93. 正解 (B) 【個別情報を問う問題】　難度 ★★★★☆

客はいつお店に来たらよいのか、と時間が問われています。つまり修理された車を受け取りにいつ来たらよいのか、ということですね。93 ...so you can come pick it up any time you like this afternoon「今日の午後都合のよい時間に取りに来てください」、と言っています。pick...up は「モノや人を迎えにいく」というニュアンスが強いですが、こういった商品の受け取りに関する状況でも頻繁に使われる表現です。時間に関する情報はほかに登場しませんので、この this afternoon が聞き取れていればわかりやすい問題でしょう。(B) が正解です。

94. 正解 (D) 【個別情報を問う問題】　難度 ★★★★☆

設問文にある notice という単語がすでにヒントになっています。94 で I also noticed... とありますのでこの後の情報が重要です。気がついた内容は、...your inside light wasn't working「室内灯が点灯しなかった」と言っています。選択肢にもほぼそのままの表現が (D) にありますので、これが正解です。万が一この light を聞き逃しても、その後の情報 replaced the bulb for you「電球を取り替えた」からも正解を導くことは可能ですが、bulb= 電球という単語を知らないと判断は難しいでしょう。やはり light の時点で判断できるとよいですね。

PART 4 TEST 2 解答・解説

トランスクリプション

Questions 95-97 refer to the following announcement.

Your attention please, ladies and gentlemen. (95)We've had to make a small change to the conference schedule for today. (96)Because of an issue with one of the presenter's travel arrangements, the seminar on marketing strategies scheduled for 2 P.M. will be postponed until 4:30 P.M. and will move to Room 3. We are sorry for any inconvenience this may cause. The rest of the schedule remains unchanged. (97)Lunch will be available in the main restaurant from noon, and after lunch we have our keynote speech, Focusing on the Future: New Leadership Techniques for the Modern Age, by renowned entrepreneur Bhav Singh. We are very much looking forward to seeing everyone there. Thank you.

設問と訳

95. What is the announcement about?

(A) A conference schedule
(B) A building plan
(C) A lunch menu
(D) A restaurant location

このアナウンスは何についてのものですか。

(A) 会議のスケジュール
(B) 建築計画
(C) 昼食のメニュー
(D) レストランの場所

---

96. What has been postponed?

(A) A departure time
(B) A keynote speech
(C) A marketing seminar
(D) A lunch meeting

何が延期されたのですか。

(A) 出発時刻
(B) 基調講演
(C) マーケティングのセミナー
(D) ランチミーティング

---

97. What is the topic of today's keynote speech?

(A) Recruitment
(B) Leadership
(C) Advertising
(D) Accounting

この日の基調講演のテーマは何ですか。

(A) 人材採用
(B) リーダーシップ
(C) 広告活動
(D) 会計業務

PART 4 TEST 2 解答・解説

会話の訳と語注

問題 95-97 は、次のアナウンスに関する問題です。

お集まりの皆様に申し上げます。本日の会議のスケジュールに多少の変更をさせていただく必要がございます。講演者のひとりに旅行の手配の問題があったため、午後2時に予定されていたマーケティング戦略についてのセミナーが午後4時30分に延期されるとともに、3号室に変更となります。この変更によってご不便をおかけすることを、おわびいたします。これ以外のスケジュール変更はございません。昼食には、正午からメインレストランがご利用いただけます。そして昼食後には、著名な企業家であるバーヴ・シン氏による「未来を見据えて:現代世界における新しいリーダーシップ技術」と題した基調講演が行われます。私どもは、すべての皆様とそこでお目にかかれることを楽しみにしております。ありがとうございました。

【語注】attention 注意、注目／ conference 会議／ presenter 講演者／ arrangement 手配、準備／ strategy 戦略／ postpone 延期する／ inconvenience 不便／ cause もたらす、生じさせる／ rest 残り／ remain ～のままである／ keynote speech 基調講演／ focus on ～に焦点を当てる／ modern 現代の／ renowned 著名な、有名な／ entrepreneur 起業家／ look forward to ～ ing ～することを楽しみにする／ announcement 発表／ location 場所、位置／ departure 出発／ recruitment 人材採用、求人／ advertising 広告（活動）／ accounting 会計（業務）

解説

95. 正解 (A) 全体を問う問題　難度 ★☆☆☆☆

冒頭の Your attention please,... から交通機関系のアナウンスかと予測してしまいがちですが、その後 ⑨⑤ で We've had to make a small change to the conference...「今日の会議のスケジュールに変更があります」と言っています。ここから (A) が正解だとわかります。meeting も「会議」という意味で使われますが、conference は meeting よりも規模の大きな会議を指します。このトークは大きな会場で行われる会議でのアナウンスで、大勢の参加者に向けて発せられていると想定できます。選択肢には言い換え表現もありませんので、確実に正解すべき問題です。

96. 正解 (C) 個別情報を問う問題　難度 ★★☆☆☆

設問のキーワード postpone「延期」に注意します。⑨⑥のセンテンスは非常に長いですが、順序を追って理解すれば、それほど難しい内容を言っているわけではありません。まず、Because of... で「講演者の旅行の手配に問題があったため」と理由を先に告げてから、the seminar on marketing strategies scheduled for 2 P.M. will be postponed「2時に予定されていたマーケティング戦略のセミナーが延期になる」という形で postpone が出てきます。よって延期されるのは (C) です。

97. 正解 (B) 個別情報を問う問題　難度 ★☆☆☆☆

基調講演のテーマは何か、とかなり具体的に内容が最初から指定されています。設問にも登場する keynote speech がトークでも登場しています。⑨⑦ after lunch we have our keynote speech と出てきますね。この後に講演のタイトルが告げられますが、このタイトルが長いのでなかなか頭には入ってこないかもしれません。イベント名や講演名などの固有名称に関する設問は TOEIC では珍しいものです。講演名は Focusing on the Future: New Leadership Techniques... とありますので、ここから (B) を正解として選ぶことができます。

309

PART 4 TEST 2 解答・解説

トランスクリプション

Questions 98-100 refer to the following speech.

❾❽I'd like to start the meeting today by congratulating everyone on their performance over the past year. ❾❾I received the final yearly financial report yesterday and I had a chance to read through it this morning. We exceeded all our expectations and made a bigger profit than in any previous year. This is the result of the dedication and hard work of everyone in this room. ❿ To show her appreciation, our CEO would like to invite you all to a special celebration next month. The financial report will soon be uploaded to the intranet, so you'll all be able to read it there. OK, now let's move onto the next item on the agenda.

設問と訳

98. Where is the speech probably being given?

(A) At an awards ceremony
(B) At a company meeting
(C) At a training event
(D) At a retirement party

このスピーチは、おそらくどこで行われていますか。

(A) 授賞式で
(B) 社内会議で
(C) 研修会で
(D) 退職祝賀パーティーで

99. What was received yesterday?

(A) A meeting agenda
(B) A profit warning
(C) A financial report
(D) An employment contract

昨日、何が受け取られたのですか。

(A) 会議の議題
(B) 業績警告
(C) 財務報告書
(D) 雇用契約書

100. According to the speaker, what will take place next month?

(A) A document will be made available.
(B) A celebration will be held.
(C) A new CEO will be named.
(D) A financial bonus will be awarded.

話し手によると、来月、何が行われるのですか。

(A) 書類が入手できるようになる。
(B) 祝賀会が開催される。
(C) 新しい最高経営責任者が指名される。
(D) 金銭的な特別手当が与えられる。

PART 4 TEST 2 解答・解説

会話の訳と語注

問題98-100は、以下のスピーチに関する問題です。

私は今日の会議を始めるにあたり、皆さんの昨年度の業績に対してお祝いを言わせていただきたいと思います。私は昨日、最終的な年次財務報告書を受け取り、今朝それにじっくりと目を通させていただきました。我が社は、あらゆる予想を超えて、これまでのどの年にもなかったほど大きな利益を上げました。これは、この部屋にいる全員の献身と努力のたまものです。我が社の最高経営責任者は、感謝の気持ちを示すために、来月、皆さん全員を特別な祝賀会に招待したいとの意向です。この財務報告書は間もなくイントラネット上に掲載されることになっているので、皆さんもそこで読むことができるでしょう。さて、それでは次の議題に移ることにしましょう。

【語注】congratulate 〜にお祝いを言う、祝う／ performance 業績、実績／ yearly 年次の、毎年の／ financial 財務に関する／ read through 〜を入念に読む／ exceed 超える／ expectation 予想、期待／ profit 利益／ previous 前の、以前の／ result 結果／ dedication 献身／ appreciation 感謝／ CEO 最高経営責任者／ celebration 祝賀会、パーティー／ intranet 企業内ネットワーク／ item 項目、ことがら／ agenda 議題／ awards ceremony 授賞式／ retirement 退職、引退／ warning 警告／ employment contract 雇用契約（書）／ according to 〜によると／ take place 行われる、起こる／ available 手に入る、利用できる／ be held 〜が開催される／ name 指名する／ bonus 特別手当、ボーナス／ award （賞などを）与える

解説

98. 正解 (B) 🔲 全体を問う問題　　　❓難度 ★★★☆☆

演説が行われている場所を判定するためには、トーク全体に登場するさまざまなキーワードに注目します。冒頭❾⓼で、I'd like to start the meeting「会議を始めます」と言っているのでmeetingであることは即座にわかりますが、全体的にfinancial reportやCEOなど会社と思われる単語からも場所はcompanyと推測がつきます。これらから正解(B)を選びましょう。トークに登場するcongratulatingにつられて(A)を選んでしまわないよう注意が必要です。

99. 正解 (C) 🔲 個別情報を問う問題　　　❓難度 ★★★★☆

設問のキーワードyesterdayに注目すると、トークでは❾⓽にyesterdayについての言及があります。I received the final yearly financial report yesterday「昨日最終的な年次財務報告所を受け取った」と言っていますね。final yearly financial reportが選択肢ではコンパクトにfinancial reportと短くまとめられていますので、(C)が正解です。実際のリスニングではfinancial reportは一度しか出てきませんし、さらっと流れるように言われているので、この部分を聞き逃さないようにしましょう。

100. 正解 (B) 🔲 個別情報を問う問題　　　❓難度 ★★★☆☆

こちらの設問にもnext monthと具体的な日時が指定されています。来月行われることは ❿⓿ ...our CEO would like to invite you all to a special celebration next month「CEOは皆さんを来月特別な祝賀会に招待したい」という内容から、具体的にはspecial celebrationであることがわかるでしょう。選択肢を見ると(B)にcelebrationがあり、これが正解です。be heldはパーティーや会が「開催される」という意味でよく使われる単語ですのでぜひ覚えておきましょう。CEOだけに反応して(C)を選んでしまわないよう注意してください。

311

PART 4 TEST 3 解答・解説

トランスクリプション

Questions 71-73 refer to the following news report.

Now it's time for Radio KBD's hourly news bulletin. ㊹The Canning Town Soccer Tournament's organizers announced today that this year's charity event will be rescheduled. ㊺Originally scheduled to begin at noon tomorrow, the prospect of torrential downpours caused the organizers to move the event to noon of the following day. If you'd like to take part in the event but haven't registered, you still have time. ㊻Simply log on to the Tournament's Web site and go to the registration area. All the instructions for signing up are given on the page.

設問と訳

71. What is the news report about?

(A) A talent contest
(B) A radio show
(C) A sports tournament
(D) A traffic delay

このニュース報道は何についてのものですか。

(A) 公開オーディション
(B) ラジオ番組
(C) スポーツ大会
(D) 交通の遅延

72. What caused the event to be rescheduled?

(A) The weather
(B) Lack of interest
(C) Technical issues
(D) A miscommunication

何が原因でイベントは日程が変更されたのですか。

(A) 天気
(B) 関心の低さ
(C) 技術的な問題
(D) 連絡ミス

73. Why are the listeners encouraged to visit a Web site?

(A) To get driving directions
(B) To check an event schedule
(C) To reserve a seat
(D) To register for a place

聞き手は、なぜウェブサイトにアクセスするよう勧められているのですか。

(A) 車での行き方を知るため
(B) イベントの日程を確認するため
(C) 座席を予約するため
(D) 参加の申し込みをするため

PART 4 TEST 3 解答・解説

会話の訳と語注

問題 71-73 は、次のニュース報道に関する問題です。

次は、KBD ラジオが毎時お送りするニュースの時間です。今日、カニングタウン・サッカー大会の主催者は、今年のチャリティーイベントの日程を変更すると発表しました。当初は明日の正午から始まる予定でしたが、集中豪雨が予想されるために、主催者はこの大会を次の日の正午に延期せざるを得なくなりました。もし皆さんがこのイベントに参加したいと思いながらも、まだ申し込んでいらっしゃらなければ、まだ時間はあります。大会のウェブサイトにアクセスし、登録用のページに進むだけでよいのです。申し込み方法はすべて、そのページに掲載されています。

【語注】hourly 毎時間の、1時間ごとの／ news bulletin ニュース放送／ tournament 競技大会、トーナメント／ organizer 主催者／ announce 発表する／ charity event チャリティーイベント／ originally 当初は、本来は／ prospect 予想、見込み、可能性／ torrential downpour 集中豪雨／ cause 引き起こす／ the following day 次の日／ take part in ～に参加する／ register 申し込む、登録する／ simply ただ、単に／ log on to ～にアクセスする／ registration 登録／ area エリア／ instruction 説明、指示／ talent contest 才能を競うコンテスト、公開オーディション／ traffic delay 交通の遅延／ lack of interest 関心のなさ、無関心／ technical 技術的な／ miscommunication 連絡ミス、誤解／ encourage 勧める、促す／ directions【通例複数形】道順（の案内）／ reserve 予約する

解説

71. 正解 (C) ! 全体を問う問題　　　　　　　　　　　　　　❓難度 ★☆☆☆☆

放送の主題についての設問です。ラジオのニュースであることが告げられた後、71 …Soccer Tournament's organizers announced「サッカー大会の主催者は発表した」と言っているのでサッカーに関するお知らせであるとわかります。わかりやすい内容ですが、トーク内でこの報道がスポーツイベントに関するものだと断言できるのはこの Soccer Tournament's… の部分だけなので聞き逃さないようにしましょう。選択肢には、「サッカー」という単語はありませんが、sports tournament と表現されている (C) が正解です。

72. 正解 (A) ! 個別情報を問う問題　　　　　　　　　　　　❓難度 ★★★★★

イベントが reschedule されたことは聞き取りやすいのですが、その理由を答えるのは難しい問題です。72 で「当初は明日の正午から開催の予定だった」と伝えられ、その後 the prospect of torrential downpours caused the ornagizers to move…「集中豪雨によって主催者は変更を余儀なくされる」とあります。理由を述べる表現として …caused「～が原因で」が使われています。torrential downpours は「集中豪雨」という意味で、正解は (A)The weather です。torrential downpours 以外に「天気」に結びつく表現がないため、この語彙を知らないと正解するのは難しいでしょう。

73. 正解 (D) ! 個別情報を問う問題　　　　　　　　　　　　❓難度 ★★★★★

聞き手はなぜウェブサイトにアクセスするよう勧められているのかと尋ねられています。設問のキーワード Web site は会話の後半で登場していますね。73 Simply log on to the Tournament's Web site and go to the registration area.「ウェブにアクセスし、登録用ページに進んでください」とあるので、目的は「イベントに登録する」ことだとわかります。会話にも登場した register を使っている選択肢 (D) が正解ですが、ウェブにアクセスという設問の状況だけが頭に残っていると (A) や (B) も選んでしまいかねません。

313

PART 4 TEST 3 解答・解説

トランスクリプション

Questions 74-76 refer to the following radio advertisement.

⑦Paulo's Bakery is currently celebrating the grand opening of its new branch in Westbeach. You can now get all your favorite cakes, pastries and breads in downtown Westbeach, right next to the bus terminal. To mark the opening of this exciting and convenient new location, ⑦we are giving away free boxes of cookies with each and every purchase of any of our fresh bakery items. So, there's never been a better time to stop by and pick up some delicious baked goods. ⑦Remember, this special celebration offer won't last long—come in soon as the offer ends on Thursday!

設問と訳

74. What is being celebrated?

(A) A vacation
(B) An anniversary
(C) A wedding
(D) A new store

何が祝われているのですか。

(A) 休暇
(B) 記念日
(C) 結婚
(D) 新店舗

75. What can customers receive free of charge?

(A) Some coupons
(B) Some recipes
(C) Some cookies
(D) Some coffee

客は、何を無料で受けることができるのですか。

(A) クーポン
(B) レシピ
(C) クッキー
(D) コーヒー

76. When will the promotion end?

(A) On Tuesday
(B) On Wednesday
(C) On Thursday
(D) On Friday

この販売促進活動は、いつ終わるのですか。

(A) 火曜日
(B) 水曜日
(C) 木曜日
(D) 金曜日

PART 4 TEST 3 解答・解説

会話の訳と語注

問題 74-76 は、次のラジオ広告に関する問題です。

パウロズ・ベーカリーでは現在、ウェストビーチでの新店舗の開店を祝っています。あなたはもう、お気に入りのケーキや焼き菓子、パンなどのすべてを、ウェストビーチの繁華街にあるバスターミナルのすぐ横で買えるのです。この活気があふれる便利な場所での開店を記念して、当店では焼きたてのパンやお菓子をお買い上げいただくごとに、箱入りのクッキーを無料で差し上げています。ですから、今こそ当店にお立ち寄りいただいて、おいしいパンや菓子をお買い上げいただく絶好の機会です。今回の開店祝いの特典は、長くは続かないことをお忘れなく。この特典は木曜日には終了するので、今すぐご来店ください。

【語注】celebrate 祝う／ currently 現在／ grand opening （イベントを伴う大がかりな）開店／ branch 支店／ pastry 焼き菓子／ mark 記念する／ convenient 便利な／ location 場所、位置／ give away ～を無料で配る、プレゼントする／ purchase 購入する／ item 品目、商品／ stop by 立ち寄る／ pick up ～を買う、手に入れる／ goods 【通例複数形】商品／ celebration お祝い、記念行事／ offer 特典／ last 続く／ vacation 休暇／ anniversary 記念日／ customers お客、顧客／ free of charge 無料で／ coupon クーポン／ recipe レシピ／ promotion 販売促進活動、プロモーション

解説

74. 正解 (D) ❗全体を問う問題　　　　　　　　　　❓難度 ★☆☆☆☆

イントロからラジオの広告だとわかります。設問のキーワードは celebrate で、何が祝われているのかが問われています。冒頭74で ...is currently celebrating the grand opening of its new branch「新店舗の開店を祝っています」と言っていますので、選択肢からは (D) を選びます。冒頭の grand opening を聞き逃してしまうと、(B) を選んでしまいかねません。branch は「支店」という意味で、TOEIC の頻出単語です。

75. 正解 (C) ❗個別情報を問う問題　　　　　　　　　❓難度 ★☆☆☆☆

設問にある free of charge は「無料で」という意味です。新店舗に来た客は無料で何かを受け取れるということですが、それが何かというと、75に we are giving away free boxes of cookies「箱入りクッキーを無料で差し上げています」とありますね。正解は (C) です。会話の前半に cakes、pastries and breads など菓子の種類がたくさん登場していますのでどれがギフトにあたるのか混乱してしまいそうですが、free をキーワードに「何を」受け取れるのか聞き込みましょう。give away は「（無料で）配る」という表現で、その後すぐに free boxes of... と登場しています。

76. 正解 (C) ❗個別情報を問う問題　　　　　　　　　❓難度 ★★☆☆☆

このプロモーション活動が終わる日を答える問題です。選択肢には曜日の名前が並んでいますので、会話でも特に曜日に関する部分に注意します。76に Remember, ...offer can't last long... とあります。offer は日本語でも使う「オファー」と同じで「提供しているもの」という意味ですから、今回のプロモーションのことを指しています。last は「続く」という動詞として使われていますので「このプロモーションは長くは続きません」と前置きをしてから、the offer ends on Thursday「この特典は木曜日に終了します」と言っています。つまり、正解は (C) On Thursday ですね。

315

PART 4 TEST 3 解答・解説

トランスクリプション

Questions 77-79 refer to the following instructions.

Welcome, everyone. (77)I'm Sang-hee Kim from the IT helpdesk. I'll be training you today to use our firm's new customer relationship management software. (78)First of all, I need you all to complete a quick survey I will be handing out shortly. The main purpose of the survey is to identify the areas that you need particular help with. (79)Once you've filled it out, we'll take a 15-minute break, after which I'll put you into groups based on the survey results. That way, you'll be working with colleagues who share the same goals.

設問と訳

77. Who most likely is the speaker?

(A) A tour guide
(B) A software instructor
(C) A careers advisor
(D) A marketing executive

話し手は、どのような人物である可能性が最も高いですか。

(A) ツアーガイド
(B) ソフトウェアの講師
(C) 就職アドバイザー
(D) マーケティング管理者

---

78. What does the speaker ask the listeners to fill in?

(A) A health and safety check
(B) An expense report
(C) A timesheet
(D) A questionnaire

話し手は、聞き手に何に記入するよう求めていますか。

(A) 健康安全確認書
(B) 経費報告書
(C) タイムシート
(D) アンケート用紙

---

79. According to the speaker, what will the listeners do after the break?

(A) Work in groups
(B) Watch a presentation
(C) Complete a survey
(D) Order computer software

話し手によると、聞き手は休憩の後に何をするのでしょうか。
(A) グループで作業をする
(B) プレゼンテーションを見る
(C) アンケートを完成させる
(D) コンピューター用のソフトウェアを注文する

PART 4 TEST 3 解答・解説

会話の訳と語注

問題 77-79 は、次の指示に関する問題です。

皆さん、ようこそ。 私は IT ヘルプデスクのサンヒー・キムです。今日は、皆さんが当社の新しい顧客関係管理ソフトウェアを使いこなせるように、私がトレーニングを行います。まず、皆さんには、この後にお配りする簡単なアンケート用紙に記入するようお願いいたします。このアンケートの主な目的は、皆さんが特に支援を必要とする分野を確認することです。用紙に記入し終えたら、15 分間の休憩を取った後で、アンケートの結果に基づいて皆さんをいくつかのグループに分けます。このようにして、皆さんは同じ目標を共有する仲間と作業することになります。

【語注】**train** トレーニングする、訓練する／ **firm** 会社／ **customer** 顧客／ **relationship** 関係／ **management** 管理／ **software** ソフトウェア／ **complete** (用紙の)すべての項目に記入する、完成させる／ **survey** （アンケート)調査／ **hand out** 配付する／ **purpose** 目的／ **identify** 確認する／ **area** 分野／ **particular** 特定の、特別な／ **fill out** 記入する／ **take a break** 休憩をとる／ **based on** ～に基づいて／ **result** 結果／ **colleague** 仲間、同僚／ **share** 共有する／ **goal** 目標／ **tour guide** ツアーガイド／ **career** 仕事、キャリア／ **advisor** アドバイザー／ **executive** 重役／ **fill in** 記入する／ **expense report** 経費報告書／ **timesheet** （勤務時間を記録する）タイムシート／ **questionnaire** アンケート（用紙）／ **according to** ～によると

解説

77. 正解 (B) 　全体を問う問題　　　難度 ★★★☆☆

話し手がどんな人物であるかについて尋ねられています。⓻⓻で自己紹介をしていますのでこの内容から正解が選べます。まず I'm Sang-hee Kim from the IT helpdesk. と言っています。「IT ヘルプデスク」の者だということですね。そして、I'll be training you to use... software「ソフトが使えるようにトレーニングする」と言っていますので (B) だと判断します。本文に instructor の表現はありませんが、「training する人」= instructor と考えます。

78. 正解 (D) 　個別情報を問う問題　　　難度 ★★★☆☆

設問にある fill in は「記入する」という意味で、用紙などを記入する際の頻出用語です。何を記入するかについては ⓻⓼ I need you all to complete a quick survey「簡単なアンケートを完成させて（記入して）ください」から判断できます。fill in の表現はありませんが、complete a quick survey「アンケート調査を完成させる」と同様の内容を指しています。単語レベルではなく、文として内容を飲み込めていないとこれらが同じことを伝えていると理解できません。選択肢に survey はありませんが、「アンケート」の意味を持つ questionnaire で言い換えられており、正解は (D) となります。

79. 正解 (A) 　個別情報を問う問題　　　難度 ★★☆☆☆

聞き手は、after the break「休憩の後」に何をするのかが問われています。具体的なタイミングがキーワードとして設問に登場していますので、休憩の後に関する指示に注意を払います。⓻⓽ we'll take a 15-minute break, after which I'll put you into groups「15 分休憩し、その後グループに分ける」、...you'll be working with colleagues...「同僚と作業する」とあります。選択肢には「グループで作業する」という内容の (A) があるのでこれが正解です。これまでに survey の単語が登場していますので、会話の後半を聞いていないと (C) につられてしまうかもしれません。

317

PART 4 TEST 3 解答・解説

トランスクリプション

Questions 80-82 refer to the following telephone message.

Hello, John. This is Greg calling. ⑳As you're aware, Nicola Torres was due to travel to Tokyo this evening to deliver a sales pitch to Morita Inc. ㉛ Unfortunately, Nicola has fallen ill and won't be able to go on the trip. I'd like to ask you to travel to meet with Morita Inc. in Nicola's place. ㉜I have her presentation slides and will e-mail them over to you now so you can make a start on preparing for the pitch. The meeting with Morita is the day after tomorrow, so you should have time to arrange your flight out to Tokyo.

設問と訳

80. What is the purpose of the trip to Tokyo?

(A) To recruit new employees
(B) To inspect a site
(C) To sign a deal
(D) To give a sales presentation

東京に出張する目的は何ですか。

(A) 新入社員を募集すること
(B) 現場を調査すること
(C) 契約に署名すること
(D) 販売プレゼンテーションをすること

81. Why is Nicola Torres unable to go to Tokyo?

(A) She is feeling sick.
(B) Her flight has been canceled.
(C) She has to work on another project.
(D) She fell over on the way to the plane.

なぜニコラ・トーレスは東京に行けないのですか。

(A) 彼女は体調が悪い。
(B) 彼女の乗る便が欠航になった。
(C) 彼女は他のプロジェクトの仕事をしなければならない。
(D) 彼女は飛行機に向かう途中で転倒した。

82. What will the speaker send to the listener?

(A) Some sales data
(B) Some customer information
(C) Some flight tickets
(D) Some slides

話し手は、聞き手に何を送るつもりですか。

(A) 売上データ
(B) 顧客情報
(C) 航空券
(D) スライド

PART 4　TEST 3 解答・解説

会話の訳と語注

問題 80 から 82 は、次の電話メッセージに関する問題です。

やあ、ジョン。グレッグだ。君も知っているように、ニコラ・トーレスがモリタ社との商談のために今夜、東京へ向かうことになっていたんだ。残念なことに、ニコラは体の具合が悪くなってしまい、この出張には行けないだろう。君に頼みたいんだが、ニコラの代わりにモリタ社との打ち合わせに出てもらえないだろうか。彼女のプレゼンテーション用のスライドはここにあって、今すぐ君にメールで送るから、君は商談の準備を始められるだろう。モリタ社との会議はあさってだから、東京行きの航空便を手配する時間はあるはずだ。

【語注】aware　〜を知っている／be due to　〜する予定である／deliver　（考えなどを）述べる、伝える／sales pitch　商談、売り込み／unfortunately　残念ながら／in someone's place　〜の代わりに、〜の代役として／presentation　プレゼンテーション／slide　スライド／prepare　準備する／arrange　手配する／flight　（航空）便／purpose　目的／recruit　募集する／employee　社員／inspect　調査する／site　現場、敷地／sign　署名する／deal　契約、協定／cancel　中止する、キャンセルする／project　プロジェクト／fall over　転ぶ、つまずく／on the way to　〜へ行く途中で／sales data　売上データ／customer　顧客／information　情報

解説

80. 正解 (D) ❗個別情報を問う問題　❓難度 ★★★★☆

設問では、東京出張の目的は何かが問われています。話し手は冒頭で名前しか名乗りませんが、会話全体を聞くと、会話の途中で話し手に I'd like to ask you to travel to... と伝えていますので、おそらく聞き手の上司だということがわかります。東京出張の目的については、⑧⓪ Nicola Torres... to deliver a sales pitch「ニコラ・トレースが商談のために」と言っています。sales pitch、特に pitch に馴染みがないかもしれませんが、会話の後半で her presentation という表現も登場するので、(D) が正解です。最初の問題としてはやや難しいかもしれません。

81. 正解 (A) ❗個別情報を問う問題　❓難度 ★★☆☆☆

この会話は話し手と聞き手のほかに第 3 者ニコラ・トーレスが登場しますので、彼女についての情報もしっかり聞き取れていないと、会話全体を把握することができません。設問は彼女が東京に行けない理由を聞いています。⑧① に Nicola has fallen ill「ニコラは具合が悪い」、won't be able to go on the trip「出張に行けない」とありますので、正解は (A) です。ill と sick の言い換えは基本中の基本です。確実に正解しておきたい問題です。

82. 正解 (D) ❗個別情報を問う問題　❓難度 ★★★★☆

話し手が聞き手に送るものが問われています。設問では send が使われていますが、本文にこの表現は登場しません。ただし、「送る」のイメージがしっかり頭に入っていれば ⑧② I have her presentation slides and will e-mail them「彼女のプレゼン用スライドがあるので E メールする」とあるので、その内容がメールで添付送信できるスライドだとわかりますね。(D) が正解です。

PART 4 TEST 3 解答・解説

トランスクリプション

Questions 83-85 refer to the following public announcement.

Attention all passengers. ❽Due to the unprecedented number of people flying from the airport today, we have significant delays at all security checkpoints. ❽So that we can hurry along the security process, we ask you to have your boarding pass and passport ready for security personnel to check. ❽Please note that we have attendants working at all checkpoints who will be checking on the departure times of passengers waiting in line. Those passengers whose flight departure times are imminent will be moved to the front of the line.

設問と訳

83. What problem is being discussed?

(A) Flight cancelations
(B) Passenger delays
(C) Bad weather
(D) Misplaced luggage

どのような問題があると説明されていますか。

(A) 航空便の欠航
(B) 乗客の混雑
(C) 悪天候
(D) 置き忘れた手荷物

84. What are the listeners asked to do?

(A) Prepare to present documents
(B) Go to a different part of the airport
(C) Fill out a claims form
(D) Check in early

聞き手は、何をするように求められていますか。

(A) 書類を提示する用意をする
(B) 空港の別の場所に行く
(C) 支払請求書を記入する
(D) 早めにチェックインする

85. According to the speaker, what will the attendants be doing?

(A) Checking departure times
(B) Reducing line lengths
(C) Offering a shuttle service
(D) Providing assistance with luggage

話し手によると、係員は何をすることになっていますか。

(A) 出発時刻を確認する
(B) 列の長さを短くする
(C) バスによる送迎サービスを提供する
(D) 手荷物を運ぶ手助けをする

320

PART 4 TEST 3 解答・解説

会話の訳と語注

問題 83-85 は、次の公共アナウンスに関する問題です。

乗客の皆様にお知らせいたします。本日は当空港から出発のお客様がこれまでになく多いため、どの保安検査場でもかなりの遅れが出ております。検査の手続きを急ぐために、搭乗券とパスポートをお手元に用意され、保安職員がすぐに確認できるようにしてください。すべての保安検査場には係員がいて、列に並んでいる乗客の出発時刻を確認しています。ご搭乗になる便の出発時刻が迫っている方は、列の前のほうに移動していただきます。

【語注】attention 注意、注目／passenger 乗客／due to ～のために／unprecedented 前例のない／significant 大きな、重大な／delay 遅れ、遅延／security 保安、警備／checkpoint 検問所、チェックポイント／hurry along ～を急いでする／process 手続き、処理／boarding pass 搭乗券／personnel 要員、職員／note 気に留める、注意する／attendant 係員／departure 出発／imminent 差し迫った／cancelation 欠航、キャンセル／misplace 置き忘れる／luggage 手荷物／prepare 用意する／present 提示する／fill out 記入する／claim form 支払請求書／check in チェックインする／reduce 短縮する、省く／length 長さ／offer 提供する／shuttle service バスでの送迎サービス／assistance 手助け、補助

解説

83. 正解 (B) ❗全体を問う問題　　❓難度 ★★★★☆

Attention all passengers から交通機関の話題だとわかります。❽❸ Due to the unprecedented number of people flying from the airport「当空港から出発の方々が予想以上に多いため」、we have significant delays at security checkpoints.「セキュリティチェックでかなり遅れが出ている」とあります。due to... は「～によるため」という理由を伝える表現です。冒頭に聞きなれない単語 unprecedented が聞こえますが、ここで考え過ぎず続きを聞き取れるかどうかがこの問題のポイントです。交通機関の話題、delay「遅延」というつながりから、交通機関の遅れが問題だと予測してしまいそうですが、この問題で遅れている対象は「乗客のチェック」です。(B) が正解です。

84. 正解 (A) ❗個別情報を問う問題　　❓難度 ★★☆☆☆

聞き手、つまり乗客は何をするように求められているかに答えます。❽❸でセキュリティチェックの遅れが伝えられたあと、❽❹ So that...「そのため」と次の行動に言及しています。その内容は、we ask you to have your boarding pass and passport ready「搭乗券とパスポートをお手元にご用意ください」とありますので、必要な書類を前もって準備しておく、となり正解は (A) です。boarding pass and passport は設問では document に言い換えられ、また have... ready も prepare で表現されています。

85. 正解 (A) ❗個別情報を問う問題　　❓難度 ★★★☆☆

次は、attendants つまり係員の行動に関する問題です。係員が何をしているかについては、❽❺で触れられています。we have attendants working at all checkpoints who will be checking on the departure times of passengers「保安検査場にいる係員は乗客の出発時間を確認している」とあります。checkpoints、checking と check が 2 回も登場するのでリスニングの最中は非常に紛らわしく聞こえる文ですが、選択肢からも checking で表現されている (A) が正解となります。そのほかの選択肢の内容は難しいものが多く、「もしかしたらこっちかも」と疑いたくなりますが、聞き取った内容をそのまま根拠にすれば正解を選べるはずです。

PART 4 TEST 3 解答・解説

トランスクリプション

Questions 86-88 refer to the following excerpt from a meeting.

❽ Before we finish the meeting today, I want to remind you all to respond to the e-mail I sent you the day before yesterday about buying new office equipment. ❽ As I said in the e-mail, we have some funds remaining in the budget, which means that we are finally able to replace our outdated printers. The e-mail I sent you all contains an attachment that shows photos and descriptions of various options. ❽ Please take a look and let me know which model you think we should purchase to best meet our needs by the end of the day.

設問と訳

86. What are the listeners being asked to decide?

(A) What kind of printers to buy
(B) How to improve a process
(C) Where to locate a new office
(D) When to have a party

聞き手は、何を決めるように求められていますか。

(A) どのようなプリンターを買うべきか
(B) どのようにして手順を改善するか
(C) どこに新しいオフィスを設置するか
(D) いつパーティーを開催するか

87. What does the speaker say about the budget?

(A) It has been exceeded.
(B) There is extra money in it.
(C) There will be a new budgeting process.
(D) It will be smaller next year.

話し手は、予算について何と言っていますか。
(A) オーバーしてしまった。
(B) 余分なお金が残っている。
(C) 新しい予算決定手続きが導入される。
(D) 来年は額が減る見込みだ。

88. What are listeners asked to do?

(A) Request travel vouchers
(B) Meet with a supervisor
(C) Sign up for a course
(D) Indicate a preferred product

聞き手は、何をするように求められていますか。

(A) 旅行割引券を申請する
(B) 上司と面談する
(C) 講習会に申し込む
(D) 希望の製品を知らせる

PART 4　TEST 3 解答・解説

会話の訳と語注

問題 86-88 は、次の会議の一部に関する問題です。

今日の会議を終了する前に、全員に新しいオフィス機器を購入することについて私が一昨日お送りしたEメールに返答していただくよう念を押させていただきます。そのEメールの中でも述べたように、予算に資金が残っているので、私たちは旧式のプリンターをようやく交換することができるのです。私が皆さんにお送りしたEメールには、さまざまな機種の写真とその説明の添付資料が含まれています。それに目を通していただき、私たちのニーズを最もよく満たすためには、どの機種を購入すべきだと思われるのか、今日中に私にお知らせください。

【語注】**remind** 念を押す、思い出させる／**respond to** 〜に返答する／**equipment** 機器／**fund** 資金／**remain** 残る／**budget** 予算／**replace** 交換する／**outdated** 旧式の／**contain** 〜を含む／**attachment** 添付（資料）／**description** 説明、記述／**various** さまざまな／**option** 選択（肢）／**purchase** 購入する／**meet** （条件を）満たす／**improve** 改善する／**process** 業務、手順／**locate** 設置する／**exceed** オーバーする、超える／**request** 申請する、要求する／**travel voucher** 旅行割引券／**supervisor** 上司、管理者／**sign up for** 〜に申し込む、登録する／**indicate** 伝える、示す／**preferred** 望ましい

解説

86. 正解 (A) ❗個別情報を問う問題　　❓難度 ★★★☆☆

イントロからも会話の冒頭からも会議中のメッセージだとわかります。設問では、会議の中で聞き手が何を決断するように要求されているか、が問われています。❽ I want to remind you all to respond to the e-mail「Eメールに返答してほしい」とあり、その内容は about buying new office equipment「新しいオフィス機器購入について」とあります。さらに replace our outdated printers とオフィス機器の種類いついても触れられていますので、判断すべき内容は (A) のプリンターの機種についてだとわかります。

87. 正解 (B) ❗個別情報を問う問題　　❓難度 ★★★★☆

設問のキーワードは budget です。会話の話題はプリンターの購入についてだということは、先の設問でわかっています。そのための予算についてはなんと伝えられていたでしょうか。❽ we have some funds remaining in the budget とあります。funds は「資金」、remaining は「残っている」という意味ですから、つまり「予算が余っている」ということです。これに合致するのは (B) です。設問では、予算が残っていることについて extra money「余分なお金」と言い換えられています。

88. 正解 (D) ❗個別情報を問う問題　　❓難度 ★★★★☆

この設問は最初の設問とも連動していますが、聞き手が何をするように求められているのかが具体的に問われています。❽ ...take a look and let me know which model you think we should purchase....「どの機種を買ったらよいか知らせてください」とありますので、「どの製品がよいかを知らせる」を指す (D) が正解です。

トランスクリプション

Questions 89-91 refer to the following introduction.

Hello, everyone, and welcome to the Mid-morning Show. (89)On today's edition, we'll be talking to education guru Matt Singh about the findings of his recent research into the study habits of young people around the world. (90)One of his most interesting findings is that today's youth are more likely to use online study resources than to refer to printed materials. Mr. Singh's study also reveals that educational institutions are spending more money than ever on electronic devices for use in the classroom. Coincidentally, this is a special week for Mr. Singh, as (91)he'll be receiving the Starlight Award for achievements in the field of educational research on Friday. So, now it's time to welcome Mr. Singh to the show.

設問と訳

89. What field does Mr. Singh work in?

(A) Business
(B) Education
(C) Healthcare
(D) Manufacturing

シング氏は、何の分野で活動していますか。

(A) ビジネス
(B) 教育
(C) 健康管理
(D) 製造業

---

90. What is mentioned about young people today?

(A) They use electronics more than their parents do.
(B) They frequently participate in after-school activities.
(C) They prefer online study sources.
(D) They are healthier than young people used to be.

今日の若者について、どのようなことが述べられていますか。

(A) 親よりも電子機器を使うことが多い。
(B) 放課後の活動によく参加する。
(C) インターネット上の学習資料のほうを好む。
(D) 以前の若者たちよりも健康的である。

---

91. What most likely will Mr. Singh do on Friday?

(A) Publish a book
(B) Host a conference
(C) Accept an award
(D) Begin a new role

シング氏は金曜日に何をする可能性が最も高いですか。

(A) 本を出版する
(B) 会議を開く
(C) 賞を授与される
(D) 新しい役割を始める

会話の訳と語注

問題 89-91 は、次の紹介に関する問題です。

皆さんこんにちは。ミッドモーニング・ショーにようこそ。今日の放送回では、教育界の第一人者であるマット・シング氏に、世界中の若者たちの学習習慣について、彼が最近行った研究で発見したことについてお話をうかがいます。彼の最も興味深い発見のひとつは、今の若者は、印刷された教材に頼るよりも、インターネット上の学習資料を使う傾向が強いということです。シング氏の研究はまた、教育機関が教室で使う電子機器に、かつてないほどお金をつぎ込んでいることを明らかにしています。偶然にも、今週はシング氏にとって特別です。というのも、氏は金曜日に、教育研究の分野における業績が評価されてスターライト賞を受賞されるからです。それでは、さっそくシング氏を番組にお迎えいたしましょう。

【語注】**edition** （番組の）回／**education** 教育／**guru** 第一人者、大家／**findings**【通例複数形】（研究などの）発見、結果／**youth** 若者／**resource** 資料、材料／**refer to** ～に頼る、～を参照する／**printed** 印刷された／**material** 教材、資料／**reveal** 示す、明るみに出す／**electronic device** 電子機器／**coincidentally** 偶然にも／**achievement** 業績、達成／**field** 分野／**manufacturing** 製造（業）／**mention** 述べる、言及する／**electronics**【通例複数形】 電子機器／**frequently** よく、しばしば／**participate in** ～に参加する／**after-school** 放課後の／**prefer** ～を好む／**source** 資料／**publish** 出版する／**host** 主催する、開催する／**conference** 会議／**accept an award** 賞を受ける

解説

89. 正解 **(B)** 個別情報を問う問題　　難度 ★★☆☆☆

話し手は挨拶の後で、(89) we'll be talking to education guru Matt Singh「教育界の第一人者であるマット・シングさんにお話をうかがいます」と言っていることから、紹介されている人物が設問で問われているシング氏だとわかります。また、この 1 文で彼がどのような分野で活躍している人物かについても述べられています。「教育界の第一人者」とありますので、シング氏は教育関連の人です。正解は (B) です。guru は「第一人者」という意味です。短く音も「グル」と覚えやすいので、記憶しやすい単語でしょう。

---

90. 正解 **(C)** 個別情報を問う問題　　難度 ★★★☆☆

トークの中で young people today についてどのように言及されているかが問われています。(90) today's youth are more likely to use online study resources than to refer to printed materials「今日の若者は印刷された教材よりもインターネット上の資料を使う傾向にある」とあります。主語が today's youth ですので、比較的聞き取りやすい文でしょう。more likely to use... は「～する傾向がある」の意味で、選択肢 (C) にある prefer online study sources が言い換えとしてはぴったりです。

---

91. 正解 **(C)** 個別情報を問う問題　　難度 ★★★☆☆

シング氏が金曜日になにをするか、ということですのでキーワード Friday についての情報に注意します。Friday は(91) he'll be receiving the ... Award ... on Friday「金曜日に賞を授与される」とありますね。トークでは receive となっていますが、選択肢では accept で言い換えられています。正解は (C) です。on Friday のように時間や場所についての情報はセンテンスの最後につけられることが多いので、1 文を最後までしっかり聞く習慣をつけましょう。

PART 4 TEST 3 解答・解説

トランスクリプション

Questions 92-94 refer to the following telephone message.

Good morning, Ms. Evans. My name's Gerald Martino, and I'm one of the associates working here in the marketing department. (92)I heard that you're putting together a special team whose job it will be to plan the launch of our new line of vacuum cleaners. I'd like to ask you to consider including me on the team. I realize I only recently joined the firm, but I think I could be a real asset to the team. (93)In my last job, I oversaw a number of major product launches. (94)In fact, I already have some ideas for the vacuum cleaner launch. I'll put them in an e-mail and send them to you now. It'd be great to get your feedback. Thanks, and I hope to hear from you soon.

設問と訳

92. Why is the special team being put together?

(A) To meet with a customer
(B) To launch a new product
(C) To redesign some vacuum cleaners
(D) To organize an employee outing

なぜ、特別チームが編成されようとしているのですか。

(A) ある顧客と会うため
(B) 新製品を発売するため
(C) 掃除機の設計をやり直すため
(D) 社員旅行の準備をするため

---

93. According to the speaker, why should he be included on the team?

(A) He has contacts in the industry.
(B) He already knows the customer.
(C) He is familiar with the product.
(D) He did similar work in a previous job.

話し手によると、彼はなぜ特別チームに加わるべきなのですか。

(A) 業界に人脈がある。
(B) すでにその顧客を知っている。
(C) その製品のことをよく知っている。
(D) 以前の職場で似たような仕事をした。

---

94. What does the speaker say he will do?

(A) Arrange a meeting
(B) Share some ideas
(C) Produce some designs
(D) Renegotiate a contract

話し手は、何をするつもりだと言っていますか。

(A) 会議の準備をする
(B) アイデアを伝える
(C) デザインを制作する
(D) 契約の再交渉をする

PART 4 TEST 3 解答・解説

会話の訳と語注

問題 92-94 は、次の電話メッセージに関する問題です。

おはようございます、エバンズさん。私はジェラルド・マルティーノという者で、マーケティング部で働いている職員のひとりです。あなたが今、電気掃除機の新製品の発売計画を担当する特別チームを編成しているところだと聞きました。そのチームに私を加えていただくことを検討していただくよう、お願いしたいのです。私がこの会社に入ったのはつい最近であることは承知していますが、そのチームにとって自分が本当に役に立てる存在になれると考えています。前の仕事では、私は主力製品の発売を何度も取り仕切りました。実は、私にはすでに、この電気掃除機の売り出し方についてのアイデアをいくつか持っているのです。それをEメールにまとめて、すぐにあなたにお送りします。ご意見を聞かせていただければ、とてもうれしいです。よろしくお願いいたします。ご返事をお待ちしております。

【語注】associate 同僚、仲間／put together 編成する、組織する／launch 発売（する）／vacuum cleaner （電気）掃除機／asset 役に立つもの、貴重な存在、資産／oversee 取り仕切る、監督する／a number of いくつかの、多くの／in fact 実は、実際に／feedback 意見、フィードバック／redesign 設計をやり直す／organize 準備する／outing 旅行、遠足、ピクニック／according to ～によると／contact 人脈、コネ／industry 業界／familiar with ～をよく知っている、～に馴染みがある／previous 以前の／arrange 準備する／share 伝える、共有する／renegotiate 再交渉する

解説

92. 正解 (B) !個別情報を問う問題　　　　　　　　　　　　　　　❓難度 ★★★☆☆

このトークは電話に録音されたメッセージで、92 I heard that「～と聞きました」、you're putting together a special team... to plan the launch of our new line of...「あなたは新しい製品の販売計画に関する特別チームを編成している」とあります。つまり、「新しい製品の発売計画にあたってチームが編成される」ということです。選択肢にも launch がそのまま使われています。正解は (B) です。選択肢にはトークに登場する vacuum cleaners も登場していますのでこれにつられないようにしましょう。

93. 正解 (D) !個別情報を問う問題　　　　　　　　　　　　　　　❓難度 ★★★★★

トークをすべて聞いた後、この電話メッセージで話し手が訴えている内容について理解できましたか。話し手は、自分をこのスペシャルチームにぜひ加えてほしいと力説しています。その理由をいくつか挙げていますが、ひとつは93 In my last job, I oversaw a number of major product launches.「前職で主力製品の発売を何度も仕切った」とアピールしています。選択肢を見ると (D) に「前職で似たような仕事を経験した」とありますので、これが正解です。

94. 正解 (B) !個別情報を問う問題　　　　　　　　　　　　　　　❓難度 ★★★☆☆

特別チームに加わりたい話し手が何をするつもりなのか、彼の次の行動についての設問です。94 で話し手は I already have some ideas for....「すでにアイデアがある」、I'll put them in an e-mail and send them to you now.「それらを今Eメールで送る」と言っています。put them、send them の them はそれより前に出てきている some ideas を指していますので、「新しいアイデアをメールで送る」ということです。選択肢には「送る」に合致する表現がありませんが、相手とアイデアを共有すると言い換えられますので、それを意味する (B) が正解となります。

PART 4 TEST 3 解答・解説

トランスクリプション

Questions 95-97 refer to the following excerpt from a meeting.

⑨⑤As this is our first full staff meeting since our two companies joined forces to become Archwell and Stich last quarter, I'd like to extend a big welcome to you all today. We've been through some major changes lately, and I hope those of you who changed roles or departments are settling in well. ⑨⑥As you know, we intend to continue holding weekly meetings in every department for the foreseeable future. We believe that it's critical that we maintain clear communication during this period. ⑨⑦Now, I'm fully aware that the merger has raised lots of questions regarding our firm's future direction and plans, so next we're going to hold a Question and Answer period. To ask a question, please just raise your hand and we'll come to you.

設問と訳

95. What does the speaker say happened last quarter?

(A) A branch office was closed.
(B) Two companies merged.
(C) Training sessions were held.
(D) Department managers were appointed.

話し手は、前の四半期に何があったと言っていますか。

(A) 支社が閉鎖された。
(B) ふたつの会社が合併した。
(C) 研修会が開催された。
(D) 部長が任命された。

96. What are the listeners probably required to do every week?

(A) Record their hours
(B) Submit weekly reports
(C) Attend department meetings
(D) Check a work schedule

聞き手は、毎週、何をすることが必要とされていますか。

(A) 勤務時間を記録する
(B) 週間報告書を提出する
(C) 部門会議に出席する
(D) 勤務スケジュールを確認する

97. What are the listeners invited to do next?

(A) Ask questions
(B) Enjoy some snacks
(C) Pick up a manual
(D) Watch a presentation

聞き手は、次に何をするように促されていますか。

(A) 質問をする
(B) 軽食を食べる
(C) 手引き書を受け取る
(D) プレゼンテーションを見る

会話の訳と語注

問題 95-97 は、次の会議の一部に関する問題です。

私たちのふたつの会社が前の四半期に合併してアークウェル・アンド・スティッチ社となってから、今回が初めての全社会議ですので、本日はここにいる皆さん全員を大いに歓迎したいと思います。最近、私たちの会社は大きな変化をいくつも経験してきましたが、任務や部署が変更になった方々も新しい環境に慣れてきたことと思います。皆さんもご存じのように、私たちは当面、すべての部署で週 1 回のミーティングを引き続き行うつもりです。私たちは、この時期に明確な意思疎通を保つことが、非常に重要だと考えています。さて、今回の合併が、会社の将来的な方向性と計画に関していろいろな疑問を招いていることはよく承知しています。そこで、次に質疑応答の時間を設けることにいたします。質問のある方は、挙手をしていただければ、マイクをお持ちします。

【語注】**join forces** 合併する、提携する／ **quarter** 四半期／ **extend a big welcome to** ～を大いに歓迎する／ **role** 業務、役割／ **settle in** （新しい環境に）慣れる、落ち着く／ **intend to** ～するつもりである／ **hold** 開催する／ **for the foreseeable future** 当面、当分の期間／ **critical** 非常に重要な／ **maintain** 保つ、維持する／ **aware** 気づいている／ **merger** 合併／ **raise a question** 疑問を起こさせる／ **regarding** ～に関して／ **be held** 開催される／ **appoint** 任命する／ **require** 求める、要求する／ **submit** 提出する／ **attend** 出席する／ **snack** 軽食、おやつ／ **pick up** ～を受け取る

解説

95. 正解 **(B)** 全体を問う問題　　難度 ★★★★☆

設問には注意すべきキーワード last quarter が登場していますが、リスニングでは一度しか last quarter は登場しませんので、もしかすると聞き逃してしまったかもしれません。設問を先読みして、キーワードに該当する部分には特に注意を払って聞きましょう。(95) ...our two companies joined forces to become... last quarter「私たちのふたつの会社が前の四半期に合併して……となった」とあるので、ここから正解は (B) と判断できます。選択肢にある merge は「合併する」の意味で、頻出単語ですのでぜひ覚えてください。

---

96. 正解 **(C)** 個別情報を問う問題　　難度 ★★★☆☆

この設問にも every week というキーワードが登場しています。設問 95 と同じ要領で every week「毎週」に関する情報を聞き取りましょう。 すると (96) で we intend to continue holding weekly meetings in every department「全部署で週 1 回のミーティングを引き続き行う予定」だと話されています。「毎週」に関する情報が every week ではなく weekly で表現されています。設問とトーク本文でもそのまま同じ表現が使われるとは限りませんので、内容にこだわって聞きましょう。正解は (C) です。

---

97. 正解 **(A)** 個別情報を問う問題　　難度 ★☆☆☆☆

トークは比較的長めですが、この最後の設問は自分が実際にこのトークの聞き手になったつもりで聞くと答えやすいのではないでしょうか。 話し手は (97) で I'm fully aware that the merger has raised lots of questions...「合併によってたくさんの疑問がでてきたことでしょう」として、その次に so next we're going to hold a Question and Answer period「次に質疑応答の時間を設けます」と言っています。これらから正解は (A) だとわかりますね。その次の、To ask a question, please just raise your hand「質問のある方は手をあげてください」からも (A) が正解だとわかります。

PART 4 TEST 3 解答・解説

トランスクリプション

Questions 98-100 refer to the following news report.

Good morning. I'm Bill Capes, coming to you live from Calico Beach. ⓽⓼I'm here today to report on the season's first migration of humpback whales. ⓽⓽The whales are arriving in our area right now, and that's good news for local businesses, which look forward to the annual influx of tourists that accompanies the whales' arrival on our shores. Of course, with the increase in visitors, we also see an annual rise in accidents at sea due to the increased traffic in our waters. So, ⓵⓪⓪let's get ourselves informed of some basic safety rules for boaters from local expert Christine Rae. Christine, thank you for joining us. What precautions should people take when they're out on the water looking at the whales?

設問と訳

98. Who probably is the speaker?

(A) A marine scientist
(B) A news reporter
(C) A government spokesperson
(D) A boat captain

話し手は、おそらくどのような人物でしょうか。

(A) 海洋科学者
(B) ニュースレポーター
(C) 政府の広報官
(D) 船の船長

99. What does the speaker say businesses can expect?

(A) An increase in customers
(B) A reduction in visitor numbers
(C) Higher tax rates
(D) More safety restrictions

話し手は、事業者は何を期待できると言っていますか。

(A) 客の増加
(B) 訪問者数の減少
(C) より高い税率
(D) より多くの安全規制

100. What will Christine Rae most likely discuss?

(A) Health conditions
(B) Business profits
(C) Wildlife conservation
(D) Boating safety

クリスティン・レイさんは、何について話す可能性が最も高いですか。

(A) 健康状態
(B) 営業利益
(C) 野生生物の保護
(D) ボートに乗る際の安全対策

330

PART 4 TEST 3 解答・解説

会話の訳と語注

問題 98-100 は、以下のニュース報道に関する問題です。

おはようございます。私、ビル・ケープスが、キャリコ・ビーチから生中継でお伝えいたします。私が今日ここに来ているのは、今シーズン最初のザトウクジラの回遊をレポートするためです。クジラの群れはちょうど今、この海域にやって来るところです。これは、毎年、この海岸へのクジラの来訪に合わせて観光客が急増することを待ち望んでいる地元の事業者にとっては、うれしい知らせです。もちろん、観光客の増加に伴い、海上の交通量が増えますから、事故も増えることになります。そういういうわけで、ボートに乗る人たちのための基本的な安全規則を、地元の専門家、クリスティン・レイさんに教えていただきましょう。クリスティンさん、お越しいただきありがとうございます。海の上でクジラを見るときには、あらかじめどのような予防策を取るべきですか。

【語注】live 生中継［放送］で / migration 回遊、移動 / humpback whale ザトウクジラ / look forward to ～を待ち望む / influx （大量の人の）到着、流入 / accompany ～に伴う / shore 海岸 / rise 増加 / accident 事故 / due to ～が原因で / traffic 交通（量） / inform 知識を与える / boater ボートに乗る人 / precaution 予防策、事前の注意 / marine scientist 海洋科学者 / spokesperson 広報官、スポークスマン / captain 船長 / reduction 減少 / tax rate 税率 / restriction 規制、制限 / condition 状態 / profit 利益 / wildlife conservation 野生生物の保護

解説

98. 正解 (B) !全体を問う問題　　　　　　　　　　　　　　　？難度 ★★☆☆☆

イントロでニュースの報道だとすでに伝えられていますので、この設問はもしかするとトークを聞かなくてもわかるくらいやさしい問題かもしれません。話し手は挨拶後すぐに、⑱I'm here today to report on「今日ここに～を中継しに来ています」と言っていますので、迷わず (B)A news reporter を選びましょう。流れがわかっていれば簡単に正解できるかもしれませんが、逆にニュースであることを事前に把握できていないと何のことかわからない可能性があるので注意しましょう。

99. 正解 (A) !個別情報を問う問題　　　　　　　　　　　　　？難度 ★★★☆☆

ニュースレポーターはビジネスについてどのようなことが予想されると言っているか、が問われています。⑲の最初に The whales are arriving...「クジラが来訪する」とあります。このクジラの来訪がこのニュースのテーマです。最初の設問ではクジラについては特に触れられていませんでしたが、クジラが主題であるということは理解しておきたい内容です。⑲の続きで、that's good news for local businesses, which look forward to the annual influx of tourists「毎年の観光客の流入を期待している地元の事業者にとってはいいニュースです」とあります。この情報から (A) を正解とします。

100. 正解 (D) !個別情報を問う問題　　　　　　　　　　　　？難度 ★★★★☆

クリスティン・レイさんという個人名が設問に登場しています。レイさんの紹介は⑳で let's get ourselves informed of some basic safety rules for boaters from local expert Christine Rae.「ボートに乗る人たちのための基本的安全規則をレイさんに教えてもらいましょう」と話し手は言っていることから、正解は (D) だと判断できます。「教えてもらう」の表現として get ourselves informed と受け身が使われています。こういった受け身の使われ方にも日頃から慣れておくとよいでしょう。

331

PART 4 TEST 4 解答・解説

トランスクリプション

Questions 71-73 refer to the following advertisement.

Visit Betty's Coffee Shop this week to enjoy a wonderful café experience. We've established ourselves as the number one café in the city since we opened ten years ago. ❼❶❼❷Drop by this week for our tenth anniversary celebration, including some great musical performances by some local bands. ❼❸You'll find us in the heart of downtown, easily reachable from the central bus terminal. We look forward to celebrating with you.

設問と訳

71. What is the coffee shop celebrating?

(A) The introduction of a new menu
(B) The anniversary of its opening
(C) The recruitment of extra staff
(D) An award for its coffee

このコーヒーショップは、何を祝っているのですか。

(A) 新しいメニューの導入
(B) 店の開店記念日
(C) 追加の従業員の採用
(D) 店のコーヒーが受けた賞

72. What will be included in the celebration?

(A) Coffee making demonstrations
(B) A welcome speech
(C) Local music bands
(D) Free samples

お祝いには、何が含まれますか。

(A) コーヒーを入れる実演
(B) 歓迎のスピーチ
(C) 地元の音楽バンド
(D) 無料の試供品

73. What is stated about the location of the coffee shop?

(A) It is in a bus station.
(B) It is in the theater district.
(C) It is near an airport.
(D) It is centrally located.

コーヒーショップの場所について、どのようなことが述べられていますか。

(A) バス乗り場にある。
(B) 劇場街にある。
(C) 空港の近くにある。
(D) 中心部にある。

PART 4 TEST 4 解答・解説

会話の訳と語注

問題 71-73 は、次の広告に関する問題です。

今週はベティーズ・コーヒー・ショップにお越しいただき、すてきなカフェタイムをお楽しみください。当店は、10 年前の開店以来、市内で最高のカフェとしての地位を築き上げてまいりました。今週は、ぜひ当店の開業 10 周年記念のお祝いにお立ち寄りください。地元の音楽バンドの素晴らしい演奏もございます。当店は、繁華街の中心部に位置し、中央バスターミナルからすぐのところです。皆様と一緒にお祝いできることを楽しみにしております。

【語注】experience 経験／establish as （〜としての地位を）築く／drop by ちょっと立ち寄る／anniversary 記念日／celebration お祝い／include 〜を含む／musical performance 音楽の演奏／local 地元の／band （音楽）バンド／in the heart of 〜の中心部に／downtown 繁華街、商業地区／reachable 到達可能な／central 中央の／look forward to 〜を楽しみにしている／celebrate 祝う／introduction 導入／opening 開店／recruitment 採用／extra 追加の／staff 従業員／award 賞／demonstration 実演、デモ／welcome speech 歓迎のスピーチ／sample 試供品、サンプル／state 述べる／location 場所、位置／district 地区／centrally 中心に／located 位置する、ある

解説

71. 正解 (B) 　個別情報を問う問題　　難度 ★★☆☆☆

コーヒーショップがお祝いをしている理由はトークの冒頭でも触れられていますが、決定的に正解に結び付く 1 文は ❼❶ Drop by this week for our tenth anniversary celebration です。tenth anniversary「10 周年記念」をお祝いしているとのことですので、正解は、(B) となります。そのほかの選択肢についてはトーク本文でも触れられていないものばかりですので、やさしい問題と言えます。

72. 正解 (C) 　個別情報を問う問題　　難度 ★☆☆☆☆

10 周年記念のお祝いとしてどのような内容が含まれているのか、というのが設問です。❼❷ ...anniversary celebration, including some great musical performances by some local bands. と include を使って説明されていますので、この後の情報がそのまま正解になります。つまり、(C)Local music bands です。

73. 正解 (D) 　個別情報を問う問題　　難度 ★★★★☆

What is stated「何が述べられているか」、about the location...「場所について」、ということでコーヒーショップの場所についてトークでどのようなことが言われているかを探します。場所に関する説明は、❼❸ You will find us「私たちを見つけることができる」の出だしから始まり、...in the heart of downtown「繁華街の中心部」、easily reachable from the central bus terminal「中央バスターミナルからすぐ」とありますので (D) を選びます。heart of....、central bus terminal などから都心の中心部というイメージがつかめていたら、centrally located と言い換えられていても、正解が選べたことでしょう。bus につられて (A) にしないよう注意しましょう。

PART 4 TEST 4 解答・解説

トランスクリプション

Questions 74-76 refer to the following telephone message.

Good morning, Mr. Seers. ⓧMy name's Candice Patterson and I'm the hiring manager at Bernard Inc. ⓧWe've reviewed your application for a position in our marketing department and would like to invite you in for an interview next week. I'll be conducting the interview myself and ⓧI can be free any time between noon and 6 o'clock any day next week except Tuesday. Could you please give me a call back at 555-8922 to schedule a suitable date and time? I look forward to hearing from you soon.

設問と訳

74. Who is the speaker?

(A) A company chairperson
(B) A marketing director
(C) A television presenter
(D) A hiring manager

この話し手は誰ですか。

(A) 会社の会長
(B) マーケティング部長
(C) テレビの司会者
(D) 雇用担当マネージャー

75. What is the purpose of the message?

(A) To set up an interview
(B) To discuss an advertisement
(C) To confirm a work schedule
(D) To request some contact information

このメッセージの目的は何ですか。

(A) 面接の段取りをすること
(B) 広告について話し合うこと
(C) 勤務スケジュールを確認すること
(D) 連絡先を教えてもらうこと

76. When is the speaker unavailable?

(A) On Monday
(B) On Tuesday
(C) On Thursday
(D) On Friday

話し手はいつ都合が悪いのですか。

(A) 月曜日
(B) 火曜日
(C) 木曜日
(D) 金曜日

PART 4 　TEST 4 解答・解説

会話の訳と語注

問題 74-76 は、次の電話メッセージに関する問題です。

おはようございます、シアーズさん。私はキャンディス・パターソンという者で、バーナード社の雇用担当マネージャーです。当社マーケティング部の職に対するあなたの応募書類を再検討しまして、あなたには来週、面接にいらしていただきたいと思っています。私自身が面接を担当するのですが、火曜日以外であれば来週のどの日でも正午から6時まではいつでも時間がとれます。ご都合のよい日時で予定に入れるために、555-8922 まで私に折り返しお電話くださるようお願いいたします。ご連絡をお待ちしております。

【語注】hiring manager　雇用担当マネージャー／ review　再検討する／ application　応募（書類）／ marketing　マーケティング／ department　部、部門／ conduct an interview　面接を行う／ schedule　予定に入れる／ suitable　都合のよい、適した／ look forward to　～を心待ちにする／ chairperson　会長／ director　部長、取締役／ television presenter　テレビの司会者／ purpose　目的／ set up　段取りをする、準備をする／ advertisement　広告／ confirm　確認する／ request　求める／ contact information　連絡先／ unavailable　都合が悪い、（人に）会えない

解説

74. 正解 (D) ❗全体を問う問題　　❓難度 ★☆☆☆☆

話し手はまずひとこと目であいさつをした後、❼❹ I'm the hiring manager「雇用担当マネージャーです」と身分をはっきり述べています。選択肢を見てみると、この内容に該当するものがそのまま (D) にありますので、迷わず (D) を選びましょう。トークの冒頭で話し手の立場が雇用担当マネージャーだとわかっていると、その先のトークもスムーズに聞くことができるでしょう。

75. 正解 (A) ❗全体を問う問題　　❓難度 ★★☆☆☆

この電話の目的は比較的わかりやすいものだと言えるでしょう。イントロから、すでにこの会話が留守番電話だということは判明しています。また、話し手が雇用担当者だということも述べられています。話し手は❼❺で電話するに至った経緯を述べていますが、この設問に答えるのに一番重要な情報は ...would like to invite you in for an interview「面接にいらしていただきたい」です。選択肢にも interview を含む (A) がありますね。set up は「段取りする」の意味で、invite の言い換えとして使われています。

76. 正解 (B) ❗個別情報を問う問題　　❓難度 ★★☆☆☆

available が TOEIC の頻出単語であることはこれまでに説明していますが、同時に unavailable「都合が悪い」もボキャブラリーとして覚えておきましょう。設問では、雇用担当者の都合の悪い日はいつか、と日時が問われています。日時に関しては、❼❻ I can be free any time between noon and 6 o'clock any day next week except Tuesday.「火曜日以外であれば来週の 12 時から 6 時までいつでも空いています」、と伝えていますので、つまり都合の悪い日は火曜日ですね。(B) が正解です。except は「～以外」という頻出表現ですので、確認しておきましょう。

PART 4 TEST 4 解答・解説

トランスクリプション

Questions 77-79 refer to the following announcement.

㊼Attention all passengers. This is Lionel Cruz and I'm your captain today onboard Star Air flight 982 bound for Paris. **㊼**Our takeoff has been delayed slightly as our ground crew needed more than usual amount of time for loading your luggage into the hold. We'll begin taxiing for takeoff in approximately ten minutes. **㊼**For the moment, you can continue to use any electronic devices, such as cell phones, but please make sure you switch them off as soon as we begin moving away from the gate. Thank you for your understanding.

設問と訳

77. Where is the announcement being made?

(A) On a train
(B) On an airplane
(C) On a bus
(D) On a ferry

このアナウンスは、どこで行われていますか。

(A) 電車の車内
(B) 飛行機の機内
(C) バスの車内
(D) フェリーの船内

78. What is the reason for the late departure?

(A) Some passengers are late.
(B) The weather is bad.
(C) Some baggage still needs to be loaded.
(D) Part of the route is closed.

出発が遅れている理由は何ですか。

(A) 何人かの乗客の到着が遅れている。
(B) 天候が悪い。
(C) まだ積み込まなければならない荷物がある。
(D) 路線の一部が閉鎖されている。

79. According to the speaker, what are the listeners permitted to do?

(A) Go outside to see the sea
(B) Use electronic devices
(C) Refund their tickets
(D) Purchase a meal

話し手によると、聞き手は何をすることが認められていますか。

(A) 外に出て海を見る
(B) 電子機器を使う
(C) チケット代金を払い戻す
(D) 食べ物を買う

PART 4　TEST 4 解答・解説

会話の訳と語注

問題 77-79 は、次のアナウンスに関する問題です。

乗客の皆様、私、ライオネル・クルスが、本日のスター・エアー航空 982 便パリ行きの機長を務めさせていただいております。当機の離陸が少し遅れておりますが、これは地上要員が皆様の手荷物を貨物室に積み込むのに通常よりも多くの時間がかかっているためです。当機は、およそ 10 分後に離陸に向けて滑走を始める予定です。今しばらくは、携帯電話などの電子機器をお使いいただけますが、当機がゲートを離れ始めましたら、すぐにその電源をお切りください。皆様のご理解に感謝いたします。

【語注】attention　注意、注目／ passenger　乗客／ captain　機長／ onboard　機内［車内、船内］での／ bound for　〜行きの／ takeoff　離陸／ delay　遅らせる／ slightly　少し／ ground crew　（飛行場の）地上要員、地上整備員／ load　積み込む／ luggage　手荷物／ hold　（飛行機などの）貨物室／ taxi　（飛行機が）地上走行する／ approximately　およそ、約／ electronic device　電子機器／ cell phone　携帯電話／ switch off　スイッチを切る／ as soon as　〜するとすぐに／ announcement　アナウンス／ ferry　フェリー／ departure　出発／ baggage　荷物／ route　路線／ according to　〜によると／ permit　認める、許可する／ refund　払い戻す／ purchase　購入する／ meal　食べ物、食事

解説

77. 正解 (B)　❗全体を問う問題　　　❓難度 ★☆☆☆☆

設問の …being made が聞きなれない表現かもしれません。それでも、直訳すると「つくられている」となりますので、アナウンスがされている場所はどこか、と尋ねられているとすぐに理解できるようにしましょう。冒頭 Attention all passengers. から何かの交通機関に関する場所だと予測できます。では、どの乗り物か特定できるキーワードを聞き取りましょう。㊆ I'm your captain today onboard「今日の機長です」と言い、…flight 982 bound for Paris「パリ行き 982 便」と言っていますので、飛行機ですね。正解は (B) です。

78. 正解 (C)　❗個別情報を問う問題　　　❓難度 ★★☆☆☆

出発が遅れている理由が尋ねられています。㊆で出発が遅れていることが伝えられています。そして、同じ文の続き …as our ground crew needed more than usual amount of time for loading your luggage「手荷物を積み込むのにいつもより時間がかかっているため」の部分で遅延の理由を述べていますね。loading your luggage が聞き取れたなら選択肢 (C) が選べたでしょう。選択肢では luggage が baggage に言い換えられていますが、これはそれほど難しい言い換えではありません。

79. 正解 (B)　❗個別情報を問う問題　　　❓難度 ★★☆☆☆

話し手（乗客）は何をすることが認められているのか、についてはトークの後半㊆で you can continue to use any electronic devices「電子機器を続けてお使いいただけます」と言われています。You can… の出だしで始まりますので、この後に具体的な行動が示されると予測できますね。You can は「〜できる」の表現ですが、「してよい」、つまり「許されている」というニュアンスでも頻繁に使われます。正解は (B) です。

337

PART 4 TEST 4 解答・解説

トランスクリプション

Questions 80-82 refer to the following introduction.

Hello, everyone, and welcome to this first in our series of artist talks here at the Peralta Gallery. Tonight ⑳we're thrilled to have the artist Jessica Eng with us. ㉑She's renowned for her work with materials that she sources from nature, such as the authentic wood and stone that dominate much of her work. Tonight, Ms. Eng will be talking to us through some of her pieces and the inspiration and techniques behind them. ㉒After her presentation, she'll take part in a question and answer session, which you're all warmly invited to join. OK – without further ado, here's Jessica Eng.

設問と訳

80. Who is Ms. Eng?

(A) A tour guide
(B) An artist
(C) An interior designer
(D) An accountant

エングさんは、どのような人物ですか。

(A) ツアーガイド
(B) 芸術家
(C) インテリアデザイナー
(D) 会計士

81. What is Ms. Eng well known for?

(A) Illustrating children's books
(B) Renovating public buildings
(C) Promoting sustainable development
(D) Using natural materials in her work

エングさんは、どのようなことで有名なのですか。

(A) 児童書に描くイラストで
(B) 公共の建物を改修することで
(C) 持続可能な開発を促進することで
(D) 作品に自然の素材を使うことで

82. What can the listeners do after the presentation?

(A) Enjoy refreshments
(B) Visit a store
(C) Take photographs
(D) Ask questions

聞き手は、講演の後で何をすることができるのですか。

(A) 軽食を楽しむ
(B) ショップに行く
(C) 写真を撮る
(D) 質問をする

PART 4　TEST 4 解答・解説

会話の訳と語注

問題 80 から 82 は、次の紹介に関する問題です。

皆さん、こんばんは。ここ、ペラルタ美術館でのアーティストによる講演シリーズの第 1 回目によくお越しくださいました。今夜は大変うれしいことに、芸術家のジェシカ・エングさんをお迎えしています。彼女は、自然の中から集めた素材を使った作品でよく知られており、例えば彼女の多くの作品では天然の木や石などが重要な要素となっています。今夜、エングさんは、ご自身のいくつかの作品、そしてその背景にある着想や技巧について詳しく話してくださることになっています。講演の後には、質疑応答にも応じていただくことになっているので、皆さんもぜひご参加ください。さて早速、ジェシカ・エングさんをお迎えいたしましょう。

【語注】thrilled　（うれしさで）ワクワクする、とても興奮する／renowned　有名な／material　材料／source　集める、調達する／authentic　本物の／dominate　重要な要素となる、〜を特色づける／talk to A through B　A に B について詳しく説明する／piece　作品／inspiration　着想、インスピレーション／take part in　〜に参加する／session　（ある活動をする）時間、集まり／warmly　心から／without further ado　早速／interior designer　インテリアデザイナー／accountant　会計士／well known　有名な／illustrate　〜にイラストを描く／renovate　改修する／promote　促進する／sustainable　持続可能な／refreshments【通例複数形】軽食／take a photograph　写真を撮る

解説

80. 正解 (B)　!個別情報を問う問題　　　　　　　　　　　　　　　　　❓難度 ★☆☆☆☆

イントロでこの会話は introduction であると紹介されおり、トークの内容もほぼすべて Ms. Eng さんにまつわる内容です。エングさんが何者であるかについては、⑳ we're thrilled to have the artist Jessica Eng「うれしいことに芸術家のジェシカ・エングさんをお迎えしています」とありますので、この時点で選択肢を見ても (B) だとわかりますね。確実に正解しておきましょう。

81. 正解 (D)　!個別情報を問う問題　　　　　　　　　　　　　　　　　❓難度 ★★★☆☆

エングさんはどのようなことで知られているのか、とエングさんの具体的な経歴、特徴が問われています。㉛で She's renowned for her work with materials that she sources from nature「彼女は自然の中から集めた素材を使った作品でよく知られている」とあります。設問では well known とわかりやすい表現が使われているのに対し、本文の renowned「有名な」が少し難しい表現かもしれませんが、意味を即座に理解できなくてもトークの流れから、正解は (D) と判断できるでしょう。「有名な」は famous や popular が一般的ですが、renowned も覚えておきましょう。

82. 正解 (D)　!個別情報を問う問題　　　　　　　　　　　　　　　　　❓難度 ★☆☆☆☆

設問に登場する presentation はエングさんが行う講演のことを指しています。エングさんの講演が終わった後について触れられているのは、㉜ですね。After her presentation, と前置きされているのでわかりやすいでしょう。何ができるかというと、she'll take part in a question and answer session「彼女は質疑応答に参加します」とあります。また、you're all warmly invited to join「ぜひご参加ください」とも言っていますので、聞き手、つまり参加者は「質問する」ことができるとわかるでしょう。(D) が正解です。

339

PART 4 TEST 4 解答・解説

トランスクリプション

Questions 83-85 refer to the following traffic report.

And now it's time for your local traffic report. All the commuters out there will be pleased to know that we currently have no delays on any of the major highways or roads. ⓒRemember though that construction begins tomorrow morning on Highway 24, which is going to mean significant delays to peak-time commutes, especially around the Peterson Bridge. ⓒThe highway authority is advising commuters to take the train wherever possible. Extra trains will be running on both the blue and grey lines to accommodate more people. ⓒThe construction work on the highway is expected to take two months.

設問と訳

83. What will start tomorrow?

(A) Roadwork on a highway
(B) Construction of a bridge
(C) A bridge repair
(D) A subway line extension

明日から何が始まるのでしょうか。

(A) 幹線道路の工事
(B) 橋の建設
(C) 橋の修復工事
(D) 地下鉄路線の延長

84. What is recommended to the listeners?

(A) Avoiding the rush hour
(B) Taking the blue line in the evening
(C) Using public transportation
(D) Calling the highways authority

聞き手は、何をすることを勧められていますか。

(A) ラッシュアワーを避ける
(B) 夜間にブルー路線を利用する
(C) 公共交通機関を利用する
(D) 道路管理局に電話をかける

85. How long is the issue expected to last?

(A) One week
(B) Two weeks
(C) One month
(D) Two months

この問題は、どのくらいの期間にわたって続くと予想されますか。

(A) 1週間
(B) 2週間
(C) 1カ月
(D) 2カ月

PART 4 TEST 4 解答・解説

会話の訳と語注

問題 83-85 は、次の交通情報に関する問題です。

では、次に、この地域の交通情報の時間です。通勤途中の皆さんにとってありがたいことに、現在、主な幹線道路や一般道路のどこにも渋滞は発生していません。ただし、ハイウェイ24号線では明日の朝から建設工事が始まるのでご注意ください。これにより、ピーク時の通勤、特にピーターソン橋の周辺でかなりの渋滞が発生することになるでしょう。道路管理局は、可能な限り列車を利用するように通勤者の方々に呼びかけています。ブルー路線とグレー路線のどちらも列車を増発して、より多くの人に対応することにしています。この道路工事は、2カ月間かかる見込みです。

【語注】local 地域の、地元の／ report レポート、報道／ commuter 通勤者／ out there どこかに／ currently 現在のところ／ delay 遅滞、遅延／ highway 幹線道路／ though ～だけれども／ construction 建設（工事）／ significant 大きな、重要な／ peak-time ピーク時の／ commute 通勤（する）、通学（する）／ especially 特に／ authority 当局／ advise 勧める、忠告する／ extra 追加の／ accommodate （乗り物が人を）乗せる／ roadwork 道路工事／ repair 修復（する）、修理（する）／ subway line 地下鉄路線／ extension 延長／ recommend 勧める／ avoid 避ける／ rush hour ラッシュアワー／ public transportation 公共交通機関／ last 続く

解説

83. 正解 (A) 個別情報を問う問題　難度 ★★★☆☆

設問は、明日から何が始まるのか、で特定の日時の情報が必要です。トークの前半は、「今日は道路も順調で特に大きな遅延もない」という情報が伝えられていますが、❽❸では Remember... that construction begins tomorrow morning on Highway 24「明日の午前中から、ハイウェイ24号線工事が始まることをお忘れなく」と補足しています。明日始まるのは道路の工事ですね。「工事」のキーワードだけを手掛かりに正解を探すと、(B) の construction を選んでしまいますので、注意しましょう。工事の対象は bridge ではなく highway ですので、正解は (A) となります。

84. 正解 (C) 個別情報を問う問題　難度 ★★★☆☆

設問 83 で、明日から幹線道路の工事が始まると注意が呼びかけられています。その続きとして、❽❹ The highways authority is advising commuters「道路管理局は通勤者に助言しています」、to take the train wherever possible「可能な限り列車の利用を」とありますので、列車を使うことを勧められているわけですね。選択肢に train はありませんが、それを大きく言い換えた transportation「交通機関」がありますので、この (C) が正解です。(B) も正解に近いですが、blue line を利用する時間が in the evening「夜に」となっていますので、不正解です。

85. 正解 (D) 個別情報を問う問題　難度 ★☆☆☆☆

この問題 (issue) はどのくらいの期間にわたって行われるのか、と期間に関する情報が問われています。電車などの交通機関を使うようにと助言があった後、トークの後半❽❺で The construction work... is expected to take two months「工事は2カ月かかると見込まれている」と言っています。two month の表現が文末にあることから比較的聞き取りやすいのではないでしょうか。ここが聞き取れれば (D) が正解だとわかりますが、自信を持って正解するためには expected to「予想されている」の意味もわかっているとよいでしょう。

341

PART 4 TEST 4 解答・解説

トランスクリプション

Questions 86-88 refer to the following excerpt from a meeting.

OK – now let's turn to the development of our new tablet. As you all know, our current model has experienced poor sales performance. ⑱ Our marketing teams have reported that the user interface is discouraging prospective customers from choosing our products and that we need something more user-friendly. ⑲We need to get some more data on this, so I suggest we run a survey to get some detailed feedback from current users. Once we have this information, we'll be in a position to identify the software features that need to be redesigned. We're going to need a team of ten people to work on this. ⑳If you'd like to volunteer, please let your manager know after today's meeting.

設問と訳

86. How does the company plan to improve sales of the product?

(A) By reducing its price
(B) By making it more user-friendly
(C) By widening its distribution
(D) By making it smaller

この会社は、その製品の売上をどのようにして改善するつもりなのでしょうか。

(A) 価格を引き下げる
(B) もっと使い勝手をよくする
(C) 流通を拡大する
(D) もっと小型化する

87. Why does the speaker ask for volunteers?

(A) To develop a survey
(B) To test a software program
(C) To rewrite a user manual
(D) To contact some stores

話し手は、どうして志願者を募っているのですか。

(A) アンケート調査を練り上げるため
(B) ソフトウェアプログラムをテストするため
(C) ユーザーマニュアルを書き直すため
(D) いくつかの店舗に連絡するため

88. What should the listeners do if they want to volunteer?

(A) Check their existing deadlines
(B) Submit their ideas in writing
(C) Talk to the speaker
(D) Contact their managers

聞き手は、志願したければ何をする必要がありますか。

(A) 現行の期限を確認する
(B) アイデアを書面で提出する
(C) 話し手に声をかける
(D) 部長に連絡する

PART 4 TEST 4 解答・解説

会話の訳と語注

問題 86-88 は、次の会議の一部に関する問題です。

それでは、次に我が社の新しいタブレットの開発の件に話題を移しましょう。皆さんもご承知のように、現行モデルは、販売実績が芳しくありません。マーケティングチームは、そのユーザーインターフェイスが潜在的な顧客にこの製品を選ぶことをためらわせており、もっと使いやすいものが必要だと報告しています。この件に関してはもっと多くのデータが必要なので、私は、現在のユーザーから詳しい意見を聞くためにアンケート調査を行うことを提案します。その情報を手に入れたら、設計をやり直す必要があるソフトウェア機能を明らかにする段階になります。この作業を行うには10人のチームが必要となります。参加を志願したい方は、今日の会議の後で各自の部長に申し出てください。

【語注】development 開発／ tablet タブレット／ current 現行の、現在の／ experience 経験する／ sales performance 販売実績／ user interface ユーザーインターフェイス／ discourage from ～をためらわせる、断念させる／ user-friendly 使いやすい／ survey （アンケート）調査／ detailed 詳しい／ feedback 意見、フィードバック／ position 立場／ identify ～を明らかにする、確認する／ feature 機能、特徴／ redesign 設計をやり直す／ manager 部長、管理者／ improve 改善する／ reduce 下げる、減らす／ widen 拡大させる／ distribution 流通、分配／ develop （計画などを）練り上げる、開発する／ rewrite 書き直す／ existing 現行の、既存の／ submit 提出する／ in writing 書面で

解説

86. 正解 (B) 【!】全体を問う問題　　　❓難度 ★★★☆☆

トークの主題は development of our new tablet「新しいタブレットの開発」です。この情報をしっかりキャッチできていないと、この先の設問に答えることが難しくなります。冒頭の続きで、新商品を開発する理由として ...our current model has experienced poor sales... とあります。つまり、現状の売上がよくないので、新商品を開発するということです。この最初の設問では、どのようにして売上を改善するのかが問われています。86に we need something more user-friendly「より使いやすいものが必要」とありますので、これが表現されている選択肢 (B) を選びましょう。

87. 正解 (A) 【!】個別情報を問う問題　　　❓難度 ★★★★☆

話し手はボランティアを呼び掛けていることが設問からもわかりますが、その理由については、87の情報を整理する必要があります。まず、We need to get some more data「データが必要」、そして run a survey「調査を行う」とあります。これを実行するために We're going to need a team of ten people「10人のチームが必要だ」ということです。すなわちこのチームが volunteer として募られている対象です。volunteer という表現そのものはトークの一番最後まで登場しないので、それまでの会話の流れをしっかり頭に入れておくことが重要です。(A) が正解です。

88. 正解 (D) 【!】個別情報を問う問題　　　❓難度 ★★☆☆☆

ボランティアに参加するために必要なことが問われています。88で If you'd like to volunteer,「ボランティアに興味があれば」、please let your manager know「部長に申し出てください」とありますね。let... know は TOEIC でも実際の会話表現でもよく使われる頻出表現です。これを contact と言い換えた (D) が正解です。前問の 87 と比べるとこちらのほうがはるかにわかりやすく、答えやすいので、リスニングが全体的に難しく感じる人はこの問題だけは確実に正解できるようにしたいですね。

PART 4 TEST 4 解答・解説

トランスクリプション

Questions 89-91 refer to the following telephone message.

Good morning, Mr. Kim. I'm calling from PaperWise Stationery. **89**I wanted to apologize for the error we made with your recent order. **90**When your order was processed last week, the wrong product ID was entered into our system. This is why you received an incorrect product. **91**We've now shipped the correct order to you by priority mail. We won't be charging you for the special shipping. If you have any further queries about this order, please call our customer service number and we'll be happy to assist you.

設問と訳

89. Why is the speaker calling?

(A) To arrange a delivery
(B) To apologize for an error
(C) To discuss some options
(D) To explain a returns policy

話し手は、なぜ電話をしているのですか。

(A) 配送を手配するため
(B) 間違いを謝罪するため
(C) いくつかの選択肢について説明するため
(D) 返品条件を説明するため

90. According to the speaker, what happened last week?

(A) A new facility was opened.
(B) A process became inadequate.
(C) Some stock was damaged.
(D) Some data was recorded incorrectly.

話し手によると、先週にどのようなことがあったのですか。

(A) 新しい施設がオープンした。
(B) 手順が不適切になった。
(C) 在庫品が破損した。
(D) データが誤って記録された。

91. What is the company giving the listener at no extra cost?

(A) Expedited shipping
(B) An automated billing plan
(C) A full guarantee
(D) Online customer support

この会社は、聞き手に追加料金なしで何を提供しようとしているのですか。

(A) 迅速な配送
(B) 自動請求書発送プラン
(C) 全額保証
(D) オンラインでの顧客サポート

344

PART 4 TEST 4 解答・解説

会話の訳と語注

問題 89-91 は、次の電話メッセージに関する問題です。

おはようございます、キムさん。ペーパーワイズ・ステーショナリーからお電話を差し上げております。お客様の先日の注文で生じた手違いをおわびしたく思っておりました。先週、お客様の注文が処理されたときに、誤った製品 ID が当方のシステムに入力されてしまいました。そのために、お客様は異なる製品を受け取られたのです。私どもは、ご注文通りの品をたった今、優先扱い郵便で発送いたしました。この特別配送の料金は、お客様からはいただきません。今回の注文に関して、何かほかにご不明の点がございましたら、当社の顧客サービス係にお電話いただければ、謹んで対応させていただきます。

【語注】apologize for 〜について謝る／ error 間違い、ミス／ recent 先日の、最近の／ order 注文（品）／ process 処理する／ enter 入力する／ incorrect 誤った、不正確な／ ship 発送する／ correct 正しい、正確な／ priority mail 優先扱い郵便／ charge 請求する／ further さらなる／ query 質問、問い合わせ／ customer 顧客／ assist 支援する、役に立つ／ arrange 手配する、準備する／ delivery 配送／ option 選択肢、オプション／ return 返品（する）／ policy 条件、方針／ according to 〜によると／ facility 施設／ inadequate 不適切な、不十分な／ stock 在庫（品）／ damage 破損する／ record 記録する／ cost 費用／ expedite 迅速に処理する、早める／ automated 自動化された／ bill 請求書を発送する／ guarantee 品質保証（書）／ support サポート（する）

解説

89. 正解 (B) ❗全体を問う問題　　　　　　　　　　　　　❓難度 ★★☆☆☆

挨拶に続く I'm calling from PaperWise Stationery から、話し手は文房具会社の社員だということがわかりますね。彼女がなぜこの電話をしているかについては、❸で I wanted to apologize for the error「間違いをおわびしようと思っていました」と述べていますので、同じ内容が表現されている (B) が正解です。トークでは、誤った商品の配送について今後の対応策が具体的に述べられているため、それらに関するキーワードからそのほかの選択肢 (A)、(C)、(D) も正解のように見えてしまうので、注意が必要です。

90. 正解 (D) ❗個別情報を問う問題　　　　　　　　　　　❓難度 ★★★★★

❾ When your order was processed last week,「先週注文が処理されたときに」に last week が登場しています。そして、the wrong product ID was entered into our system.「間違った製品 ID が入力されてしまった」と報告していますので、正解は (D) です。ID と data が言い換えられており、into our system「システムに入り込んでしまった」という状況が、recorded「記録された」のように表現されています。必ずしもイコールで結びつく表現ではありませんが、同じことを報告している表現としてとらえることができます。

91. 正解 (A) ❗個別情報を問う問題　　　　　　　　　　　❓難度 ★★★★☆

聞き手に追加料金なしで何を提供しようとしているのか、と会社の対応が問われています。no extra cost「追加料金なしに」で何ができるのかに注意してみると、❾で We won't be charging you for the special shipping.「特別配送料金はいただきません」と not... charging で料金はいただかないことが伝えられています。これが、no extra cost に対応していますね。また、その直前に priority mail「優先扱い郵便」も登場しているので、「優先郵便にかかる特別料金が無料」ということになります。正解は (A) ですが、expedited「迅速な」の意味がわからないとすぐに正解が選べない難しい問題です。

トランスクリプション

Questions 92-94 refer to the following talk.

Now for the final item on today's agenda. ㉒We should be extremely busy next month. As you know, we're targeting record sales with the no-interest financing that we're going to be making available on all appliances in the store. ㉓Please remember to make sure that all customers are aware that this is a one-time special offer that they should take advantage of right away. ㉔We're having some fliers printed, so don't forget to hand them out to any customer that walks through the door.

設問と訳

92. Who is the man talking to?

(A) Store customers
(B) Financial experts
(C) Advertising analysts
(D) Salespeople

男性は誰に話しかけているのですか。

(A) 店に来たお客たち
(B) 金融の専門家
(C) 広告アナリスト
(D) 販売員たち

---

93. What is likely to produce an increase in business?

(A) The launch of a new product
(B) Longer opening hours
(C) The introduction of a special offer
(D) A public holiday

何が売上の増加をもたらしそうですか。

(A) 新製品の発売
(B) より長い営業時間
(C) 優待の導入
(D) 祝日

---

94. What are the listeners asked to do?

(A) Pass out advertisements
(B) Work longer shifts
(C) Check an inventory
(D) Fill out some forms

聞き手は、何をするように求められていますか。

(A) 広告チラシを配る
(B) より長い時間働く
(C) 在庫を確認する
(D) いくつかの用紙に記入する

PART 4 TEST 4 解答・解説

会話の訳と語注

問題 92-94 は、次のトークに関する問題です。

では、今日の議題の最後の項目です。私たちは、来月は非常に忙しくなるはずです。皆さんもご存じのように、当店は店内のすべての電化製品を対象とする無利息の分割払いを提供して、売上を記録的に伸ばすことを目ざしています。どのお客様にも、これが今回だけの優待であり、今すぐに利用すべきだということを必ず知らせるようにしてください。今、チラシを印刷してもらっているので、店内に入ってきたお客様にもれなく配ることを忘れないでください。

【語注】item 項目／agenda 議題／extremely 非常に／target 目ざす／record 記録的な／sale 売上(高)／no-interest financing 無利息の分割払い／available 通用する、利用できる／appliances【通例複数形】(家庭用)電化製品／make sure 必ず〜であるようにする／customer お客、顧客／aware 知っている／special offer 優待、特価販売／take advantage of 〜を活用する／flier (宣伝用)チラシ、ビラ／hand out 配る、手渡す／financial 金融の、財政の／expert 専門家／advertising 広告／analyst アナリスト／salesperson 販売員／launch 発売(する)／opening hours (店舗の)営業時間／introduction 導入／public holiday 祝日／pass out (無料のものを)配る／advertisement 広告／shift (割り当てられた)勤務時間／check 確認する／inventory 在庫／fill out a form 用紙に記入する

解説

92. 正解 (D) 全体を問う問題　　難度 ★★★★☆

設問は、男性は誰に話しかけているのかとなっています。聞き手を特定する問題です。❷で「我々は来月とても忙しくなる」と言い、we're targeting record sales「我々は記録的な売上を目ざしている」としていることから、we は sales に関係する人々だと判断します。また、on all applications in the store とあるので、家電量販店だということもわかりますね。(D) が正解です。若干、聞こえてくる情報が多すぎるために何の話だか混乱しないように注意しましょう。

93. 正解 (C) 個別情報を問う問題　　難度 ★★★★★

何が売上の増加をもたらしそうか、と売上の要因に関する問題です。❸の直前で話し手は無利息分割払いの特典を紹介し、❸でそれが one-time special offer「今回だけの優待」、なので they should take advantage of right away「すぐに使うべき」、つまりはすぐに優待を使って売上が伸びる、とつながるわけです。(C) が正解です。話全体を統合しないと答えられない、難しい問題です。

94. 正解 (A) 個別情報を問う問題　　難度 ★★★★☆

聞き手は何をするように求められているのか、と聞き手の具体的な行動を聞き取ります。❹で話し手は「fliers(チラシ)を印刷している」と述べた後、don't forget to hand them out to any customer「お客さんに手渡すのを忘れないでください」と言っているので、チラシを渡す、がその行動になります。正解は (A) です。hand... out が pass... out、fliers が advertisements で言い換えられています。

PART 4 TEST 4 解答・解説

トランスクリプション

Questions 95-97 refer to the following recorded message.

Hello and thank you for calling the Hallows Theater Box Office. We are currently closed. ⑨⑤We are sorry to inform you that tickets for tonight's performance of *Under Milk Wood* are now sold out. ⑨⑥A limited number of tickets are still available for Friday evening's special outdoor performance of *On the Way*. *On the Way* will be performed on the grounds of the theater. Tickets are priced at 25 dollars on the night. ⑨⑦However, discounts are available for tickets purchased in advance. For full details, please check our Web site or call back during box office opening hours.

設問と訳

95. What does the speaker apologize for?

(A) A performance having been cancelled
(B) Some tickets being unavailable
(C) A price being incorrect
(D) Some actors needing to be replaced

話し手は、何について謝罪しているのですか。

(A) 公演が中止されたこと
(B) 売り切れたチケットがあること
(C) 値段が間違っていること
(D) 何人かの役者に代役を使う必要があること

96. What will take place on Friday night?

(A) A dance contest
(B) A college lecture
(C) A special show
(D) An outdoor market

金曜日の夜に何が行われるのですか。

(A) ダンスコンテスト
(B) 大学での講義
(C) 特別公演
(D) 屋外市場

97. How can the listeners save money?

(A) By purchasing tickets in advance
(B) By booking two courses at the same time
(C) By attending on a weekday
(D) By watching an event online

聞き手は、どうすればお金を節約することができるのですか。

(A) あらかじめチケットを購入する
(B) 同時にふたつの講座を予約する
(C) 平日に出席する
(D) イベントをインターネットで見る

PART 4 　TEST 4 解答・解説

会話の訳と語注

問題 95-97 は、次の録音されたメッセージに関する問題です。

ハロウズ劇場のチケット売り場にお電話いただき、ありがとうございます。ただ今の時間は、営業を終了しております。本日の夜の公演『アンダー・ミルク・ウッド』のチケットは、申し訳ありませんが完売となっております。金曜日の夜に行われる特別野外公演『オン・ザ・ウェイ』のチケットは、わずかながらまだお求めいただけます。『オン・ザ・ウェイ』は、当劇場の庭園で演じられます。チケットの料金は、当日の夜ですと 25 ドルです。ただし、事前にチケットを購入されると、割引が受けられます。詳しくは、当劇場のウェブサイトでご確認いただくか、当チケット売場の営業時間内にお電話ください。

【語注】box office　チケット売り場／ currently　現在／ inform　知らせる／ performance　公演／ sold out　完売した／ limited　わずかな、限られた／ available　入手できる／ perform　演じる／ price　値段をつける／ discount　割引（する）／ purchase　購入（する）／ in advance　事前に、あらかじめ／ detail　詳細／ check　確認する／ opening hours【通例複数形】　営業時間／ apologize for　～について謝罪する／ cancel　中止する、キャンセルする／ unavailable　入手できない／ incorrect　不正確な／ replace　差し替える、交換する／ take place　行われる、起こる／ lecture　講義、講演／ book　予約する／ course　講座／ at the same time　同時に／ attend　参加する、出席する

解説

95. 正解 (B) 【全体を問う問題】　　難度 ★★★☆☆

録音メッセージの問題です。話し手は何について謝罪しているのか、と謝罪の原因が問われています。❾❺で We are sorry to inform you that「that 以下をお知らせするのは残念です」と始まっているのでその後を注意して聞きます。tickets... are now sold out.「チケットは完売です」、これが謝罪の原因です。選択肢 (B) を選びましょう。なお、sold out は unavailable と言い換えられています。

96. 正解 (C) 【個別情報を問う問題】　　難度 ★★★☆☆

金曜日の夜に何が行われるのか、と金曜の夜の行事を聞き取る問題です。❾❻がそれに該当します。A limited number of tickets are still available for Friday evening's special outdoor performance「金曜日の夜に行われる特別野外公演のチケットがわずかにあります」と言っているので、(C) が正解ですね。performance と show の言い換えはすぐにわかったことでしょう。

97. 正解 (A) 【個別情報を問う問題】　　難度 ★★★★★

問題は、聞き手はどうすればお金を節約することができるのか、です。❾❼の However 以下をしっかり聞き取りましょう。discounts are available for tickets purchased in advance.「前もって購入すると割引が受けられます」とあるので、割引が節約と考え、(A) を選びます。音声を最後まで聞くとウェブサイトも出てきますが、これは割引とは関係ないので、(D) としないようにしてくださいね。

349

PART 4 TEST 4 解答・解説

トランスクリプション

Questions 98-100 refer to the following announcement.

⑱Next, I want to give you all an update on how the transfer of the patient records from paper to our online database is going. ⑲We now have all the records stored electronically, which means we can start enjoying the big advantage that this new system gives us. Now that we've got rid of all the paper records, we now have a lot more free office space. ⑳The office manager is now in the process of organizing the secure disposal of the old paper records, and by next week we'll be completely free of them.

設問と訳

98. What is the announcement mainly about?

(A) A change in safety procedures
(B) A conversion to an online database
(C) A new office manager
(D) A directory of healthcare providers

この告知は、主に何についてのものですか。
(A) 安全手順の変更
(B) オンラインデータベースへの移行
(C) 新任の業務部長
(D) 医療サービス関係者の名簿

99. What is mentioned as an advantage of the change?

(A) Communication will be improved.
(B) There will be more free space.
(C) Information will be more secure.
(D) There will be fewer accidents in the office.

この変更の利点として、何が述べられていますか。
(A) コミュニケーションが改善される。
(B) 自由に使える空間が増える。
(C) 情報の安全性が高まる。
(D) オフィスでの事故が減る。

100. What task has been given to the office manager?

(A) Document disposal
(B) Event organization
(C) Record filing
(D) Employee training

業務部長には、どのような任務が与えられていますか。
(A) 書類の廃棄
(B) イベントの準備
(C) 記録の保管
(D) 社員研修

PART 4　TEST 4 解答・解説

会話の訳と語注

問題 98-100 は、以下の告知に関する問題です。

次に、患者さんの記録を紙からオンラインデータベースに移行する作業の進捗状況について、みなさんに最新情報をお知らせしたいと思います。私たちは今、すべての記録をコンピューターに保存しており、それはこの新システムが私たちにもたらしてくれる大きな利点をすぐに享受できることを意味します。紙に書かれた記録はすべて片づけたので、オフィスには自由に使える空間がずいぶん増えました。現在、業務部長が、紙に書かれた古い記録を安全に廃棄するための準備を進めているところで、来週までには、私たちはそのすべてから完全に解放されることになります。

【語注】update 最新情報／transfer 移行（する）、移し換え（る）／record 記録／store 保存する／electronically コンピューター上に、電子的に／advantage 利点／get rid of ～を片付ける、処分する／office manager 業務部長／be in the process of ～を進行中で／organize 準備する、手配する／secure 安全な、機密が守られた／disposal 廃棄／completely 完全に／announcement 告知、アナウンス／mainly 主に／safety 安全／procedure 手順、方法／conversion 移行／directory 名簿／healthcare provider 医療サービス関係者／communication コミュニケーション、意思疎通／improve 改善する／information 情報／task 任務、仕事／document 書類、文書／organization 準備、組織／filing （書類などを）保管すること／employee 社員／training 研修、教育、訓練

解説

98. 正解 (B) 🚨 全体を問う問題　　❓ 難度 ★★★★★

この告知は主に何についてのものか、と告知の主題が問われています。冒頭98で話し手は I want to give you all an update「最新情報をお知らせしたい」、on how the transfer of the patient records from paper to our online database is going.「患者の記録を紙からオンラインデータベースに移行する作業の進行について」と述べているので、選択肢 (B) が正解です。transfer が conversion で言い換えられていますね。

99. 正解 (B) 🚨 個別情報を問う問題　　❓ 難度 ★★★★★

設問は、この変更の利点として何が述べられているのか、です。advantage がキーワードですね。すると99で we can start enjoying the big advantage とあり、we've got rid of all the paper records「紙の記録を片付けた」、そして we now have a lot more free office space.「広いスペースが確保できた」とあるので (B) が正解です。advantage が聞こえてから we now have a lot of more free office space まで若干長いので、集中力を切らさないようにしたいところです。

100. 正解 (A) 🚨 個別情報を問う問題　　❓ 難度 ★★★★★

業務部長にはどのような任務が与えられているのか、と特定の人物の情報を聞き取る問題です。office manager は100で出てきます。The office manager is now in the process of organizing the secure disposal of the old paper records「業務部長は今、古い紙の記録を安全に廃棄する準備をしているところです」の部分をしっかり聞き取り、理解しましょう。paper が document と言い換えられている (A) が正解です。

351

【著者紹介】

関戸冬彦(せきど　ふゆひこ)

獨協大学国際教養学部言語文化学科特任講師。専門分野はアメリカ文学と英語教育。複数の高校、大学にて講師を歴任した後、現職に至る。過去に中央大学、共立アカデミーにて TOEIC 対策講座講師を担当した経験も有する。著書に『CNN Student News (1)~(3)』（共著、朝日出版社）、『TOEIC(R) テスト 基本例文 700 選』（共著、アルク）、『国連英検過去問題集 2013・2014 年実施特 A 級、A 級』（共著、メディアイランド）など。

【パート別攻略シリーズ②】
解法と学習のストラテジーで極める！
TOEIC® テスト 最強攻略 PART 3&4

2015 年 7 月 10 日　初版第 1 刷発行

著者：関戸冬彦
問題作成：PAGODA Education Group

AD: 見留 裕

英文校閲・校正：ソニア・マーシャル、イアン・マーティン、高橋清貴
翻訳：小宮 徹、コスモピア編集部
音声ナレーション：エマ・ハワード、イアン・ギブ、相沢麻美（ZAI OFFICE）

印刷・製本：シナノ印刷株式会社

発行所：コスモピア株式会社
　　　〒 151-0053 東京都渋谷区代々木 4-36-4 MC ビル 2F
　　　営業部　TEL: 03-5302-8378　email: mas@cosmopier.com
　　　編集部　TEL: 03-5302-8379　email: editorial@cosmopier.com
　　　FAX: 03-5302-8399
　　　http://www.cosmopier.com/（会社・出版物案内）
　　　http://www.cosmopier.net/（コスモピアクラブ）
　　　http://www.kikuyomu.com/（多聴多読ステーション）
　　　http://www.e-ehonclub.com/（英語の絵本クラブ）

© 2015 Fuyuhiko Sekido
© 2014 PAGODA Education Group
Japanese translation rights © 2014 by CosmoPier Publishing Company.
Japanese translation rights arranged with PAGODA Education Group
through Floating Iron of Abba Communication Inc.

Answer Sheet 1&2

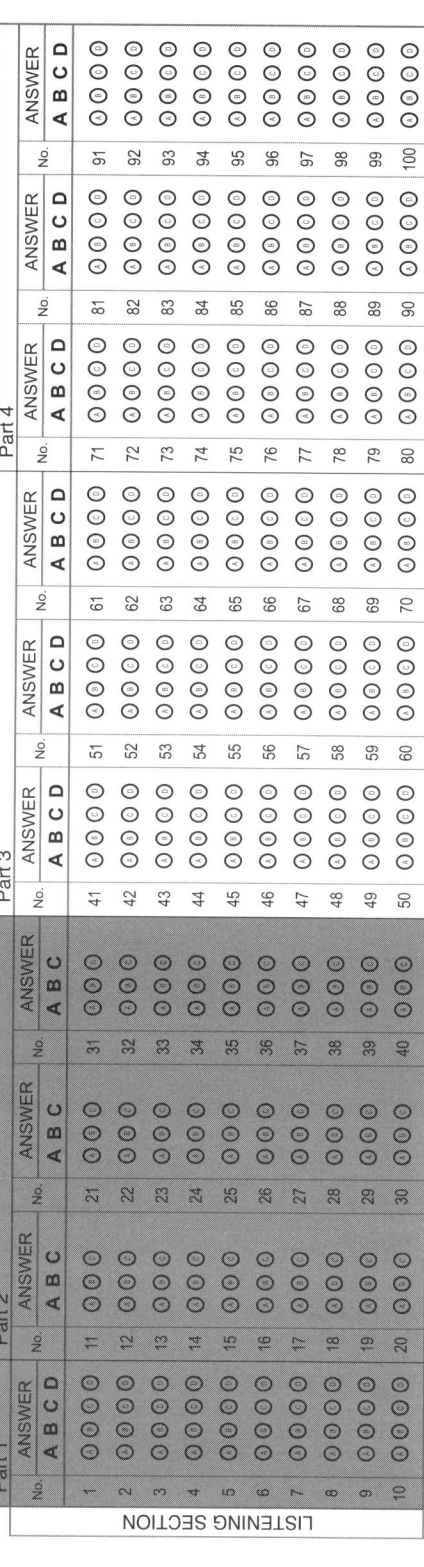

Answer Sheet 3&4

LISTENING SECTION

Part 1
No.	ANSWER A B C D
1	Ⓐ Ⓑ Ⓒ Ⓓ
2	Ⓐ Ⓑ Ⓒ Ⓓ
3	Ⓐ Ⓑ Ⓒ Ⓓ
4	Ⓐ Ⓑ Ⓒ Ⓓ
5	Ⓐ Ⓑ Ⓒ Ⓓ
6	Ⓐ Ⓑ Ⓒ Ⓓ
7	Ⓐ Ⓑ Ⓒ Ⓓ
8	Ⓐ Ⓑ Ⓒ Ⓓ
9	Ⓐ Ⓑ Ⓒ Ⓓ
10	Ⓐ Ⓑ Ⓒ Ⓓ

Part 2
No.	ANSWER A B C
11	Ⓐ Ⓑ Ⓒ
12	Ⓐ Ⓑ Ⓒ
13	Ⓐ Ⓑ Ⓒ
14	Ⓐ Ⓑ Ⓒ
15	Ⓐ Ⓑ Ⓒ
16	Ⓐ Ⓑ Ⓒ
17	Ⓐ Ⓑ Ⓒ
18	Ⓐ Ⓑ Ⓒ
19	Ⓐ Ⓑ Ⓒ
20	Ⓐ Ⓑ Ⓒ
21	Ⓐ Ⓑ Ⓒ
22	Ⓐ Ⓑ Ⓒ
23	Ⓐ Ⓑ Ⓒ
24	Ⓐ Ⓑ Ⓒ
25	Ⓐ Ⓑ Ⓒ
26	Ⓐ Ⓑ Ⓒ
27	Ⓐ Ⓑ Ⓒ
28	Ⓐ Ⓑ Ⓒ
29	Ⓐ Ⓑ Ⓒ
30	Ⓐ Ⓑ Ⓒ
31	Ⓐ Ⓑ Ⓒ
32	Ⓐ Ⓑ Ⓒ
33	Ⓐ Ⓑ Ⓒ
34	Ⓐ Ⓑ Ⓒ
35	Ⓐ Ⓑ Ⓒ
36	Ⓐ Ⓑ Ⓒ
37	Ⓐ Ⓑ Ⓒ
38	Ⓐ Ⓑ Ⓒ
39	Ⓐ Ⓑ Ⓒ
40	Ⓐ Ⓑ Ⓒ

Part 3
No.	ANSWER A B C D
41	Ⓐ Ⓑ Ⓒ Ⓓ
42	Ⓐ Ⓑ Ⓒ Ⓓ
43	Ⓐ Ⓑ Ⓒ Ⓓ
44	Ⓐ Ⓑ Ⓒ Ⓓ
45	Ⓐ Ⓑ Ⓒ Ⓓ
46	Ⓐ Ⓑ Ⓒ Ⓓ
47	Ⓐ Ⓑ Ⓒ Ⓓ
48	Ⓐ Ⓑ Ⓒ Ⓓ
49	Ⓐ Ⓑ Ⓒ Ⓓ
50	Ⓐ Ⓑ Ⓒ Ⓓ
51	Ⓐ Ⓑ Ⓒ Ⓓ
52	Ⓐ Ⓑ Ⓒ Ⓓ
53	Ⓐ Ⓑ Ⓒ Ⓓ
54	Ⓐ Ⓑ Ⓒ Ⓓ
55	Ⓐ Ⓑ Ⓒ Ⓓ
56	Ⓐ Ⓑ Ⓒ Ⓓ
57	Ⓐ Ⓑ Ⓒ Ⓓ
58	Ⓐ Ⓑ Ⓒ Ⓓ
59	Ⓐ Ⓑ Ⓒ Ⓓ
60	Ⓐ Ⓑ Ⓒ Ⓓ
61	Ⓐ Ⓑ Ⓒ Ⓓ
62	Ⓐ Ⓑ Ⓒ Ⓓ
63	Ⓐ Ⓑ Ⓒ Ⓓ
64	Ⓐ Ⓑ Ⓒ Ⓓ
65	Ⓐ Ⓑ Ⓒ Ⓓ
66	Ⓐ Ⓑ Ⓒ Ⓓ
67	Ⓐ Ⓑ Ⓒ Ⓓ
68	Ⓐ Ⓑ Ⓒ Ⓓ
69	Ⓐ Ⓑ Ⓒ Ⓓ
70	Ⓐ Ⓑ Ⓒ Ⓓ

Part 4
No.	ANSWER A B C D
71	Ⓐ Ⓑ Ⓒ Ⓓ
72	Ⓐ Ⓑ Ⓒ Ⓓ
73	Ⓐ Ⓑ Ⓒ Ⓓ
74	Ⓐ Ⓑ Ⓒ Ⓓ
75	Ⓐ Ⓑ Ⓒ Ⓓ
76	Ⓐ Ⓑ Ⓒ Ⓓ
77	Ⓐ Ⓑ Ⓒ Ⓓ
78	Ⓐ Ⓑ Ⓒ Ⓓ
79	Ⓐ Ⓑ Ⓒ Ⓓ
80	Ⓐ Ⓑ Ⓒ Ⓓ
81	Ⓐ Ⓑ Ⓒ Ⓓ
82	Ⓐ Ⓑ Ⓒ Ⓓ
83	Ⓐ Ⓑ Ⓒ Ⓓ
84	Ⓐ Ⓑ Ⓒ Ⓓ
85	Ⓐ Ⓑ Ⓒ Ⓓ
86	Ⓐ Ⓑ Ⓒ Ⓓ
87	Ⓐ Ⓑ Ⓒ Ⓓ
88	Ⓐ Ⓑ Ⓒ Ⓓ
89	Ⓐ Ⓑ Ⓒ Ⓓ
90	Ⓐ Ⓑ Ⓒ Ⓓ
91	Ⓐ Ⓑ Ⓒ Ⓓ
92	Ⓐ Ⓑ Ⓒ Ⓓ
93	Ⓐ Ⓑ Ⓒ Ⓓ
94	Ⓐ Ⓑ Ⓒ Ⓓ
95	Ⓐ Ⓑ Ⓒ Ⓓ
96	Ⓐ Ⓑ Ⓒ Ⓓ
97	Ⓐ Ⓑ Ⓒ Ⓓ
98	Ⓐ Ⓑ Ⓒ Ⓓ
99	Ⓐ Ⓑ Ⓒ Ⓓ
100	Ⓐ Ⓑ Ⓒ Ⓓ

LISTENING SECTION

Part 1
No.	ANSWER A B C D
1	Ⓐ Ⓑ Ⓒ Ⓓ
2	Ⓐ Ⓑ Ⓒ Ⓓ
3	Ⓐ Ⓑ Ⓒ Ⓓ
4	Ⓐ Ⓑ Ⓒ Ⓓ
5	Ⓐ Ⓑ Ⓒ Ⓓ
6	Ⓐ Ⓑ Ⓒ Ⓓ
7	Ⓐ Ⓑ Ⓒ Ⓓ
8	Ⓐ Ⓑ Ⓒ Ⓓ
9	Ⓐ Ⓑ Ⓒ Ⓓ
10	Ⓐ Ⓑ Ⓒ Ⓓ

Part 2
No.	ANSWER A B C
11	Ⓐ Ⓑ Ⓒ
12	Ⓐ Ⓑ Ⓒ
13	Ⓐ Ⓑ Ⓒ
14	Ⓐ Ⓑ Ⓒ
15	Ⓐ Ⓑ Ⓒ
16	Ⓐ Ⓑ Ⓒ
17	Ⓐ Ⓑ Ⓒ
18	Ⓐ Ⓑ Ⓒ
19	Ⓐ Ⓑ Ⓒ
20	Ⓐ Ⓑ Ⓒ
21	Ⓐ Ⓑ Ⓒ
22	Ⓐ Ⓑ Ⓒ
23	Ⓐ Ⓑ Ⓒ
24	Ⓐ Ⓑ Ⓒ
25	Ⓐ Ⓑ Ⓒ
26	Ⓐ Ⓑ Ⓒ
27	Ⓐ Ⓑ Ⓒ
28	Ⓐ Ⓑ Ⓒ
29	Ⓐ Ⓑ Ⓒ
30	Ⓐ Ⓑ Ⓒ
31	Ⓐ Ⓑ Ⓒ
32	Ⓐ Ⓑ Ⓒ
33	Ⓐ Ⓑ Ⓒ
34	Ⓐ Ⓑ Ⓒ
35	Ⓐ Ⓑ Ⓒ
36	Ⓐ Ⓑ Ⓒ
37	Ⓐ Ⓑ Ⓒ
38	Ⓐ Ⓑ Ⓒ
39	Ⓐ Ⓑ Ⓒ
40	Ⓐ Ⓑ Ⓒ

Part 3
No.	ANSWER A B C D
41	Ⓐ Ⓑ Ⓒ Ⓓ
42	Ⓐ Ⓑ Ⓒ Ⓓ
43	Ⓐ Ⓑ Ⓒ Ⓓ
44	Ⓐ Ⓑ Ⓒ Ⓓ
45	Ⓐ Ⓑ Ⓒ Ⓓ
46	Ⓐ Ⓑ Ⓒ Ⓓ
47	Ⓐ Ⓑ Ⓒ Ⓓ
48	Ⓐ Ⓑ Ⓒ Ⓓ
49	Ⓐ Ⓑ Ⓒ Ⓓ
50	Ⓐ Ⓑ Ⓒ Ⓓ
51	Ⓐ Ⓑ Ⓒ Ⓓ
52	Ⓐ Ⓑ Ⓒ Ⓓ
53	Ⓐ Ⓑ Ⓒ Ⓓ
54	Ⓐ Ⓑ Ⓒ Ⓓ
55	Ⓐ Ⓑ Ⓒ Ⓓ
56	Ⓐ Ⓑ Ⓒ Ⓓ
57	Ⓐ Ⓑ Ⓒ Ⓓ
58	Ⓐ Ⓑ Ⓒ Ⓓ
59	Ⓐ Ⓑ Ⓒ Ⓓ
60	Ⓐ Ⓑ Ⓒ Ⓓ
61	Ⓐ Ⓑ Ⓒ Ⓓ
62	Ⓐ Ⓑ Ⓒ Ⓓ
63	Ⓐ Ⓑ Ⓒ Ⓓ
64	Ⓐ Ⓑ Ⓒ Ⓓ
65	Ⓐ Ⓑ Ⓒ Ⓓ
66	Ⓐ Ⓑ Ⓒ Ⓓ
67	Ⓐ Ⓑ Ⓒ Ⓓ
68	Ⓐ Ⓑ Ⓒ Ⓓ
69	Ⓐ Ⓑ Ⓒ Ⓓ
70	Ⓐ Ⓑ Ⓒ Ⓓ

Part 4
No.	ANSWER A B C D
71	Ⓐ Ⓑ Ⓒ Ⓓ
72	Ⓐ Ⓑ Ⓒ Ⓓ
73	Ⓐ Ⓑ Ⓒ Ⓓ
74	Ⓐ Ⓑ Ⓒ Ⓓ
75	Ⓐ Ⓑ Ⓒ Ⓓ
76	Ⓐ Ⓑ Ⓒ Ⓓ
77	Ⓐ Ⓑ Ⓒ Ⓓ
78	Ⓐ Ⓑ Ⓒ Ⓓ
79	Ⓐ Ⓑ Ⓒ Ⓓ
80	Ⓐ Ⓑ Ⓒ Ⓓ
81	Ⓐ Ⓑ Ⓒ Ⓓ
82	Ⓐ Ⓑ Ⓒ Ⓓ
83	Ⓐ Ⓑ Ⓒ Ⓓ
84	Ⓐ Ⓑ Ⓒ Ⓓ
85	Ⓐ Ⓑ Ⓒ Ⓓ
86	Ⓐ Ⓑ Ⓒ Ⓓ
87	Ⓐ Ⓑ Ⓒ Ⓓ
88	Ⓐ Ⓑ Ⓒ Ⓓ
89	Ⓐ Ⓑ Ⓒ Ⓓ
90	Ⓐ Ⓑ Ⓒ Ⓓ
91	Ⓐ Ⓑ Ⓒ Ⓓ
92	Ⓐ Ⓑ Ⓒ Ⓓ
93	Ⓐ Ⓑ Ⓒ Ⓓ
94	Ⓐ Ⓑ Ⓒ Ⓓ
95	Ⓐ Ⓑ Ⓒ Ⓓ
96	Ⓐ Ⓑ Ⓒ Ⓓ
97	Ⓐ Ⓑ Ⓒ Ⓓ
98	Ⓐ Ⓑ Ⓒ Ⓓ
99	Ⓐ Ⓑ Ⓒ Ⓓ
100	Ⓐ Ⓑ Ⓒ Ⓓ

コスモピア

全国の書店で発売中！

解法と学習のストラテジーで極める！
パート別攻略シリーズ①

TOEIC® テスト 最強攻略 PART 1&2

全文聞き取れるリスニング力をつける！
PART 1&2 で高得点をとるための徹底トレーニング

本書は「ただスコアアップできればよい」という従来の発想から脱却し、Part 1&2 の対策を通して、実用的な英語力を鍛えるトレーニングを提案。「Listen & Repeat」と「Listen & Look up」というトレーニングで Part 1&2 に頻出するフレーズとセンテンスを能動的なアプローチで身につけます。

【本書の内容】
- PART 1 の設問タイプ別「人物写真」「風景写真」など
- PART 2 の設問タイプ別「WH 疑問文」「YES/NO 疑問文、付加疑問文、否定疑問文」「機能文」など
- 後半は PART1、PART2 の模試 4 回分

★ Actibook 版電子書籍も同時発売！
コスモピア・オンラインショップにてお求めいただけます。
電子版価格 ￥1,400+ 税

著者：澤田健治
A5 判書籍 328 ページ
CD-ROM（MP3 音声）付き
定価本体 1,900 円+税

コスモピア・サポート

いますぐご登録ください！ 無料

「コスモピア・サポート」は大切なCDを補償します

使っている途中でキズがついたり、何らかの原因で再生できなくなったCDを、コスモピアは無料で補償いたします。
一度ご登録いただければ、今後ご購入いただく弊社出版物のCDにも適用されます。

登録申込方法
本書はさみ込みハガキに必要事項ご記入のうえ郵送してください。

補償内容
「コスモピア・サポート」に登録後、使用中のCDにキズ・割れなどによる再生不良が発生した場合、理由の如何にかかわらず新しいCDと交換いたします（書籍本体は対象外です）。

交換方法
1. 交換を希望されるCDを下記までお送りください（弊社までの送料はご負担ください）。
2. 折り返し弊社より新しいCDをお送りいたします。
   CD送付先
   〒151-0053　東京都渋谷区代々木4-36-4
   コスモピア株式会社「コスモピア・サポート」係

★下記の場合は補償の対象外とさせていただきますのでご了承ください。
- 紛失等の理由でCDのご送付がない場合
- 送付先が海外の場合
- 改訂版が刊行されて6カ月が経過している場合
- 対象商品が絶版等になって6カ月が経過している場合
- 「コスモピア・サポート」に登録がない場合

＊製品の品質管理には万全を期していますが、万一ご購入時点で不都合がある「初期不良」は別途対応させていただきます。下記までご連絡ください。
連絡先：TEL 03-5302-8378
　　　　FAX 03-5302-8399
「コスモピア・サポート」係

●直接のご注文は ➡ www.cosmopier.net/shop/

解法と学習のストラテジーで極める！
パート別攻略シリーズ③
TOEIC® テスト 最強攻略 PART 5&6

20分以内に全52問が解き終わる！
リーディングのカギはスピードだ

本書は問題のタイプごとに解き方を覚える「解法のストラテジー」と、問題を解くための英語力そのものを鍛える「学習のストラテジー」の2本立て。TOEICテスト対策に終わらない実力を身につけます。後半にはPART5、PART6の質の高い模試4回分を収録しています。

【本書の内容】
・最初にミニテストで弱点診断
・PART 5 の問題タイプ別「品詞問題」「動詞問題」など
・PART 6 の問題タイプ別「文脈問題」「単文問題」など
・後半は PART5、PART6 の模試 4 回分

★ Actibook 版電子書籍も発売中！
コスモピア・オンラインショップにてお求めいただけます。
電子版価格　¥1,300+ 税

著者：生越秀子
A5 判書籍 332 ページ

定価本体 1,800 円+税

解法と学習のストラテジーで極める！
パート別攻略シリーズ④
TOEIC® テスト 最強攻略 PART 7

PART 7 攻略のカギはスピードだ！
自分でできるトレーニングを紹介

7つのタイプ別例題をもとに、「冒頭に注目」「言い換えに注意」「仮リンク→本格リンクの見極め」などのポイントを押さえる練習。また、スピードアップのトレーニングに加え、自分で設問と選択肢を作ってみるなど、さまざまな英文を素材にして英語力を自分で鍛えるトレーニング方法を示します。

【本書の内容】
・最初にミニテストで弱点診断
・7つタイプ別例題をもとに徹底トレーニング
・後半は PART7 の模試 4 回分

★ Actibook 版電子書籍も発売中！
コスモピア・オンラインショップにてお求めいただけます。
電子版価格　¥1,400+ 税

著者：北村 豊
A5 判書籍 364 ページ

定価本体 2,000 円+税

●直接のご注文は ➡ www.cosmopier.net/shop/

コスモピア　　　　　　　　　　　　　　　　　　　　　　　　　　　　**全国の書店で発売中！**

TOEIC® テスト 超リアル模試 600 問
カリスマ講師による究極の模試3回分！

600問の模試作成、解説執筆、音声講義のすべてを著者自らが手掛け、細部まで本物そっくりに作り込んだリアル過ぎる模試。各問の正答率、各選択肢の誤答率、難易度を表示し、予想スコアも算出。解説は持ち運びに便利な3分冊。リスニング問題と切れ味鋭い音声解説のMP3データをCD-ROMに収録。

著者：花田 徹也
A5 判書籍 530 ページ＋
CD-ROM（MP3 音声 202 分）　**定価 本体 1,800 円＋税**

TOEIC® テスト 出まくりリスニング
PART2・3・4対応の音の回路をつくる！

リスニング問題によく出る「決まった言い回し」を繰り返し聞き込むと、音声が流れてきた瞬間に情景が思い浮かぶようになります。会話の基本でもあるPART2のA→B形式の応答を300セット用意。さらにPART3タイプは40、PART4タイプを20収録し、頭の中に「音の回路」を構築することでスコアアップに直結させます。

著者：神崎 正哉
B6 判書籍 187 ページ＋
CD1 枚（64 分）　**定価 本体 1,500 円＋税**

TOEIC® テスト 出まくりキーフレーズ
直前にフレーズ単位で急速チャージ！

TOEICテストの最頻出フレーズ500を、わずか1時間で耳と目から急速チャージします。フレーズを盛り込んだ例文は、試験対策のプロ集団がじっくり練り上げたもので、例文中のキーフレーズ以外の単語もTOEICテストやビジネスの必須単語ばかり。一つの例文が何倍にも威力を発揮する、まさに短期決戦の特効薬。

著者：高橋 基治／武藤 克彦／
　　　早川 幸治
B6 判書籍 188 ページ＋
CD1 枚（57 分）　**定価 本体 1,500 円＋税**

TOEIC® テスト 出まくりリーディング
PART7の頻出表現を集中インプット！

リーディングセクションで時間切れになる原因は、そもそも読むスピーチが遅いことと、ビジネス文書独特の表現に慣れていないこと。メール、ビジネスレター、広告などで頻繁に使われる表現450を含んだ例文を、CDを併用して目と耳から同時にインプットし、ふたつの要因を一挙に解消しましょう。

著者：早川 幸治
B6 判書籍 176 ページ＋
CD1 枚（44 分）　**定価 本体 1,500 円＋税**

TOEIC® テスト模試 ハイレベル 1000 問
難問に挑戦してハイスコア獲得！

最新の出題傾向を忠実に反映しつつ、本試験よりもレベルをやや高めに設定した問題を5回分準備。これらに慣れておけば、本番がグンとラクに感じられ、リーディングで時間切れを起こすことも無論なくなります。900点超をめざす方に断然おすすめ。

著者：キム・ヨンジュン／ネクサスTOEIC研究所
B5 判書籍 492 ページ＋
CD-ROM（MP3 音声）　**定価 本体 2,400 円＋税**

TOEIC® スピーキングテスト リアル模試 15 回
Windows 完全模試プログラム搭載！

自宅のパソコンで、本番そっくりのスピーキング模試が15回も受けられます。画面上でカウントダウンする制限時間内にマイクで自分の解答を録音。CD-ROMにはMP3音声も収録し、いきなり録音は無理という方も、本誌を使って何度でも事前練習できます。

著者：キム・キョンア
日本語版監修：安河内 哲也
A5 判書籍 386 ページ＋
CD-ROM　**定価 本体 2,600 円＋税**

●直接のご注文は ➡ www.cosmopier.net/shop/

通信講座 CosmoPier

パソコン・iPhone・iPad・Android端末でも学習できます!
採用企業900社の通信講座がハイブリッド版になりました

TOEIC®テスト スーパー入門コース [ハイブリッド版]

まずはリスニングからスタート。「聞くこと」を通して、英語の基礎固めとTOEICテスト対策の2つを両立させます。

開始レベル	スコア300点前後または初受験
目標スコア	400点台
学習時間	1日20分×週4日
受講期間	3カ月
受講料	16,000円+税

TOEIC®テスト GET500コース [ハイブリッド版]

英語を、聞いた順・読んだ順に英語のまま理解する訓練を積み、日本語の介在を徐々に減らすことでスコアアップを実現します。

開始レベル	スコア400点前後
目標スコア	500点台
学習時間	1日20分×週4日
受講期間	3カ月
受講料	22,000円+税

TOEIC®テスト GET600コース [ハイブリッド版]

600点を超えるには時間との闘いがカギ。ビジネスの現場でも必須となるスピード対策を強化し、さらに頻出語彙を攻略します。

開始レベル	スコア500点前後
目標スコア	600点台
学習時間	1日30分×週4日
受講期間	4カ月
受講料	31,000円+税

TOEIC®テスト GET730コース [ハイブリッド版]

ビジネス英語の実力をつけることで、730点を超えるコース。特に長文パートの攻略に重点を置き、速読と即聴のスキルを磨きます。

開始レベル	スコア600点前後
目標スコア	730点以上
学習時間	1日40分×週6日
受講期間	4カ月
受講料	36,000円+税

監修 田中宏昌 明星大学教授
NHK「ビジネス英会話」「英語ビジネスワールド」の講師を4年にわたって担当。ビジネスの現場に精通している。

●大手企業でも、続々と採用中!
【採用企業例】
NEC／NTTグループ／三菱東京UFJ銀行／大同生命保険／いすゞ自動車／旭化成／京セラ／伊藤園／エイチ・アイ・エス／アスクル 他

詳しくはwebで *立ち読み・CD試聴ができます!
www.cosmopier.com

主催 コスモピア 〒151-0053 東京都渋谷区代々木4-36-4 TEL 03-5302-8378

TOEIC is a registered trademark of Educational Testing Service(ETS). This product is not endorsed or approved by ETS.